PREPARACIÓN PARA EL EXAMEN

DE EQUIVALENCIA

DE LA ESCUELA SUPERIOR

(EN ESPAÑOL)

PREPARACIÓN PARA EL EXAMEN

DE EQUIVALENCIA

DE LA ESCUELA SUPERIOR

(EN ESPAÑOL)

SUSAN LANZANO

Editor General

Proyecto

MARTIN RINGEL y WILLIAM K. BANKS

SUSAN LANZANO, M. A.

A cargo de las secciones relativas a Gramática y Literatura

ANTONIO SAGRISTA, Ph. d.

A cargo de las secciones relativas a Ciencias Sociales
y Ciencias Naturales

arco

New York

Second Edition, First Printing, 1979

Published by ARCO PUBLISHING, Inc.
219 Park Avenue South, New York, N.Y. 10003

Library of Congress Catalog Card Number 75-189008
ISBN 0-668-02618-9

Printed in the United States of America

RECONOCIMIENTO

De no mediar la autorización de reproducción, cedida gentilmente por las siguientes personas e instituciones, la realización de este libro no hubiera sido posible. Son ellas, en orden de aparición:

corresponde en el texto a:

Del Río, Angel, *Del Solar Hispánico*. New York: Holt, Rinehart and Winston, 1965, pp. 2, 27, 50. — pp. 63-65

"Origen de las colonias americanas". *Almanaque Mundial* de Eduardo Cárdenas, 1970-71, p. 189. — p. 72

"Costa Rica y la independencia". *América, qué hermosa eres*. Barcelona, Editorial MATEU, p. 154. — p. 73

"Geography." *The Lincoln Library of Essential Information*. The Frontier Press, 1959, p. 639. (Trans. Antonio Sagrista) — p. 76

"Independencia de América del Sur". *Historia de Iberoamérica*. Tokyo, Sophia University, p. 86. — pp. 77-78

González Ruiz, Felipe, "La Geografía del continente americano". *Bosquejos de geografía americana*. Madrid, Instituto de Cultura Hispánica, pp. 7-8. — p. 80

Galbraith, J.K., "El control de precios". Trans. Manuel Sacristán. *El Nuevo Estado Industrial,* p. 222. — p. 84

"People of Spanish Origin in the United States". *The New York Times,* April 18, 1971. © 1971 by the New York Times Company. Reprinted by Permission. — p. 86

"La Violencia". *Cuadernos para el diálogo*. Madrid: Editorial Edicusa, octubre de 1970, p. 20. — pp. 87-88

Del *Almanaque Mundial, 1970-1971* de Eduardo Cárdenas:

"Escasez de agua dulce", p. 437. — p. 92

"Los fosfatos", p. 185. — pp. 93-94

"La contaminación de la tierra", pp. 45-6. — pp. 94-95

"El sistema métrico", p. 437.   pp. 95-96

"El virus", p. 52.   pp. 98-99

"Circuitos Ultramicroscópicos", p. 135.   pp. 99-100

Quiroga, Elena, *La sangre*. Barcelona: Ediciones Destino, 1963, p. 119.   p. 116

Gironella, José María, "La muerte del mar", en *Todos somos fugitivos*. Barcelona: Editorial Planeta, 1965, pp. 95-6.   p. 117

Delibes, Miguel, *El camino*. Barcelona: Ediciones Destino, 1969, pp. 93-4.   p. 128

Fernández Santos, Jesús, *Los bravos*. Barcelona: Ediciones Destino, 1959, pp. 105-6.   p. 129

Jiménez, Juan Ramón, "Soledad". *Diario de un poeta recién casado*. (1916). Reproducido con la autorización de la Comunidad de Herederos de Juan Ramón Jiménez.   p. 130

Ortega y Gasset, José, "La deshumanización del arte". *Revista de Occidente*. Madrid, 1967, pp. 76-7.   pp. 134-135

Ortega y Gasset, José, *Ideas sobre la novela* (1925). Reproducido con la autorización de Revista de Occidente, S.A.   pp. 135-136

Díaz Mirón, Salvador, "Ejemplo". *Poesías completas,* ed. y prólogo A. Castro Leal. México: Porrúa, 1945.   pp. 138-139

Los autores agradecen su deferencia.

Deseamos expresar nuestro agradecimiento más ferviente a varios colegas: a la doctora R. V. Lakshmi, a Alex Bachman, a Carol Martínez, y, sobre todo, a Pedro Martínez por el desarrollo, traducción y lectura crítica de la parte de Matemáticas: y a Clarita Fortún y a Bernardo Polombo por su inmensurable asistencia en la preparación de las partes de Gramática y Literatura.

CONTENIDO

PARTE I.   GRAMÁTICA   1

EXAMEN DIAGNÓSTICO 2

ACENTUACIÓN 8

REGLAS DE GRAMÁTICA

PUNTUACIÓN

EXÁMENES

CLAVES 223

PARTE II.   CIENCIAS SOCIALES   69

NOTAS PRELIMINARES

El primer curso de estudios dedicado a la preparación para el Examen de Equivalencia del Diploma de Escuela Superior fue implementado por Martin Ringel y William K. Banks en Yonkers, Nueva York. Muchas de las ideas que han contribuido a la compilación del presente texto han emanado de sus experiencias en este curso.

La organización de un curso de estudios preparatorios para el Examen de Equivalencia presupone, además de un conocimiento del manejo correcto del presente texto, el uso de materiales suplementarios, un proceso de seleccionar a los alumnos, examinarlos, contratar a los profesores y señalar las fechas del Examen.

AL ESTUDIANTE

Cada persona tiene sus propios motivos para querer obtener un diploma de «high school». En muchos casos, es casi imposible conseguir del país de origen una prueba de su diploma. Los problemas que se le presentan a una persona hispana que vive en los Estados Unidos y no posee su diploma son innumerables: Su oportunidad de conseguir mejores trabajos, salarios más altos y ayuda en educación es casi nula. En cambio, las ventajas de poseer un diploma son evidentes. Entre ellas, conseguir un diploma significa un gran progreso en el aprendizaje del inglés. Así, los estudiantes podrán prepararse académicamente en su lengua nativa y luego continuar, o iniciar sus estudios en inglés. Además, hay que comprender que los Estados Unidos, principalmente en sus regiones urbanas, está convirtiéndose en una sociedad multilingüe. Es importante conservar la cultura hispana y ayudar a su preservación como una fuente de riqueza nacional, y la oportunidad de conseguir un diploma en español, los continuados estudios hispánicos, son un paso en esta dirección.

INTRODUCCIÓN

Toda la gente de habla hispana puede ahora pasar el examen para el Equivalente de la Escuela Superior, *en español*. Este texto fue escrito principalmente como guía y ejercicio para el examen con el cual se puede obtener diploma en español. La estructura del texto es similar en sus puntos básicos a los temas que se desarrollan en el examen actual (Examen de Equivalencia de la Escuela Superior). Los ejercicios de este texto le ayudarán a reforzar y mejorar sus conocimientos de gramática; a mejorar su habilidad de comprensión en las lecturas; y a repasar matemáticas. Al mismo tiempo, le capacitarán para rendir satisfactoriamente sus exámenes.

El Examen de Equivalencia de la Escuela Superior consiste de cinco partes. *Todas ellas son en español.* Este examen no es una simple traducción del examen que se toma en inglés. Sus calificaciones son comparadas con las calificaciones de los graduados en «high school» de Hispanoamérica.

Las personas que aprueben el examen recibirán un diploma que acredite su condición de estudiantes que han aprobado su cuarto año de escuela superior. Este diploma es dado por el Departamento de Educación del Estado. Las regulaciones para tomar el examen en español son las mismas que existen en el examen que se realiza en inglés. Para cualquier pregunta o duda que usted tenga, vaya al Edificio del Departamento de Educación más próximo, y allí le darán la información que usted necesita.

Los textos siguientes son un modelo de la descripción oficial del Examen de Equivalencia de la Escuela Superior (H.S.E.) y un modelo de una planilla de solicitud para dicho examen.

HIGH SCHOOL EQUIVALENCY TESTING PROGRAM

Una Breve Descripción de los Exámenes en Español

Examen 1: *Uso correcto del idioma español.*

El examen número 1 sirve para evaluar los conocimientos del candidato en el uso correcto del idioma español. El estudiante deberá realizar ejercicios de acentuación y puntuación. También deberá deletrear y hacer uso correcto del vocabulario, las mayúsculas, las reglas gramaticales y la estructura de la oración.

Examen 2: *Interpretación de lecturas en ciencias sociales.*

El examen número 2 consta de lecturas, gráficas y mapas, todos ellos relacionados con historia, geografía, economía, ciencias sociales y ciencias políticas. El estudiante deberá prestar mayor atención a la lectura que a la interpretación del material gráfico. La mayoría del material de lectura es acerca de Hispanoamérica y los Estados Unidos.

Cada ejercicio (pasaje de lectura) es seguido por un pequeño cuestionario. En él, el estudiante encontrará una pregunta y varias respuestas, de entre las cuales deberá seleccionar la correcta.

Examen 3: *Interpretación de lecturas en las ciencias naturales.*

El examen número 3 consta de lecturas y ejercicios referidos a biología, física, y ciencias en general. El estudiante es examinado en la misma forma que en el examen anterior.

Examen 4: *Interpretación de lecturas en literatura.*

El examen número 4 consiste en un número de selecciones literarias, diálogos de diferentes dramas, y pasajes en prosa. Los fragmentos pertenecen a autores españoles e hispanoamericanos. Las preguntas basadas en cada selección evalúan la capacidad del candidato para comprender e interpretar la selección. No es necesario para este examen tener un conocimiento profundo en literatura.

Examen 5: *Habilidad general en la matemática.*

Este examen se basa en el programa de matemáticas desarrollado durante el ciclo primario y secundario. El alumno puede ser interrogado acerca de diferentes tópicos, como ser: definiciones, razones, porcentajes, fracciones, símbolos matemáticos, medición, interpretación de gráficos y unidades de medida.

Aproximadamente un tercio de las preguntas se basan en los primeros capítulos de álgebra elemental (primer curso de álgebra) y en la geometría plana. Una de las exigencias a las que puede ser sometido el alumno, es la de resolver problemas, haciendo correcto uso de las expresiones matemáticas. El examen sirve para evaluar la capacidad del candidato en el uso de las matemáticas.

Si usted desea más información sobre el examen de equivalencia, escriba al Departamento de Educación de su estado. Lo que sigue es un ejemplar del programa ofrecido por el Estado de Nueva York. Cada estado tiene un programa parecido a esto.

PROGRAMA DE EXAMEN DE EQUIVALENCIA DE ESQUELA SUPERIOR

INFORMACIÓN GENERAL

El Departamento de Educación del Estado le enviará más información sobre el examen de equivalencia en español. Para obtenerla, escriba al reverso de una tarjeta postal: "Spanish HSE Information" y su nombre y dirección. Envíe la tarjeta por correo a: Spanish High School Equivalency, State Education Department, Albany, New York 12224. La mayoría de los examinadores tienen también esta información. Los educadores y otras personas interesadas deben solicitar suficientes cantidades de esta información a la oficina de equivalencia para distribuirla entre los miembros de la comunidad que ellos sirven. Si desea información sobre el examen de equivalencia en inglés, escriba al reverso de una tarjeta postal: "Information Handbook -- English" y su nombre y dirección. Envíe la tarjeta postal a: High School Equivalency Program, State Education Department, Albany, New York 12224.

ELEGIBILIDAD

A. RESIDENTES PERMANENTES O TEMPORALES DEL ESTADO DE NUEVA YORK durante por lo menos un mes pueden examinarse para el diploma de High School Equivalency o hacer una solicitud para el diploma si tienen

    1) Más de 19 años.

o

    2) Entre 17 y 19 años de edad y han estado fuera de la escuela por un (1) año.

o

    3) Entre 17 y 19 años de edad y formaban parte de una clase de escuela secundaria que se ha graduado.

B. RESIDENTES PERMANENTES O TEMPORALES DEL ESTADO DE NUEVA YORK durante por lo menos un mes que no llenan los requisitos para examinarse para el diploma según "A" arriba pueden dar el examen para conseguir una copia si es pedida al Departamento de Educación estatal por:

    1) Oficiales de admisión de una institución de un nivel de enseñanza más avanzado que el de la escuela superior, donde se requiere para la admisión, un diploma de escuela superior. (La petición de los resultados del examen debe estar adjunta con la solicitud.)

o

    2) Oficiales de reclutamiento que requieren la entrega de notas de equivalencia para el alistamiento en las fuerzas armadas. (El pedido oficial de las notas tienen que estar adjunto con la solicitud.)

C. Candidatos que dan el examen de equivalencia por razones de transcripción de notas pueden solicitar el diploma cuando los requisitos estipulados en "A" arriba estén llenados.

D. Personas que ya han recibido diploma de escuela superior o diploma de New York State Equivalency no pueden dar el examen para equivalencia a menos que necesiten notas por razones de empleo o educación. Tales personas serán obligadas a probar la necesidad de dar el examen.

DIRECCIONES PARA SOLICITAR

Escriba en letras de molde todo en la solicitud menos su firma. Conteste las preguntas en las secciones solamente si las instrucciones se lo indican. Para el número 3, dé su dirección del estado de Nueva York. Para el número 11, debe dar, si es posible, los números de teléfono que se pueden llamar de día o de noche. Si pide sólo un diploma basado en notas satisfactorias ya sacadas, eche la solicitud al correo directamente a la oficina de State High School Equivalency Program en Albany.

Si está solicitando para dar el examen por primera o segunda vez en la edición de español, llene completemente y envíe por correo su solicitud (con todos los documentos necesarios anexos) al centro donde usted prefiere dar el examen. Vea más abajo.

Al recibir su solicitud, el centro para los exámenes le informará la fecha y lugar donde debe comparecer para dar el examen. Si no se presenta el día del examen y no lo informa cinco (5) días antes de esa fecha, su solicitud será cancelada. Para un futuro examen tendrá que llenar una nueva solicitud.

Al comparecer el día del examen, debe de traer con usted una prueba de identificación y, cuando sea necesaria prueba de edad. Sus impresiones digitales se tomarán en cada parte del examen.

PARA TOMAR OTRO EXAMEN (POR SEGUNDA O MÁS VECES)

Si fracasa en el examen de equivalencia y vuelve a darlo nuevamente, éste será diferente en cada ocasión. Si ha tomado todas las formas que están accesibles, entonces tiene que esperar hasta que nuevas formas se desarrollen y se publiquen. Además, debe esperar 2 meses antes de tomar otro examen. No hay excepciones.

PROGRAMA DE EXAMEN DE EQUIVALENCIA DE ESCUELA SUPERIOR DEL ESTADO DE NUEVA YORK.

SOLICITUD -- EXAMEN Y/O DIPLOMA (ESPAÑOL)

TODOS LOS CANDIDATOS DEBEN LEER LA INFORMACION AL DORSO DE ESTA SOLICITUD.

NO ESCRIBA EN ESTE ENCASILLADO
Testing Center Use Only
Notified   Ineligible for:

Form_____ Tests_____

Form_____ Tests_____

1. Escriba su nombre en letra de molde.
Señor
Señorita
Señora

2. Fecha de nacimiento

día_____ mes_____ año_____

3. Su direccion de Nueva York   ciudad   estado   zono
   calle   postál

4. Prefiero un examen
   ☐ tan pronto como posible
   ☐ en el mes de_____

5. Estatura Pies Pulgadas	6. Peso	7. Color de pelo	8. Color de ojos	9. Número de teléfono	10. Sexo Masculino ☐ Femenino ☐

11. Si solicita otro examen, indique el mes y año del último examen. (Notas anteriores se pueden usar si están más altas que las presentes.)

Mes_____   Año_____

12. ¿Tiene menos de 19 años?

Si contesta que sí, complete la sección de abajo y luego siga con número 13; si no, siga con el número 13.

SÍ ☐
NO ☐

CONTESTE ESTAS PREGUNTAS SI HA CONTESTADO QUE SÍ AL NUMERO 12.

1. ¿Solicita Ud. el examen y el diploma a base de tener al menos 17 años y de estar fuera de la escuela por lo menos un año o miembro de una clase de escuela superior que se ha graduado?   SÍ ☐ NO ☐
                                    Fecha en que   Fecha en que su
   Si contesta que sí, complete: dejó la escuela_____   clase se graduó_____

   Nombre y dirección de la escuela_____

2. ¿Solicita un examen para sacar notas para usar en admitirse a un plantel educacional post segundario o a un ramo de las Fuerzas Armadas?   SÍ ☐ NO ☐

   Si contesta que sí, ¿qué documento necesario incluye Ud. con esta solicitud? (Lea los requisitos de elegibilidad al dorso de esta página.)

   a. Un pedido para sus notas a una institución de un nivel más avanzado que el de escula superior   ☐

   b. Un pedido para sus notas de una oficina de reclutamiento de las Fuerzas Armadas.............. ☐

13. ¿Solicita un diploma basado en notas satisfactorias ya sacadas antes de la fecha de esta solicitud? Si contesta que sí, complete la sección de abajo, luego siga con el número 14. Si contesta que no, siga con el número 14.   SÍ ☐ NO ☐

CONTESTE ESTAS PREGUNTAS SOLAMENTE SI HA CONTESTADO QUE SÍ AL NÚMERO 13.

Estas preguntas se aplican solamente a las personas que llenan todos los requisitos necesarios para recibir un diploma. Estas preguntas no se aplican a las personas que están solicitando otros exámenes.

1. Solicita Ud. un diploma a base de notas GED satisfactorias obtenidas (a) en un centro de exámenes fuera del estado SÍ ☐ NO ☐, o (b) durante su servicio militar? SÍ ☐ NO ☐
                                              Fecha y lugar
   Si contesta que sí a (a) or a (b), complete: del examen_____

   Si contesta que sí a (b), hay que adjuntar, si es   ⎧Número de Seguro Social_____
   posible, sus calificaciones oficiales e incluya: ⎨Número de Servicio Militar_____

2. ¿Solicite Ud. un diploma a base de notas satisfactorias obtenidas (en el examen de equivalencia del estado de Nueva York) durante un período cuando era elegible para tomarlo pero inelegible para recibir el diploma?.........................SÍ ☐ NO ☐
                                  Mes y año   Ciudad (o el centro de
   Si contesta que sí, indique: del examen_____   la ciudad de Nueva York)_____

Si contestó que sí a uno o dos de arriba, siga con el número 14, luego envíe su solicitud a: Spanish High School Equivalency, State Education Department, Albany, New York 12224.

14. Certifico, sujeto a las penalidades de perjurio, que la información sometida por mí en esta solicitud y en cualquier otro documento adjunto, es a mi mejor modo de entender, precisa y correcta.

Fecha_____   Firma del candidato_____

ESTÉ SEGURO QUE TENGA UD. ADJUNTADO AL DORSO DE ESTA SOLICITUD TODO DOCUMENTO REQUERIDO SEGÚN LAS INSTRUCCIONES. SOLICITUDES INCOMPLETAS SERÁN DEVUELTAS. ENVÍE LAS SOLICITUDES PARA TOMAR EXÁMENES AL CENTRO DE EXÁMENES. VEA LAS INSTRUCCIONES AL DORSO.

PARTE I

GRAMÁTICA

La parte de Gramática de este texto tiene cuatro propósitos:

1. Enseñar el empleo de las reglas de *Acentuación*, mediante explicaciones y ejercicios de práctica.

2. Enseñar el empleo de las reglas de *Gramática*, para que el alumno sepa evitar los errores que se cometen más frecuentemente en español.

3. Enseñar el empleo de las reglas de *Puntuación*, mediante explicaciones y ejercicios de práctica.

4. Acostumbrar al alumno a tomar exámenes de contenido y estructura parecidos a los del Examen de Equivalencia.

Al principio de la parte de Gramática, hay un Examen Diagnóstico que mide la habilidad del alumno en todas las materias contenidas en esta parte. Si el alumno logra obtener sesenta (60) respuestas correctas en este examen ya sabe bastante para pasar la parte de Gramática en el Examen de la Equivalencia, y puede prescindir, si quiere, de detenidos estudios en gramática. Sin embargo, se le recomienda que tome los exámenes de puntuación y de repaso (al final de esta parte del texto) para adquirir más práctica. Además, es necesario que el alumno haga la Práctica del Examen de Gramática.

Al alumno que obtenga menos de sesenta respuestas correctas en el Examen Diagnóstico, se le recomienda que estudie las materias que siguen. Por lo general, una calificación del 70 por 100, en los ejercicios que acompañan a las lecciones del texto de Gramática, demuestra un buen conocimiento de la materia dada. En los exámenes al final de la parte de Gramática, una calificación del 50 por 100 o más indica que el alumno se halla capacitado para pasar la parte de Gramática en el Examen de Equivalencia.

I. ORTOGRAFÍA

Escoja la única palabra en el renglón que está incorrectamente escrita.

1. afligir, ahogar, ahorcar, aitar

2. ahuyentar, antigüedad, aprovar, atravesar

3. atrebido, azahar, benévolo, calavera

4. convertir, crugir, cuervo, debilidad

5. derivar, derribar, enhorabuena, hermita

6. espontáneo, fingir, jemir, evangelio

7. govierno, halagar, herejía, hirviente

8. valde, apartamiento, hojear, ojear

9. imbécil, jinete, immóvil, labio

10. zanahoria, vigilar, vehículo, baronil

11. vaibén, lívido, mahometano, toalla

12. sumergido, mejilla, porbenir, selva

13. novedad, negligente, nieve, reusar

14. abocar, avogado, servicio, bibliotecario

15. tuvo, sabiduría, verdadero, afirmatiba

16. ejemplar, amaba, prodijio, zéjel

17. comemorar, ayuntamiento, inadvertido, reunir

18. exuberancia, arendar, aborrecer, rebelar

19. prevenda, innoble, afloje, acémila

20. hasta, jamón, cohete, escova

II. ACENTUACIÓN

Coloque acentos en las palabras subrayadas que lo necesitan.

1. ¿Como vais a California—por automovil, autobus, tren o avión?

2. Es dificil creer que el petroleo cuesta mas caro que el vino.

3. ¿Entendio al profesor cuando explico la raiz cuadrada?

4. El guia nos contó que naves de todos los paises embarcaban en esta bahia.

5. De ese, no aquel a la señora.   Cuesta solo dos dólares.

6. Los llame para decirles que partiriamos una hora mas tarde, pero nadie estaba

   en la casa.

7. La intranquilidad de animo, la zozobra de espiritu, la desazon; todo eso nos

   hace presentir la mala conciencia.

8. Se hablan en la Península Iberica no se cuantas lenguas ademas del español.

9. Las ciencias sociales se dividen en varias disciplinas: la geografia, la historia,

   la antropologia, las ciencias politicas, etc.

10. Las Americas, la libreria de lengua española, se situa en la calle Veintitres.

III. GRAMÁTICA

Escoja la letra de la única respuesta correcta para llenar el blanco

1. _____ el artículo tres veces y todavía no lo comprendo.

   A. Leí   B. He leido

   C. Lei   D. He leído

   1 A B C D

2. _____ vi por la calle y _____ di la noticia.

   A. Le... le   B. La... le

   C. Le... la   D. La... la

   2 A B C D

3. Ojalá que no _____ dificultades.

   A. haya   B. hayan

   C. hay   D. han habido

   3 A B C D

4. ¿A qué hora _____ volver?

   A. debemos de   B. debemos

   C. debríamos de   D. hemos debido de

   4 A B C D

5. Se dice que el clima influye mucho _____ el temperamento de la gente.

   A. sobre   B. por

   C. en   D. ninguna A-C

   5 A B C D

6 A B C D

6. ¡Cuán rápidamente te _____ !

    A. vestiste   B. vististe

    C. vestistes   D. vististes

7 A B C D

7. Nosotros hemos tenido _____ suerte; ellos, _____ .

    A. poco… demasiado   B. poca… demasiado

    C. poco… demasiada   D. poca… demasiada

8 A B C D

8. No encuentro uno de mis libros; ¿_____?

    A. lo viste   B. los han visto

    C. lo has visto   D. los vistes

9 A B C D

9. Mientras él _____ en el cuarto, yo salía.

    A. entraba   B. entra

    C. había entrado   D. ha entrado

10 A B C D

10. El maestro _____ daba cuadernos a las alumnas.

    A. le   B. les

    C. los   D. las

11 A B C D

11. _____ salido los muchachos a las diez.

    A. Habría   B. Habrían

    C. Hayan   D. Hubiera

12 A B C D

12. ¿Cuándo se _____ acentuar las palabras graves?

    A. debe   B. debe de

    C. deben   D. deben de

13 A B C D

13. Se me _____ que su cumpleaños fue ayer.

    A. olvidaba   B. olvide de

    C. había olvidado   D. había olvidado de

14 A B C D

14. No _____ en el coche.

    A. cabió   B. cupo

    C. cupó   D. cabé

15 A B C D

15. La producción literaria de los países hispanoamericanos_____ fama mundial.

    A. alcanzó   B. alcanzaron

    C. ha alcanzado   D. han alcanzado

16 A B C D

16. Si _____ bueno, te llevaré al cine.

    A. eres   B. serás

    C. eras   D. fuistes

17. La señorita no tiene lápiz, ¿Quiere Ud. dar _____ uno de los suyos?

    A. la   B. los

    C. le   D. lo

18. _____ dos robos en este banco.

    A. Hubo   B. Hubieron

    C. Han habido   D. Ha habido

19. Si no lo ha visto en la oficina, _____ estar en la sala de conferencias.

    A. debe de   B. debe

    C. ha debido   D. debió

20. El profesor está ocupado _____ el alumno.

    A. de   B. en

    C. con   D. por

21. Me _____ cuidadosamente al león.

    A. acercé   B. acerque

    C. acercó   D. acerqué

22. Cuando le pregunté qué _____ con el dinero, él no quería contestar.

    A. ha hecho   B. hicieron

    C. había hecho   D. hizo

23. _____ algún día.

    A. Pagan   B. Pagarán

    C. Pagaban   D. Han pagado

24. No _____ bien lo que decía.

    A. oyí   B. oyo

    C. oi   D. oí

25. Si hubieras estudiado, te _____ _____ .

    A. aprobaban   B. aprobarán

    C. habrían aprobado   D. aprobarían

IV. PUNTUACIÓN

Trace un círculo alrededor de la letra que corresponde a la puntuación correcta de la parte subrayada.

Los vientos se originan por el movimiento de las masas de aire. Según sean intensos o leves los llamamos huracanes o brisas. Según sean más o menos re-

1. A.   . S
   B.   . s
   C.   : s
   D.   A y B

2. A.   , v
   B.   . V
   C.   : v
   D.   ; v

3. A.   : c
   B.   ; c
   C.   . C
   D.   , c

4. A.   ; v
   B.   . v
   C.   : v
   D.   . V

5. A.   , a
   B.   . A
   C.   : a
   D.   A y B

6. A.   ; p
   B.   . p
   C.   , p
   D.   : p

7. A.   , n
   B.   ; n
   C.   . N
   D.   ningún signo de puntuación

8. A.   ; 1
   B.   : 1
   C.   . L
   D.   , 1

9. A.   , s
   B.   ; s
   C.   : s
   D.   ningún signo de puntuación

10. A.   : c
    B.   ; c
    C.   , c
    D.   ningún signo de puntuación

11. A.   . A
    B.   ; a
    C.   , a
    D.   : a

12. A.   ningún signo de puntuación
    B.   ; e
    C.   : e
    D.   , e

13 A B C
   ‖ ‖ ‖

14 A B C
   ‖ ‖ ‖

15 A B C
   ‖ ‖ ‖

16 A B C
   ‖ ‖ ‖

gulares los llamamos, "vientos constantes", que soplan siempre en la misma dirección, como los alisios de las regiones tropicales; "periódicos", que se producen
en momentos determinados del año; como los monzones de verano del Índico
o la brisa marítima; "variables", como los ciclones.

Mares son aquellas porciones de los océanos que se hallan cerca de los continentes, así, el mar del Japón y el mar de la China son mares litorales; el mar Báltico
y el mar Mediterráneo son mares continentales; porque sólo comunican por una
estrecha zona con el océano Atlántico.

Los ríos se originan nacen, en zonas elevadas y de allí se dirigen al mar. En
la desembocadura, el lugar por donde llega un río al mar; la acumulación de materiales acarreados por el río forma a veces una saliente.   Cuando un río lleva
poca agua se llama arroyo, si su corriente es muy impetuosa, se llama torrente.

Europa se halla en la zona climática templada.   Dentro de ella se pueden
distinguir varios tipos de climas: al sur, mediterráneo: cálido y de escasas lluvias; al oeste, atlántico, de temperaturas moderadas y abundantes lluvias.   Al
norte, polar, de bajas temperaturas y abundantes nieves; en el interior, continental,
o sea extremado.

Escoja la letra de la única oración que está correctamente puntuada.

13. A. Los cuentos más famosos de "La Edad de Oro", revista de niños son *Tres héroes* y *La muñeca negra*.
    B. Los cuentos más famosos de *La edad de oro,* revista de niños, son "Tres héroes" y "La muñeca negra".
    C. Los cuentos más famosos de "La edad de oro", revista de niños son "Tres héroes" y "La muñeca negra".

14. A. "Las lenguas, dice el señor León Rey'', se hallan sometidas a la transfor-mación por el uso de los habitantes.
    B. "Las lenguas," dice el señor León Rey, "se hallan sometidas a la trans-formación por el uso de los habitantes."
    C. "Las lenguas", dice el señor León Rey, "se hallan sometidas a la transfor-mación por el uso de los habitantes".

15. A. ¿Leíste el artículo: Una visita a la luna, en El diario?
    B. ¿Leíste el artículo "Una visita a la luna" en *El diario?*
    C. ¿Leíste el artículo "Una Visita a la Luna" en "El Diario"?

16. A. El médico aconsejó que no saliera de la casa por una semana.
    B. "El médico aconsejó que no saliera de la casa por una semana".
    C. El médico aconsejó. "Que no saliera de la casa por una semana".

17. A. ¿"Cuándo cesará la guerra", preguntó el Senador?
    B. ¿"Cuándo cesará la guerra"? preguntó el Senador.
    C. Cuándo cesará la guerra —preguntó el Senador.

17 A   B   C
|| || ||

18. A. Cristóbal Colón, al descubrir San Salvador, escribió en su diario de viaje: "Crean Vuestras Altezas que en el mundo todo no puede haber mejor gente ni más mansa".
    B. Cristóbal Colón, al descubrir San Salvador, escribió en su diario de viaje, "Crean vuestras altezas que en el mundo todo no puede haber mejor gente ni más mansa."
    C. Cristóbal Colón, al descubrir San Salvador, escribió en su diario de viaje; "Crean vuestras Altezas que en el mundo todo no puede haber mejor gente ni más mansa".

18 A   B   C
|| || ||

19. A. Fui a Union City New Jersey, el 2, de junio, 1968, para la entrevista.
    B. Fui a Union City, New Jersey, el 2 de junio de 1968, para la entrevista.
    C. Fui, a Union City, New Jersey, el 2, de junio, 1968 para la entrevista.

19 A   B   C
|| || ||

20. A. "El libro que Ud. busca," señorita, "no está en esta sala", dijo el bibliotecario, "si quiere subir al tercer piso, creo que allá lo encontrará".
    B. "El libro que Ud. busca, señorita, no está en esta sala", dijo el bibliotecario, "si quiere subir al tercer piso, creo que allá lo encontrará".
    C. El libro que Ud. busca, señorita, no está en esta sala.— dijo el bibliotecario. —Si quiere subir al tercer piso, creo que allá lo encontrará.

20 A   B   C
|| || ||

V. SINTAXIS

Escoja la letra de la única *oración que está correctamente o mejor expresada.*

1. A. Después de un refresco de café y bizcochos, se puso en movimiento el motor y volvimos a casa.
    B. Después de un refresco de café y bizcochos, pusimos en movimiento el motor y volvimos a casa.
    C. Refrescándonos de café y bizcochos, se puso en movimiento el motor y volvimos a casa.

1 A   B   C
|| || ||

2. A. José no logró engañar a Martín por ser éste más inteligente.
    B. José no logró engañar a Martín porque es más inteligente.
    C. José no logró engañar a Martín por ser aquél más inteligente.

2 A   B   C
|| || ||

3. A. Leonor escuchaba el cuento con los ojos cerrados que leía la señora Blanco.
    B. Leonor escuchaba el cuento que leía la señora Blanco con los ojos cerrados.
    C. Con los ojos cerrados, Leonor escuchaba el cuento que leía la señora Blanco.

3 A   B   C
|| || ||

4. A. Habiendo estudiado mucho, la nota que recibí en el examen me desilusionó.
    B. Habiendo estudiado mucho, quedé desilusionado con la nota que recibí en el examen.
    C. Habiendo estudiado mucho, la nota del examen que recibí me desilusionó.

4 A   B   C
|| || ||

5. A. Carlos se dio cuenta del yerro que había hecho después de entregar el papel.
    B. Después de entregar el papel, Carlos se dio cuenta del yerro que había hecho.
    C. Carlos se dio cuenta del yerro después de entregar el papel que había hecho.

5 A   B   C
|| || ||

6. A. Los Montalvos fueron los primeros en llegar y los últimos en partir.
    B. Los Montalvos fueron los primeros en llegar, y partieron después de que la otra gente se había ido.
    C. Los Montalvos fueron los primeros que llegaban y los últimos en partir.

6 A   B   C
|| || ||

7 A   B   C   7. A. Antes de poner el tapete en el aparador, límpialo bien.
‖   ‖   ‖   B. No pongas el tapete en el aparador antes de limpiarlo bien.
                 C. Limpia bien el tapete antes de ponerlo en el aparador.

8 A   B   C   8. A. Volando sobre el mar, centenas de islas se nos presentaban.
‖   ‖   ‖   B. Volando sobre el mar, vimos centenas de islas.
                 C. Volando sobre el mar, se veían centenas de islas.

9 A   B   C   9. A. El hombre que diseñó este coche no pensaba en la comodidad de las personas que harían uso del coche por motivos de transporte.
‖   ‖   ‖   B. El hombre que diseñó este coche no pensaba en la comodidad de las personas que harían uso del coche.
                 C. El diseñador de este coche no tenía en cuenta la comodidad.

10 A   B   C   10. A. Creyendo inocente al hombre, fue absuelto de la acusación por el juez.
‖   ‖   ‖   B. Creyendo inocente al hombre, el juez lo absolvió de la acusación.
                 C. Creyéndole inocente, el hombre fue absuelto de la acusación por el juez.

LA ACENTUACIÓN: NOTAS PRELIMINARES

1. LA SÍLABA

La SÍLABA es una letra vocal o un conjunto de letras que se pronuncian en una sola emisión (o golpe) de voz.

Toda sílaba debe tener por lo menos una vocal.

En la escritura, cuando es necesario separar las palabras, lo hacemos de acuerdo al orden de sílabas.

Ejemplos: manzana (man-za-na)
libro   (li-bro)
si   (si)

2. LOS DIPTONGOS

En la lengua española hallamos dos clases de vocales: las vocales fuertes (a - e - o) y las vocales débiles (i - u). La combinación de vocales es característica de varias palabras. Al hallarnos ante ellas notaremos que: si las dos vocales son fuertes (aeroplano), dan origen a dos sílabas, o sea una sílaba por cada vocal (a-e-ro-pla-no); en el caso de que las vocales sean dos débiles (huir) o una combinación entre débil y fuerte (Europa), notamos que se pronuncian ambas en una sola emisión de voz, o en otras palabras, que a pesar de tener dos vocales, ellas dan origen a solamente una sílaba. Ejemplo: Europa (Eu-ro-pa).

O sea que, llamamos DIPTONGO a los casos en que hallamos combinación de vocales débiles, o de débiles y fuertes.

Existen, en español, catorce posibles combinaciones de vocales débiles entre sí, y débiles con fuertes. Estos son, en consecuencia, los catorce diptongos del idioma español y algunos ejemplos de palabras que los contienen:

ai (donaire)	eu (euforia)	io (camioneta)	iu (ciudad)
ei (pleito)	ou (bou)	ua (ruana)	ui (ruido)
oi (coima)	ia (ambulancia)	ue (rueda)	au (autoridad)
	ie (hielo)	uo (cuota)	

Existe también otra posible combinación de vocales: En algunas oportunidades encontramos en una palabra tres vocales juntas. Esta combinación recibe el nombre de TRIPTONGO y posee ciertas características especiales. La principal de ellas es que, al igual que el diptongo, se pronuncia en una sola emisión de voz y que se forma con una vocal fuerte colocada en medio de dos débiles.

Existen cuatro posibles combinaciones que originan TRIPTONGOS:

| iai | iei | uai | uei |

Si acentuamos, en el diptongo o el triptongo, algunas de sus vocales débiles, éstas quedan disueltas. Esto sucede cuando la vocal débil, al ser acentuada, refuerza su sonido y puede constituir, por esto, una sílaba por sí misma:

Ejemplos: río (ri-o)   púa (pú-a)

3. CLASIFICACIÓN DE LAS PALABRAS POR EL ACENTO

Todos los idiomas poseen un ritmo característico. Este ritmo está dado por la acentuación, por la mayor intensidad con que pronunciamos algunas partes de la palabra. Este acento puede recaer en cualquiera de las sílabas de una palabra. La sílaba que lo recibe es llamada SÍLABA TÓNICA.

Por ejemplo, en la palabra *elefante,* notamos que el énfasis mayor está puesto en la sílaba *fan,* o sea que ésta es la sílaba tónica de la palabra.

Ahora bien, ese énfasis, esa mayor fuerza de pronunciación que recibe alguna de las partes de la palabra es llamada ACENTO PROSÓDICO. O sea que: en una palabra, la sílaba tónica es aquélla sobre la cual recae el acento prosódico.

Además del acento prosódico, existe, en el español, otro acento que se escribe en forma de tilde (′) sobre la vocal de la sílaba tónica. Este acento recibe el nombre de ACENTO ORTOGRÁFICO, y, a diferencia del prosódico, no aparece en todas las palabras. El uso del acento ortográfico responde a ciertas reglas gramaticales que ahora veremos.

Las palabras se dividen, de acuerdo a la ubicación que en ellas tenga el acento prosódico, en:

AGUDAS
GRAVES o LLANAS
ESDRÚJULAS
SOBREESDRÚJULAS

Palabras agudas son las que van acentuadas (prosódicamente) en la última sílaba:

Ejemplos: cantar   beber   alfiler

Palabras graves o llanas son las que llevan el acento prosódico en la penúltima sílaba:

Ejemplos: beso   conde   muchacha

Palabras esdrújulas son las que llevan el acento prosódico en la antepenúltima sílaba:

Ejemplos: cómico   ósculo   barómetro

Palabras sobreesdrújulas son las que llevan el acento prosódico en la sílaba anterior a la antepenúltima:

Ejemplo: arrebatándoselo

Existe también un caso especial, que es el que presentan los monosílabos (palabras de una sola sílaba). En estas palabras se considera que no existe acento, ya que es imposible (debido a su condición de monosílabos) efectuar comparaciones entre la intensidad de pronunciación en una sílaba o en otra.

Los MONOSÍLABOS son considerados (por las reglas de clasificación) como palabras agudas.

4. REGLAS DE ACENTUACIÓN

Palabras agudas son acentuadas ortográficamente

a) cuando terminan en vocal.

Ej.: café   miró   mamá

b) cuando terminan en consonante N o S.

Ej.: acción   ciprés

Palabras graves o llanas son acentuadas cuando terminan en consonante que no sea N o S.

Ej.: carácter   Pérez   ángel

Palabras esdrújulas y sobreesdrújulas siempre llevan acento ortográfico.

Ej.: víbora   cántico   máquina

5. USOS DEL ACENTO ORTOGRÁFICO

a) Las palabras, al pasar de su condición de singular a la de plural, conservan el acento prosódico en la misma sílaba. *(Ej.: árbol* se convierte en *árboles).* Existen sólo dos excepciones a esta regla, y las encontramos en las palabras:

régimen (se convierte en *regímenes)*

carácter (se convierte en *caracteres)*

En ambas ocasiones se cumplen las reglas del acento ortográfico.

b) Se emplea el acento ortográfico para romper diptongos y triptongos.

Ejemplo: raíz   minoría   brío

c) No llevan acento ortográfico las conjunciones *e, o, u.* Tampoco lo lleva la preposición *a.*

La conjunción *o,* usada entre números, lleva un acento que la permite diferenciarse del cero. *Ejemplo:* La respuesta es 4 ó 5.

d) No se acentúan los monosílabos por regla general. *Fui* y *fue, dio* y *vio,* por ejemplo, no llevan acento.

En casos especiales, los monosílabos pueden aparecer acentuados con ACENTO DIACRÍTICO. (Este caso será explicado posteriormente.)

e) Una nueva regla de la Real Academia Española establece que las mayúsculas deben ser acentuadas (en el caso que así lo requieran las reglas de acentuación.) *Ejemplo:* Vi a Ángel el otro día.

f) Los nombres propios extranjeros conservan el (o los) acento(s) que llevan en su lengua original.

g) En el caso de palabras compuestas, el acento ortográfico se mantiene.

Ejemplo: metódicamente   *(Metódica* y *mente,* al unirse, forman una palabra compuesta, en la que *metódica* conserva el acento ortográfico.)

En el ejercicio siguiente, clasifiquen las palabras por el acento.

A = aguda   G = grave   E = esdrújula   S = sobreesdrújula

1. resumen _____

2. resultado _____

3. pared _____

4. está _____

5. ejercicio _____   13. Cádiz _____

6. Dios _____   14. oración _____

7. párrafo _____   15. antiguo _____

8. lápiz _____   16. carácter _____

9. llamáis _____   17. importantísimo _____

10. líquido _____   18. naranja _____

11. mirándola _____   19. pie _____

12. influencia _____   20. poder _____

Práctica de la acentuación ortográfica

En el ejercicio siguiente, escriba los acentos en su debido lugar en las palabras que necesitan acento ortográfico.

1. caiste	22. poseyo	43. alegria
2. heroe	23. escribiste	44. resumen
3. nadie	24. indumentaria	45. regimen
4. distribuido	25. bellisima	46. tomeis
5. asi	26. conclusion	47. viviesemos
6. martir	27. analitico	48. conclusiones
7. razon	28. hablariais	49. acentuamos
8. union	29. Paris	50. razones
9. interes	30. traian	51. corazon
10. heroico	31. observense	52. caracteres
11. estar	32. preterito	53. leimos
12. leia	33. actua	54. deseabamos
13. hablaran	34. ultimamente	55. comeriamos
14. buey	35. utiles	56. huimos
15. pais	36. ademas	57. guias
16. numeros	37. oir	58. andando
17. dio	38. destruir	59. especial
18. encargueselos	39. heroina	60. sintetica
19. mandarin	40. intereses	61. neurosis
20. policia	41. caracter	62. dormis
21. policiaco	42. escribiendose	63. vayais

64. anduviera	67. angel	70. octogesimo
65. viuda	68. ciudad	71. odio
66. influiais	69. correcciones	72. terminacion

6. EL ACENTO DIACRÍTICO

Existen palabras, que aunque de igual escritura, presentan diferentes significados. Estas palabras son llamadas HOMÓNIMAS, o sea, de igual construcción (escritura).

Como es necesario diferenciar de alguna manera la función de estas palabras en el contexto de la oración, usamos el ACENTO DIACRÍTICO con ese fin. O sea que el acento diacrítico es el que nos permite distinguir una palabra de otra, escrita igual, pero de diferente significado.

Ejemplos:

Aún—se acentúa cuando equivale a TODAVÍA.
    Ej.: Aún no tengo el dinero.
Aun—no se acentúa cuando equivale a HASTA o a NI SIQUIERA.
    Ej.: Aun esto no le conforma.
Dé—se acentúa cuando es forma imperativa del verbo DAR.
    Ej.: Dé eso a él.
De—no se acentúa cuando es preposición.
    Ej.: No sé nada de francés.
Él—lleva acento cuando es pronombre personal.
    Ej.: Él estaba allí.
El—no lleva acento cuando es artículo.
    Ej.: Dame el libro.
Más—se acentúa cuando es adverbio de cantidad o signo de adición (suma).
    Ej.: Él tiene más dinero que cultura.
Mas—no se acentúa cuando equivale a PERO.
    Ej.: Me gustaría acompañarte, mas no tengo tiempo.
Mí—se acentúa cuando reemplaza a la primera persona.
    Ej.: Llevaré esto para mí.
Mi—no se acentúa cuando es adjetivo posesivo.
    Ej.: Ésta es mi casa.
Sé—lleva acento cuando es forma del verbo SER o SABER.
    Ej.: Sé bueno.   No sé la dirección.
Se—no lleva acento cuando es usado en una construcción reflexiva.
    Ej.: Aquí se venden huevos.
Sí—se acentúa cuando reemplaza a la tercera persona, o cuando es adverbio de afirmación.
    Ej.: Ella lo compró para sí.   Sí, lo he visto.
Si—no se acentúa cuando encabeza una frase condicional.
    Ej.: Si llueve, no podremos ir.
Sólo—se acentúa cuando significa SOLAMENTE.
    Ej.: Tengo sólo tres dólares.
Solo—no se acentúa cuando es adjetivo.
    Ej.: El niño se quedó solo.

Té—lleva acento cuando se refiere a la infusión.
Ej.: Ella toma té.

Te—no lleva acento cuando hace las veces de la segunda persona.
Ej.: Te lo diré mañana.

Tú—lleva acento cuando es pronombre personal.
Ej.: Tú cantas bien.

Tu—no lleva acento cuando es adjetivo posesivo.
Ej.: ¿Es tu abrigo?

Que, cual, quien, cuyo, cuando, cuanto, como, donde y *adonde*, al ir entre signos de admiración o interrogación, deben ser acentuados.

Ejemplos: ¡Qué día más hermoso!   ¿Qué hora es?

Igualmente se acentúan cuando son usados en oraciones que llevan implícitas una forma de interrogación.

Ejemplo: No sabía cuál escoger.

Este, ese y *aquel*, y sus derivados femeninos y plurales (esta, estos, estas; esa, esos, esas, etc.) llevan acento al ser usados como pronombres demostrativos. Cuando hacen las veces de adjetivos no son acentuados.

Ejemplos: Yo quiero ése.   Dame ese pantalón rojo.

En el ejercicio siguiente, coloque los acentos en su debido lugar.

1. Solo hasta 1960 se descubrieron estos nuevos metodos.

2. No se todavia mi horoscopo, mas voy en seguida a leerlo.

3. ¿Por que no querias estudiar tu leccion?

4. Mama te dio mas dinero que a mi.

5. Queria saber donde estaba la pagina septima.

6. Ese libro es tuyo: este es mio.

7. El joven tenia que ingresar en el ejercito despues de cumplir sus estudios universitarios.

8. ¿Cual es tu periodico favorito?

9. ¡Los criticos de teatro estan poseidos de la mas extraña nocion!

10. El computador se ha definido como "un dispositivo electronico que da informacion a velocidades medidas en billonesimos de segundo".

11. Siguiendo el ejemplo de su padre, el habia estudiado las ciencias politicas antes de entrar en su carrera diplomatica.

12. Despues de estudiar todo el dia, Luis sabia mas o menos todo lo necesario para el examen.

13. ¡Cuanta informacion sabe esta chica!

14. No te olvides de mi.

15. Aun no habian llegado a la oficina del medico cuando la niña se puso a llorar.

16. Me habiais dicho que me esperariais hasta mediodia.

17. En la España bajomedieval existian varios grupos sociales, derivados de las diferencias de religion, por ejemplo, los judios y los mudejares.

18. En el año 929 Cordoba se convirtio en la ciudad mas importante, bella y culta de su epoca.

19. La invencion de la imprenta contribuyo extraordinariamente a la difusion de ideas.

20. Tendran que aprender las reglas basicas de las matemáticas.

Clasifique las palabras siguientes como graves (G), agudas (A), esdrújulas (E) o sobreesdrújulas (S); e identifique la terminación de cada palabra como vocal, *N* o *S* (V), o consonante (C).

1. nariz _____	2. imagen _____	3. sintaxis _____
4. emperador _____	5. intereses _____	6. ingleses _____
7. hostil _____	8. capitanes _____	9. azul _____
10. caracteres _____	11. natural _____	12. joven _____
13. palidez _____	14. razones _____	15. frente _____
16. interesante _____	17. ser _____	18. seres _____
19. sublime _____	20. clavel _____	21. claveles _____
22. posee _____	23. deseo _____	24. caen _____
25. emplea _____	26. normal _____	27. indican _____
28. luz _____	29. luces _____	30. jazmines _____
31. trae _____	32. rodeado _____	33. cebolla _____
34. floreo _____	35. anteayer _____	36. salida _____
37. singularidad _____	38. simbolizar _____	39. sobreseer _____
40. pizzara _____	41. tuteo _____	42. estar _____
43. erradamente _____	44. rey _____	45. gaguear _____
46. gallo _____		

¿Hay alguna palabra que necesite acento? ¿Por qué?

¿Hay alguna palabra que tenga diptongo?

Explique por qué todas las palabras siguientes llevan acento por clasificarlas como graves (G), agudas (A), esdrújulas (E) o sobreesdrújulas (S) y por identificar la terminación de cada palabra (V = vocal, N o S; C = consonante).

1. telón _____   2. líneas _____   3. ángel _____

4. ángeles _____   5. azúcar _____   6. está _____

7. capitán _____   8. clavellín _____   9. órdenes _____

10. interés _____   11. imágenes _____   12. quizás _____

13. régimen _____   14. francés _____   15. príncipe _____

16. café _____   17. mamá _____   18. héroe _____

19. túnel _____   20. común _____   21. según _____

22. símbolo _____   23. jazmín _____   24. león _____

25. inútil _____   26. útil _____   27. carácter _____

28. demás _____   29. mármol _____   30. así _____

31. detrás _____   32. débil _____   33. débiles _____

34. papá _____   35. corazón _____   36. número _____

37. penúltima _____   38. único _____   39. América _____

40. estéril _____   41. jamás _____   42. allá _____

43. aqui _____   44. acá _____   45. ahí _____

46. etéreo _____   47. hablé _____   48. hablará _____

¿Hay alguna palabra que tenga diptongo?_____

Escriba el plural de las palabras siguientes, colocando el acento en su debido lugar *en las palabras que necesiten acento*

Además, explique por qué llevan acento algunas de las palabras en su forma singular y por qué hay que conservarlo o quitarlo en la forma plural. Si la palabra en su forma singular no lleva acento, explique por qué queda sin acento o por qué se le pone acento ortográfico en la forma plural.

Singular   Plural

1. corazón   _____

2. joven   _____

3. jazmín   _____

4. imagen   _____

5. interés   _____

6. francés   _____

7. inglés _____

8. capitán _____

9. ángel _____

10. ángulo _____

11. orden _____

12. carácter _____

13. régimen _____

14. razón _____

15. nariz _____

16. común _____

17. refrán _____

18. hostil _____

19. túnel _____

20. amistad _____

21. telón _____

22. dictamen _____

Recuerde que un diptongo es una combinación de dos vocales débiles (i y u) o una fuerte (a, e, o) y una débil (i, u).
Ejemplos: ai, au, ei, ie, ue, io, etc.
Dos vocales fuertes en conjunto no producen un diptongo.
Ejemplos: eo, oa, ae, ee NO SON DIPTONGOS

A menos que un acento ortográfico no rompa el diptongo, se pronuncian las dos vocales en un solo tiempo, produciendo solamente una sílaba.

Ejemplos: espiritual, hacia, predominio

Todas las palabras siguientes tienen diptongos. Identifique los diptongos y clasifiquen las palabras como graves (G), agudas (A), esdrújulas (E) o sobreesdrújulas (S).

1. emocional _____   2. aire _____

3. atribuir _____   4. confiere _____

5. interior _____   6. ciega _____

7. diferencia _____   8. planteamiento _____

9. dio _____   10. oblicua _____

11. fiel _____   12. fuera _____

13. vergüenza _____   14. rieron _____

15. lengua _____   16. laureado _____

17. superior _____   18. siguiente _____

19. dientes _____   20. inocencia _____

21. variaciones _____   22. estáis _____

23. piedad _____   24. necesario _____

25. superfluo _____   26. ingenua _____

27. virtuoso _____   28. cualidad _____

29. canción _____   30. soberbia _____

31. supiera _____   32. Juan _____

33. quiere _____   34. magnolia _____

35. indios _____   36. abierto _____

37. siempre _____   38. silenciosa _____

39. viuda _____   40. miseria _____

¿Por qué llevan acento ortográfico estáis y canción? _____

Todas las palabras siguientes tienen un diptongo y llevan acento ortográfico. En algunos casos, el acento sirve para romper el diptongo, *ej.:* río. En otros casos, el acento tiene otra función, *ej.:* nación donde el acento es necesario para que se acentúe la última sílaba —na CIÓN— en vez de la penúltima —NA cion.

En las palabras siguientes, explique la función de cada acento ortográfico.

1. países _____   2. pasión _____   3. energía _____

4. atenúa _____   5. también _____   6. sentía _____

7. María _____   8. constitución _____   9. frío _____

10. zaguán _____   11. egoísta _____   12. minoría _____

13. amoríos _____   14. altanería _____   15. inspiración _____

16. dirección _____   17. brío _____   18. admiración _____

19. poesía _____   20. monotonía _____   21. ataúd _____

22. guía _____   23. héroe _____   24. variación _____

25. raíz _____   26. sitúa _____   27. teoría _____

28. melancolía _____   29. ríen _____   30. oído _____

31. rocío _____   32. caímos _____   33. habláis _____

34. hincapié _____   35. armonía _____   36. introducción _____

37. después _____   38. comeríamos _____   39. vivía _____

40. alegría _____   41. recién _____   42. desolación _____

43. vivió _____   44. comiéramos _____   45. leía _____

46. sintió _____

Escriba la forma singular de las siguientes palabras, colocando el acento en su debido lugar cuando es necesario.

Singular	Plural
1. _____	constituciones
2. _____	tradiciones
3. _____	ocasiones
4. _____	publicaciones
5. _____	emociones
6. _____	inspiraciones
7. _____	razones
8. _____	canciones
9. _____	ideales
10. _____	alelíes
11. _____	leones
12. _____	países
13. _____	ataúdes
14. _____	raíces
15. _____	narraciones
16. _____	deliberaciones
17. _____	empleos
18. _____	superiores
19. _____	pasiones
20. _____	fríos
21. _____	traducciones

Todas las palabras siguientes son agudas. Escriba los acentos en las palabras que lo necesitan.

1. cafetal	2. cafetin	3. agraz
4. cabas	5. clavel	6. albañil
7. papa	8. Manuel	9. Dios
10. alaju	11. flexibilidad	12. abandonar
13. arenal	14. comi	15. bridon
16. emperatriz	17. afan	18. camarin
19. carmin	20. durmio	21. investigador
22. laud	23. Paris	24. caudal
25. alli	26. abril	27. atras
28. candil	29. aflojar	30. corazon
31. afeccion	32. asi	33. canape
34. fue	35. cayo	36. posicion
37. calderon	38. cantidad	39. calvez
40. huyo	41. ademas	42. autobus
43. aji	44. capital	45. censor
46. tomaran	47. cantar	48. latin
49. leccion	50. tambien	51. pie
52. ideal		

LA ORACIÓN

Se llama oración a un grupo de palabras que expresa un pensamiento completo. *Los pájaros cantan* es una oración, pero la frase *los pájaros* por sí misma no es una oración.   Esta frase (los pájaros) solamente nombra un asunto del que se podría comentar.   Para hacer una oración, hay que decir algo acerca de los pájaros. En la oración *Los pájaros cantan,* es la palabra *cantan* que nos dice algo acerca de los pájaros.

Cada oración necesita dos elementos: uno que nombra algo, y otro que dice algo de lo que ha sido nombrado.   En *Las muchachas reían,*
¿Cuál es la palabra que nombra?_____.
¿Cuál es la palabra que dice algo de lo que ha sido nombrado? _____.

A la palabra que nombra, se llama en la gramática, *sujeto*.   A la palabra que dice algo del sujeto de la oración se llama *predicado*.   En las oraciones que hemos citado, el predicado está compuesto por un verbo solo.   En otras oraciones, puede constituirse de muchas palabras, pero lo que importa es el verbo.   En general, el verbo expresa acción.

En las oraciones siguientes identifique el sujeto y el verbo.

1. María subió la escalera. _____

2. La lámpara iluminó toda la sala. _____

3. No lo saben todo los profesores. _____

4. ¿Quién escribió esta carta? _____

5. Los alumnos leían el periódico. _____

6. Me gustan mucho las flores. _____

7. El gato entró en mi cuarto sin hacer ruido. _____

8. El coche que iba delante de nosotros patinaba en el hielo. _____

¿Cuáles de los siguientes ejemplos son oraciones?

1. Quisiera regalarle algo. _____

2. Que es exactamente lo que te dije que hicieras. _____

3. Medio cubierto de arena con nada más que el cabo visible. _____

4. Dime lo que tú habrías hecho en esta situación. _____

5. Esperando sus noticias durante tres meses. _____

6. ¿Cómo se deberían arreglar estos libros? _____

7. Si nos hubiera dicho de antemano lo que pensaba hacer. _____

8. Asustados por el ruido, se levantaron en seguida. _____

9. Aunque no había gente allá. _____

10. No cabe duda de que tenemos tiempo para verlo. _____

Identifique cada uno de los dos grupos de palabras escribiendo las siguientes letras a la derecha.

F = fragmento   O = oración

11. Quisiera regalarle algo práctico.   Como un buen diccionario.   ____ ____

12. Después de un día de trabajo rigoroso.   Quiso divertirse.   ____ ____

13. Esperando encontrar a su primo.   Ana se fue a la estación.   ____ ____

14. Sin ver a nadie.   Ni oír un ruido.   ____ ____

15. Si hay alguna diferencia entre los dos cuadros.   No lo veo.   ____ ____

16. Bolivia fue nombrada en honor de Simón Bolívar.   Uno de los

    grandes héroes de Hispanoamérica.   ____ ____

17. Mamá miraba el televisor.   Papá leía el periódico.   ___ ___

18. Nací en San Juan.   La ciudad más grande de Puerto Rico.   ___ ___

19. Los jóvenes bailaban.   Los viejos hablaban.   ___ ___

20. Fui a la tienda.   Entonces me di cuenta de que no tenía dinero.   ___ ___

Hay cuatro clases de oraciones: *Ejemplos:*

declarativa
una oración en que se afirma o se niega algo   Hoy es miércoles. No es
                                                    lunes.
interrogativa
una oración en que se pregunta algo   ¿Adónde vas?

imperativa
una oración en que se manda algo   Hablen Uds. en voz alta.

admirativa
una oración en que haya una expresión de admiración   ¡Qué playa más hermosa!

Nótese que cada oración empieza con una letra mayúscula.   Las oraciones afirmativas e imperativas terminan con un punto (.).   A la oración interrogativa se le pone al principio y al final signos de interrogación (¿?).   A la oración admirativa se le pone al principio y al final signos de admiración (¡!).   Recuérdese que entre dos oraciones, hay que emplear o el punto, o signos de interrogación o de admiración, según el caso. La coma (,), por lo general, no es suficienté para separar dos oraciones.

En el ejercicio siguiente, substituya, cuando hay dos oraciones, un punto por la coma, y escriba en letra mayúscula la primera letra de la oración siguiente.   Si la oración es correcta, indíquelo (C).

_____ 21. Fue la culpa de sus padres, quienes hubieron debido negar tal petición.

_____ 22. Mamá se conmovía por el pordiosero, le dio una moneda.

_____ 23. Fue la primera vez que me tocó hablar en público, por eso, me puse nerviosa y enrojecí.

_____ 24. Mi tocadiscos no costó mucho, pagué solamente treinta dólares.

_____ 25. Si pintamos el coche, después podremos venderlo fácilmente.

_____ 26. Pintamos el coche, después pusimos un aviso en el periódico.

_____ 27. En el primer día de las vacaciones, nos divertimos mucho, cantando y bailando en la calle.

_____ 28. Los niños, por lo general, no compran nada, les gusta solamente mirar y tocar las mercaderías.

_____ 29. Hice mi ensayo acerca de José Martí, el libertador de Cuba.

_____ 30. Juan no escucha jamás, sino que le gusta esperar la oportunidad de hablar de sus propias experiencias.

_____ 31. Recibí varios números de la revista, después cesó de venir.

_____ 32. La langosta acecha en su cueva, esperando coger una pesca que pase.

Escriba la letra de la única oración correcta en el renglón.

_____ 33. A. Porque fue un delineante experto.   Le ofrecieron a Antonio varios empleos.
　　　　　　　　B. Alfredo es un delineante experto, le ofrecieron varios empleos.
　　　　　　　　C. Porque es un delineante experto, le ofrecieron a Antonio varios empleos.

_____ 34. A. Ricardo asistió a las clases de verano para tomar los cursos que le faltaban.
　　　　　　　　B. Ricardo asistió a las clases de verano. Porque le faltaban ciertos cursos.
　　　　　　　　C. Ricardo asistió a las clases de verano.   Para tomar los cursos que le faltaban.

_____ 35. A. Papá rió.   Hasta que le salieron lágrimas.
　　　　　　　　B. Papá rió hasta que le salieron lágrimas.
　　　　　　　　C. Riendo hasta que le salieron lágrimas.

_____ 36. A. Primero el artista dibujó con lápiz.   Y después con tinta.
　　　　　　　　B. Primero el artista dibujó con lápiz.   Después aplicó la tinta.
　　　　　　　　C. El artista dibujó con lápiz, después aplicó los colores.

_____ 37. A. Luz tenía catarro.   Por eso no nos acompañó a la playa.
　　　　　　　　B. Porque tenía catarro.   Luz no nos acompañó a la playa.
　　　　　　　　C. Luz tenía catarro, por esto, no nos acompañó a la playa.

_____ 38. A. Las mujeres esquimales preparan las pieles.   Mascándolas. Hasta que están blandas
　　　　　　　　B. Las mujeres esquimales preparan las pieles mascándolas hasta que están blandas.
　　　　　　　　C. Las mujeres esquimales preparan las pieles mascándolas. Hasta que están blandas.

En las oraciones que siguen, póngase los signos de puntuación que convienen, sean puntos, signos de interrogación o de admiración.

39. Nadie estaba allí cuando yo entré

40. Sabe Ud. qué hora es

41. Deseo saber qué hora es

42. Juan debe de estar de vacaciones

43. A qué hora comienza la fiesta

44. Viva Puerto Rico

45. No estoy seguro de que venga Clarita

46. Hace cuánto tiempo que estás en Nueva York

47. Me pregunto cómo este hombre es capaz de hacer tantas cosas

48. Qué bonita es la chica

49. Pregúntale a Pedro dónde está su hermano

50. Quisiera saber la dirección del Sr. González

51. Dónde vive su familia

52. El juez le preguntó su nombre

53. Estos zapatos deberían costar mucho

54. Ha estado Ud. en California

55. Ayúdeme.   La casa está ardiendo

56. No sé donde están mis libros

57. No has visto a Santos en la calle

58. Caramba   No me lo digas

59. Tráigame, por favor, algunos sobres

60. Cuándo habrá salido de la casa

61. Qué pinturas más hermosas hemos visto en el museo

62. Se preguntaba qué habría pasado

63. Anita no sabe jamás sus lecciones

En los párrafos que siguen, coloque, en su debido lugar, los puntos y las mayúsculas.

cuentan que un viajero llegó un día a Caracas al anochecer y, sin sacudirse el polvo

del camino, no preguntó dónde se comía ni se dormía, sino cómo se iba adonde

estaba la estatua de Bolívar cuentan que el viajero, solo con los árboles altos y olo-

rosos de la plaza, lloraba frente a la estatua, que parecía que se movía, como un

padre cuando se le acerca un hijo el viajero hizo bien, porque todos los americanos

deben querer a Bolívar como a un padre, a Bolívar y a todos los que pelearon como

él para que la América fuese del hombre americano

libertad es el derecho que todo hombre tiene a ser honrado, y a pensar y a

hablar sin hipocresía en América no se podía ser honrado, ni pensar ni hablar

hay hombres que son peores que las bestias, porque las bestias necesitan ser libres

para vivir dichosas: el elefante no quiere tener hijos cuando vive preso; la llama del Perú se echa sobre la tierra y se muere cuando el indio le habla con rudeza o le pone más carga de la que puede soportar el hombre debe ser por lo menos tan decoroso como el elefante y como la llama en América se vivía antes de la libertad, como la llama que tiene mucha carga encima era necesario quitarse la carga, o morir

hay hombres que viven contentos aunque vivan sin decoro hay otros que padecen como en agonía cuando ven que los hombres viven sin decoro a su alrededor en el mundo ha de haber cierta cantidad de luz cuando hay muchos hombres sin decoro, hay siempre otros que tienen en sí el decoro de muchos hombres ésos son los que se rebelan con fuerza terrible contra los que les roban a los pueblos su libertad, que es robarles a los hombres su decoro en esos hombres van miles de hombres, va un pueblo entero, va la dignidad humana esos hombres son sagrados estos tres hombres son sagrados: Bolívar, de Venezuela; San Martín, del Río de la Plata; Hidalgo, de México se les deben perdonar sus errores, porque el bien que hicieron fue más que sus faltas los hombres no pueden ser más perfectos que el sol el sol quema con la misma luz con que calienta el sol tiene manchas los desagradecidos no hablan más que de las manchas los agradecidos hablan de la luz

CONCORDANCIA DE SUJETO Y VERBO

El verbo debe concordar con el sujeto en cuanto a persona y número. Por lo tanto, conviene saber cuál es el sujeto de una oración antes de escoger el verbo.

Sabemos que el verbo expresa lo que le pasa al sujeto. Entonces, para saber cuál es el sujeto, bastará con preguntar "quién" o "qué cosa" realiza la acción, ya se trate de una persona o de un animal; o bien de algo inanimado: una cosa o un concepto abstracto. La respuesta nos dirá el sujeto de la oración.

Ejemplos: a) El niño miraba el televisor.   Pregunta: ¿quién miraba?
                                            Respuesta: el niño (sujeto)

              b) El libro se cayó al suelo.   Pregunta: ¿qué cosa se cayó?
                                            Respuesta: el libro (sujeto)

1. El sujeto se encuentra antes de las preposiciones DE, EN, A, PARA, POR, etc.

                  S
Ejemplo: Uno de los muchachos llegó tarde.

2. Cuando la oración tiene dos o más sujetos en singular, el verbo debe estar en el plural.

Ejemplo: $\overset{S}{\underline{\text{Marina}}}$ y $\overset{S}{\underline{\text{José}}}$ bailaron.

Ejemplo   Ni $\overset{S}{\underline{\text{él}}}$ ni $\overset{S}{\underline{\text{yo}}}$ iremos.

Excepción: Esto y aquello resultó equivocado.

3. Cuando el sujeto es un sustantivo colectivo, lleva el verbo en singular o en plural, según el énfasis que se quiere dar.

Ejemplos: $\overset{S}{\underline{\text{Todo el mundo}}}$ fue a visitarlo.

La $\overset{S}{\underline{\text{gente}}}$ está esperando.

Mucha $\overset{S}{\underline{\text{gente}}}$ lo saludaron.

Indique los sujetos de las siguientes oraciones y escoja el verbo correcto.

1. Una buena colección de libros siempre (es, son) de utilidad.

2. El paquete que contenía los valores (fue, fueron) robado ayer por la tarde.

3. Se me (olvidó, olvidaron) los nombres de los profesores.

4. Se (vende, venden) lápices en aquella botica.

5. Todo el mundo (está, están) esperándole.

6. La gente (acudió, acudieron) a la plaza para ver al actor.

7. ¿Les (fatiga, fatigan) a Uds. todas estas reglas de gramática?

8. Le (fue, fueron) difícil arreglar todos aquellos detalles antes de partir.

9. Viajando y observando bien se (aprende, aprenden) mucho.

10. El coche más pequeño, el de la carrocería verde, me (gustaba, gustaban) bastante.

11. Se (ha, han) eliminado las complicaciones gracias a que se cuenta con un hábil director.

12. Su condición de enfermizo y débil le (impidió, impidieron) disfrutar de su juventud.

13. (Acudió, Acudieron) multitud de gente.

14. Ni el uno ni el otro me (conviene, convienen).

15. A menos que cada uno de los miembros no (contribuya, contribuyan), el plan va a fracasar.

16. La señora Montesinos, acompañada de sus tres hijas, (va, van) de compras cada día.

17. La manada de gansos salvajes (volaba, volaban) en forma de perfecta V.

18. Un ejercicio sobre la concordancia de sujeto y verbo nos (ayuda, ayudan) a aprender.

19. La caja encima de los libros (contiene, contienen) sellos de correo.

20. Se le (había, habían) olvidado los consejos de su padre.

21. Se (estrenó, estrenaron) el famosísimo drama de Tamayo y Baus en 1867.

22. Ella y tú (vio, viste, vieron) la obra.

23. Se (oye, oyen) muchos idiomas distintos por las calles de Nueva York.

24. Se (come, comen) mucho arroz en los países hispanoamericanos.

25. ¿Cuál de estos vestidos les (gustó, gustaron) a sus padres?

26. Una de las sillas (está, están) en mi casa.

27. Juan y yo (fui, fuimos) al cine anoche.

28. ¿Le (gusta, gustan) a Ud. las comidas que se (prepara, preparan) en este restaurante?

29. Me (interesa, interesan) en particular uno de estos libros.

En algunas de las oraciones siguientes, los verbos no concuerdan con los sujetos. En estos casos, escriba la forma correcta de los verbos. Si la oración está correcta, indíquelo (C).

30. Una de mis amigas me están esperando. _____

31. El escritorio, cubierto de libros y papeles, estaba muy sucio. _____

32. Nos gustaron mucho la visita al museo. _____

33. En aquella botica se hablan varias lenguas. _____

34. Cuatro obras fundamentales tienen el teatro romántico español. _____

35. Ya tenemos el modelo que seguirán los estudiantes. _____

36. Se le confirió muchos títulos a aquel hombre. _____

37. Se distribuyó los papeles por la calle. _____

38. La belleza y la tranquilidad de la noche le ayudaron a recuperarse de lo que había sufrido aquel día. _____

39. El parque, lleno de flores olorosas y árboles majestuosos, le daban inspiración.

_____

40. Comer demasiada carne y grasa no es bueno para la salud. _____

41. La influencia de los libros que Juana había leído se notaban en las cosas que nos decía. _____

42. Cuatro de los cinco actos que comprende el drama son divertidos. _____

43. Pintar las cosas como son no interesan al artista moderno. _____

44. Cualquiera de Uds. pueden hacerlo. _____

45. La mejor butaca en cualquiera de los cuarenta y cinco teatros londinenses valen cuatro dólares con veinte centavos. _____

46. Esas anchas puertas de vidrio presenta bonita apariencia, pero puede hacer daño si alguien trata de pasar a través de ellas. _____

47. Más son los hombres que las mujeres que se ve envueltos en accidentes automovilísticos. _____

48. Una de las primeras locomotoras usadas en los E.E.U.U. estaban equipada con dos patas delanteras. _____

49. Cerca de una docena de espectadores emocionados entró a participar.

EL PRETÉRITO DE VERBOS IRREGULARES

1. EL PRÉTERITO DE VERBOS QUE TERMINAN EN -IR CON CAMBIO RADICAL

Ejemplo: (servir) serví, serviste, sirvió, servimos, servisteis, sirvieron.

Escriba el verbo que corresponde a los sujetos indicados.

1. El señor pidió la cuenta a la mesera.

   Ellos _____

   Yo _____

   Nosotros _____

   Elena _____

2. Ellos consintieron en aceptar la invitación.

   María _____

   Yo _____

   Tú _____

   Uds. _____

3. Los alumnos repitieron las frases varias veces.

   El alumno _____

   Yo _____

   Nosotros _____

   Ud. _____

4. Carlos se despidió de los amigos.

   Yo _____

   Los muchachos _____

   Ud. _____

   Nosotros _____

5. Todos se divirtieron mucho ayer.

   Yo _____

   El muchacho _____

   Tú _____

   Ud. _____

6. Yo me sentí mal esta mañana.

   Ud. _____

   Nosotros _____

   Ellos _____

   Lucía _____

7. Tú te vestiste pronto.

Juan _____

Yo _____

Ellos _____

Ana y yo _____

8. Todos se rieron en voz alta.

Yo _____

Lola _____

Nosotros _____

Ud. _____

9. Los hombres siguieron el ejemplo
   del jefe.

El pueblo _____

Nosotros _____

Tú _____

Uds. _____

2. EL PRETÉRITO DE VERBOS QUE CAMBIAN LA VOCAL DE SU RAÍZ EN –U.

Los verbos siguientes se parecen en el pretérito, ya que cambia la vocal de la raíz en *u: estar, poder, tener, poner, saber, caber, andar.*

Ejemplo: caber: cupe, cupiste, cupo, cupimos, cupieron

Continúe la conjugación:

10. Yo estuve en el cine anoche.   (Tú
    estuviste... Ud. estuvo...)

    Él _____

    Nosotros _____

    Ellos _____

11. Yo no pude hacerlo.
    Tú _____
    Él _____
    Nosotros _____
    Uds. _____

12. Lo puse sobre la mesa.
    Tú _____
    Él _____
    Uds. _____
    Nosotros _____

13. No cupe en el coche.
    Tú _____
    Ud. _____
    Nosotros _____
    Ellos _____

14. No supe nada de eso.
    Tú _____
    Él _____
    Nosotros _____
    Uds. _____

15. Anduve por la calle.
    Tú _____
    Nosotros _____
    Ud. _____
    Uds. _____

16. Tuve buena suerte.
    Tú _____
    Ella _____
    Nosotros _____
    Uds. _____

Ponga en el pasado (pretérito):

17. Joaquín se pone los guantes. _____

18. Jorge y Luis están en el cine. _____

19. Voy a la casa de mi amiga. _____

20. Los estudiantes ponen muy poca atención en la clase. _____

21. Los lápices no caben en esta caja. _____

22. Mi hermana sabe mucho de la historia. _____

23. Ellos tienen mucho trabajo. _____

24. Tú puedes acompañarnos. _____

25. Andamos alrededor de la casa. _____

26. Ud. lo sabe muy bien. _____

3. EL PRETÉRITO DE VERBOS QUE TERMINAN EN –UCIR

Para formar el pretérito de los verbos que terminan en –*ucir* (traducir, producir, conducir, reducir), se cambia la *c* en *j*. (Note: *ucir* es una excepción.)

Ejemplo: traducir: traduje, tradujiste, tradujo...

Nótese también el pretérito de *traer:* traje, trajiste, trajo, trajimos, trajisteis, trajeron

y de *decir:* dije, dijiste, dijo, dijimos...

Ponga en el pasado (pretérito):

27. Traigo una maleta muy pesada. _____

28. Los niños no dicen la verdad. _____

29. En la clase de francés traducimos artículos de periódicos. _____

30. No reducen los precios de esta manera. _____

31. Emilio conduce la clase como maestro. _____

32. ¿Traduce Ud. de inglés a español? _____

33. Traes muchos libros a la escuela. _____

34. Dice mucho en pocas palabras. _____

35. Nada de esto nos conduce a creerlo. _____

36. La conferencia se reduce a veinte minutos. _____

37. Traen buenas noticias. _____

38. Te digo la verdad. _____

39. Esta tela se contrae en agua caliente. _____

40. El mejor vino se produce en este pueblo. _____

41. El sacerdote bendice a los fieles del pueblo. _____

42. Estas fotos se reproducen en dos días. _____

43. ¿Trae Ud. algún mensaje? _____

44. ¿Qué dices? _____

45. Traduzco diez páginas cada día. _____

46. Conducimos el camión sin dificultad. _____

4. EL PRETÉRITO CON CAMBIO ORTOGRÁFICO

-CAR

Nótese el pretérito de buscar: busqué, buscaste, buscó, buscamos, buscaron.

En la conjugación de la primera persona singular se ha substituido la c del infinitivo por qu para conservar el sonido del infinitivo.

Otros verbos en que la c va reemplazada por qu en la primera persona singular son: *acercarse, atacar, colocar, dedicar, equivocarse, sacar, tocar, explicar.*

Escríbase una oración empleando cada uno de estos verbos en la primera persona singular del pretérito.

Ejemplo: (buscar). Ayer busqué un libro en la biblioteca.

(acercarse) 47. _____

(atacar) 48. _____

(colocar) 49. _____

(dedicar) 50. _____

(equivocarse) 51. _____

(sacar) 52. _____

(tocar) 53. _____

(explicar) 54. _____

-GAR

Los verbos que terminan en -gar y en -zar también sufren cambio ortográfico en la primera persona singular del pretérito.

Nótese el pretérito de pagar: pagué, pagaste, pagó, pagamos, pagaron. Otros verbos en que hay que colocar una u después de la g en la primera persona singular son: *apagar, castigar, entregar, juzgar, llegar, rogar, jugar.*

-ZAR

Nótese el pretérito de avanzar: avancé, avanzaste, avanzó, avanzamos, avanzaron. Otros verbos en que la z cambia a c en la primera persona singular son: *alcanzar, almorzar, comenzar, cruzar, empezar, lanzar, organizar.*

Escriba la forma correcta del pretérito.

55. *entregar*   56. *comenzar*   57. *castigar*

Yo _____   Yo _____   Yo _____

Él _____   Nosotros _____   Uds. _____

58. *cruzar*

Ud. _____

Yo _____

59. *juzgar*

Nosotros _____

Yo _____

60. *llegar*

Tú _____

Yo _____

61. *alcanzar*

Yo _____

Ellos _____

62. *rogar*

Juan _____

Yo _____

5. PRETÉRITO DE VERBOS CON Y EN LA CONJUGACIÓN DE LA 3.ᵃ PERSONA

En los verbos siguientes, las formas singular y plural de la tercera persona llevan una *y*: *caer, oír, leer, poseer, crear.* Todos siguen el ejemplo de caer: *caí, caíste, cayó, caímos, caísteis, cayeron.*

Los verbos que terminan en -uir también llevan una y, pero, a diferencia del primer grupo, llevan acento solamente en la primera y tercera personas singulares.

Ejemplo: huir: *huí, huiste, huyó, huimos, huisteis, huyeron.*

Como *huir* son *concluir, constituir, construir, contribuir, destruir, distribuir, incluir, influir, substituir.*

Conjugue los verbos siguientes en el pretérito:

	63. *leer*	64. *concluir*	65. *distribuir*	66. *poseer*
Yo	_____	_____	_____	_____
Tú	_____	_____	_____	_____
Ud. (Él)	_____	_____	_____	_____
Nosotros	_____	_____	_____	_____
Uds. (Ellos)	_____	_____	_____	_____

67. *creer*	68. *influir*	69. *crear*	70. *oír*	71. *incluir*
_____	_____	_____	_____	_____
_____	_____	_____	_____	_____
_____	_____	_____	_____	_____
_____	_____	_____	_____	_____
_____	_____	_____	_____	_____

SEGUNDA PERSONA FAMILIAR -SINGULAR Y PLURAL - EN EL PRETÉRITO

Estudie las conjugaciones siguientes de la segunda persona familiar en el pretérito.

	SINGULAR	PLURAL
AMAR	Tú amaste.	Vosotros amasteis.
TEMER	Tú temiste.	Vosotros temisteis.

	SINGULAR	PLURAL
PARTIR	Tú partiste.	Vosotros partisteis.
DAR	Tú diste.	Vosotros disteis.

Nótese que la terminación de la forma vosotros es siempre igual (-teis) y que la forma tú <u>nunca</u> termina en "s".

En el ejercicio siguiente, escriban la forma correcta del pretérito del verbo indicado.

1. No me _____ (dar) tu número de teléfono.

2. Por lo general, vosotros _____ (hacer) bien en el examen.

3. ¿Por qué no nos _____ (escribir), Amalia?

4. Me _____ (decir) que ibas a Puerto Rico este mes.

5. ¿_____ (ser) invitados a la conferencia?

6. ¿Cuándo _____ (saber) que tu hija estaba enferma?

7. Con vuestra participación, _____ (contribuir) mucho al

   éxito de la presentación.

8. ¿A qué hora os _____ (levantar)?

9. Esta vez _____ (venir) más temprano que tu marido.

10. ¿_____ (pedir) ayuda a tu hermano?

11. Me recuerdo como os _____ (extrañar) al descubrirlo.

12. ¿Te _____ (divertir) anoche?

13. ¿_____ (tener) dificultades con tus lecciones?

14. Vosotros me _____ (hacer) falta anoche.

15. No me _____ (hacer) caso cuando te lo expliqué.

EL TIEMPO

1. EL PRETÉRITO INDEFINIDO VS. EL PRETÉRITO PERFECTO

Se usa el <u>pretérito indefinido</u> si hay algo en la oración que nos dice <u>cuándo</u> ocurrió la acción.

Ejemplos: Lo <u>vimos</u> anoche.
Lo <u>vimos</u> el año pasado.
Lo <u>vimos</u> mientras salía del teatro.
(Aquí, "mientras salía del teatro" nos identifica el momento en que lo vimos.)

Se usa el <u>pretérito perfecto</u>:

1. Si no sabemos en qué momento ocurrió la acción.
   Ejemplo: Sí, <u>he oído</u> decir su nombre.

2. Si la acción continúa en el presente.
   Ejemplo: <u>Ha vivido</u> mucho tiempo en Nueva York.

3. Si la acción acaba de completarse.
   Ejemplo: Papá <u>ha venido</u>; podemos comer.

En el ejercicio siguiente, subraye la forma correcta.

1. No encuentro mis tijeras; ¿las (viste, has visto)?

2. ¿Cuántas veces (estuviste, has estado) en Puerto Rico?

3. (Leí, He leído) ese ensayo tres veces y todavía no lo comprendo.

4. (Vimos, Hemos visto) el presidente una vez mientras entraba en este edificio.

5. ¿Todavía no (sonó, ha sonado) el timbre?

6. El jurado (decidió, ha decidido) que el acusado es inocente.

7. En los últimos años la ciencia (progresó, ha progresado) mucho.

8. El siglo diecinueve (fue, ha sido) notable para su producción literaria.

9. (Fuimos, Hemos ido) a la playa diez veces el año pasado.

10. (Comimos, Hemos comido) muchas veces en aquel restaurante.

11. Su hijo (llegó, ha llegado) tarde cada día esta semana. (Se supone que el profesor habla a la madre el sábado.)

12. (Terminé, He terminado) todo lo que Ud. me pidió que hiciese; ¿hay algo más?

2. EL PRETÉRITO INDEFINIDO VS. EL PRETÉRITO PLUSCUAM-PERFECTO

Si dos acciones en el pasado ocurrieron a la misma vez, se usa el <u>pretérito indefinido</u> para expresar las dos.

   Ejemplo: Me <u>asusté</u> cuando lo <u>vi</u>.

   Si una acción ocurrió anteriormente, se expresa ésta en el <u>pluscuamperfecto</u> y la otra acción en el <u>pretérito indefinido</u>.

   Ejemplo: Cuando el médico <u>entró</u>, el enfermo <u>había muerto</u>.

Escriba en su forma correcta los verbos que están entre paréntesis, siguiendo las reglas susodichas.

13. Cuando llamé a su casa, me dijeron que (salir) _____ a las dos.

14. Observé cuando entré que alguien (dejar) _____ el abrigo en la sala.

15. Cuando le pregunté qué (hacer) _____ con el dinero, él no quería contestar.

16. En el momento en que la (ver) _____ acercarse a Dolores, se marchó en seguida.

17. Al mirar las primeras páginas del libro me di cuenta de que ya lo_____ _____ (leer).

18. El agente de policía explicó que (buscar) _____ por todas

partes al culpable, sin éxito.

19. Yo sabía todo el tiempo que nosotros (equivocarse) _____

_____ con el camino.

20. ¿Cómo supo el profesor que tú (ver) _____ tus notas?

21. Mientras él (entrar) _____ en el cuarto, yo salí.

22. Cuando fui a comprar las entradas vi que se (vender) _____

_____ las mejores butacas.

3. EL FUTURO IMPERFECTO (ABSOLUTO) VS. EL PRESENTE

Se usa el futuro imperfecto para expresar una acción venidera que es independiente de cualquier otra acción.

Ejemplo: Cumplirá los veinte años en septiembre.

No se puede emplear el futuro imperfecto después de si o cuando (a menos que cuándo se use como interrogativo).   En estos casos, se usa el presente del indicativo o del subjuntivo.

Ejemplo: Cuando publiques tu primer libro, te voy a regalar una pluma dorada.

Escojan el verbo correcto.

23. Se lo (digo, diré) si lo veo. _____

24. Si (eres, serás) bueno, te llevaré al cine. _____

25. Si (vienes, vendrás) el lunes, encontrarás a mi hermana. _____

26. (Vemos, Veremos) la comedia la semana que viene. _____

27. Cuando (llegue, llegará) el tren, vas a conocer a tus primos. _____

28. Puedes preguntarle, pero te aseguro que él no te (dice, dirá) nada. _____

29. (Llego, Llegaré) dentro de una hora. _____

30. (Pagan, Pagarán) algún día. _____

4. EL FUTURO PERFECTO (ANTEFUTURO) VS. EL FUTURO IMPERFECTO

El futuro perfecto expresa la acción venidera anterior a otra también venidera: Cuando llegues, habremos cenado.   (La acción de cenar es anterior a tu llegada.)

El futuro perfecto de probabilidad indica la acción dudosa o supuesta en el pasado perfecto, a diferencia del futuro imperfecto, que expresa la probabilidad en el presente.

Ejemplos:

FUTURO PERFECTO Habrán dado las nueve.   (Supongo que han dado las nueve.)

FUTURO IMPERFECTO Serán las nueve.   (Supongo que son las nueve.)

Escoja y subraye el verbo correcto.

31. Desafortunadamente, yo (habré salido, saldré) _____ cuando ellos lleguen

a la ciudad.

32. Cuando Ud. haya llegado, ya (habré terminado, terminaré) _____ mi tra-

bajo.

33. Creo que en mayo (habré ganado, ganaré) _____ bastante dinero

para ir de vacaciones en agosto.

34. Al cabo de este semestre (habrá cumplido, cumplirá) _____ treinta

créditos.

35. Mis amigos (habrán estado, estarán) _____ en la casa; vamos por allá.

36. Cuando yo llegue a Mendoza, tú ya te (habrás casado, casarás) _____

37. Cuando acabe con este ensayo (habré terminado, terminaré) _____

toda mi tarea.

38. Cuando mi hermana salga para la universidad, la (habré acompañado, acompa-

ñaré) _____

39. (Habrá cometido, cometerá) _____ alguna imprudencia, pero en el fondo

es honrado.

40. Cuando lleguéis (habremos cenado, cenaremos) _____ , pero de to-

dos modos os podremos acompañar al cine.

Hay que evitar cambios injustificados del tiempo en la misma oración.

ERROR

Ejemplo: No había un tribunal a la cual una persona pueda recurrir.

CORRECCION: pudiera o pudiese

Algunas de las oraciones siguientes tienen errores respecto a los tiempos em-

pleados. Corríjalos, escribiendo el verbo correcto.

41. Cuando lo vio acercársele, trata de evitarlo. _____

42. Le creí cuando dijo que va a pagar. _____

43. El muchacho prometió a sus padres que estudiaría para el examen. _____

_____

44. Trabajamos durante cuatro horas antes de averiguar donde está el error. _____

_____

45. El motor se había calentado tanto que tuvimos que esperar diez minutos antes

de subir _____

46. Si Ud. me presta ese libro, se lo devuelvo mañana. _____

47. Cuando el profesor interrogó al alumno, supo que no escucha en absoluto.

_____

48. Si hubieras estudiado te aprobaban. _____

49. El testigo negó lo que dijo anteriormente. _____

50. Tú habrías comprado el vestido si lo viste. _____

51. No queremos mudarnos porque vivimos en esta casa desde hace ya diez años.

_____

52. Carlos compró el vino; ahora podemos comer. _____

53. ¿Entendiste al profesor cuando explicó la raíz cuadrada? _____

54. Si estudiases se alegrase tu padre. _____

55. Cuando vendrás, hablaremos. _____

HABER

El verbo HABER se emplea como verbo auxiliar *(Ejemplo: Habían* visto la película)* o como voz impersonal que denota solamente la existencia de algo *(Ejemplo: Había* mucha gente en la plaza.) Cuando se usa HABER como auxiliar, se admiten todas las conjugaciones. En cambio, cuando se usa HABER como verbo impersonal, hay que emplearlo <u>siempre</u> en la tercera persona singular.

Ejemplo: <u>Había</u> dos lápices encima de la mesa.
Ayer <u>hubo</u> muchas festividades.

Nótese que se ha empleado el verbo en singular a pesar de que los sujetos (lápices y festividades) son plurales.

En el ejercicio siguiente, subraye la forma correcta del verbo HABER.

1. Ojalá que no (haya, hayan) disturbios durante la conferencia.
2. Manuel y su primo (ha, han) estado ya en Boston.
3. (Había, Habían) tantas dificultades en estos años.
4. (Habría, Habrían) salido mis amigos a las once.
5. (Ha, Han) habido dos incendios en aquel pueblo.
6. Es de lamentar las muertes que (hubo, hubieron) a causa de la guerra.
7. Anoche (hubo, hubieron) muchos alumnos en la cafetería.
8. Sus amigos (había, habían) visitado el museo el día anterior.
9. El chico esperaba que (hubiera, hubieran) todavía unos bizcochos que comer.
10. En Córdoba (había, habían) conocido Mercedes a varios artistas.
11. Al volver a la casa, vimos que las flores (había, habían) muerto.
12. (Habrá, Habrán) dos hombres que te esperarán en el aeropuerto.

13. Los convidados se (habría, habrían) divertido mucho.

14. Las matemáticas, la historia, la gramática; todo lo (había, habían) estudiado el muchacho.

15. En la fiesta (había, habían) muchas personas.

16. Nos alegramos mucho de que (haya, hayan) sido elogiada la colaboración de los participantes.

17. En esta cruzada (ha, han) habido muchos accidentes automovilísticos.

DEBER - DEBER DE

Deber indica obligación.   *Ejemplo:* <u>Debo</u> estudiar para el examen.
Deber de indica suposición.   *Ejemplo:* <u>Deben</u> <u>de</u> ser las nueve.

En el ejercicio siguiente, subraye la expresión correcta.

1. María (debe, debe de) estar en el jardín tomando el sol.

2. ¿Cuándo (debo, debo de) entregar este libro?

3. (Debe, Debe de) estar muy enferma la chica.

4. ¿Dónde se (deben, deben de) meter estos papeles?

5. (Debería, Debería de) acompañar a mi madre, pero no me da la gana.

6. ¿Cuándo se (deben, deben de) acentuar las palabras graves?

7. (Deberías, Deberías de) escribir una carta a tu tía.

8. Me hubiera (debido, debido de) telefonear si no podía venir.

9. ¡(Debes, Debes) estar estudiando!

10. Hubiera (debido, debido de) estar en la casa todo el tiempo, pero no lo encontré hasta hoy.

11. El profesor (debe, debe de) haber leído el libro.

12. (Deberán, Deberán de) estudiar mucho si quieren pasar el examen.

13. (Deberán, Deberán de) trabajar demasiado si no los ayudamos.

14. Han (debido, debido de) estar esperando mucho tiempo.

15. (Debe, Debe de) estar muy contento porque le han prometido un aumento de salario.

16. Este coche (debe, debe de) ser un "Rolls Royce".

17. (Debió, Debió de) subir en aquel avión, porque yo lo vi salir.

18. (Debes, Debes de) tener en cuenta lo que te dice tu madre.

EL COMPLEMENTO DIRECTO E INDIRECTO
("leismo", "laismo" y "loismo")

Hemos ya estudiado los dos elementos imprescindibles de la oración: el sujeto y el verbo.   A veces bastan estos dos elementos para dar sentido completo a una oración.   Y recordamos que a menudo el sujeto va sobreentendido de modo que es posible, en español, tener en una sola palabra —el verbo— toda una oración.

Ejemplo: Juan leía.   Leía.

Ahora vamos a estudiar otro elemento que a veces es necesario para completar una oración.   Consideren el ejemplo siguiente:

María rompió

En esta frase nos hace falta algo para entender el pensamiento.   Nos preguntamos: ¿"Qué es lo que María rompió"? ¿un vaso? ¿la silla?   Supongamos que fuese un vaso:

María rompió un vaso.

Ahora tenemos una oración con sentido completo, ya que hemos añadido "un vaso".   En la gramática este elemento se llama COMPLEMENTO DIRECTO u OBJETO.

El COMPLEMENTO DIRECTO es (son) la(s) cosa(s) o persona(s) sobre la(s) cual(es) recae(n) la acción del verbo.

A. En el ejercicio siguiente, algunas oraciones tienen complemento directo. Identifique los complementos directos.

1. La señora me envió una carta. _____

2. Invitamos a Carmen y a su marido. _____

3. El avión salió a las diez. _____

4. Compré muchas cosas en la botica. _____

5. Vimos la película anoche. _____

Ustedes habrán notado que en estas oraciones todos los complementos directos son sustantivos.   Pero el complemento directo puede ser también un pronombre.   Por ejemplo, en vez de decir, "María rompió un vaso", podemos escribir,

"María lo rompió".

Los pronombres que pueden ser complementos directos son ME, TE, NOS, OS, LO, LOS, LA y LAS, según la persona, el número y el género del sustantivo a que se refiere.   No son admisibles LE y LES, por motivos que estudiaremos en seguida.

B. En el ejercicio siguiente, escriba las oraciones de nuevo, reemplazando el substantivo que funciona como complemento directo por un pronombre.

1. Mi padre compró el reloj.   1. _____

2. Quiero a Pedro.   2. _____

3. No he leído todavía la carta.   3. _____

4. Conocí a Elisa cuando vino a Guatemala.   4. _____

5. Manuel empujaba a las chicas.   5. _____

6. Hector vende automóviles a un buen precio.   6. _____

Compárense estas oraciones: Francisco dio un golpe.
Francisco dio un golpe a su hermana.

¿Cuál es el complemento directo de la primera oración? _____

¿De la segunda? _____

¿A quién dio Francisco el golpe? _____

Ahora bien, la hermana no es el complemento directo, ya que Francisco no dio a su hermana sino un golpe. Pero la hermana recibió el golpe, recibió el complemento directo, y por lo tanto, la hermana es el COMPLEMENTO INDIRECTO.

El COMPLEMENTO INDIRECTO es, pues, la cosa o la persona que recibe el complemento directo o que está indirectamente afectada por la acción de un verbo. Como el complemento directo, el complemento indirecto puede ser un sustantivo o un pronombre. Los pronombres que se emplean para el complemento indirecto son ME, TE, NOS, OS, LE, LES y SE.

C. En el ejercicio siguiente, identifique el complemento directo (CD) y el complemento indirecto (CI).

1. Andrés quitó la muñeca a su hermana._____

2. Luisa nos preparó una comida. _____

3. El profesor le dijo: "adiós". _____

4. Le prometí una respuesta en seguida. _____

5. Le advierto, señorita, que en la biblioteca no se puede hablar. _____

LEÍSMO, LAÍSMO Y LOÍSMO

Hay muchas personas —incluso escritores de fama— que emplean mal los pronombres *le, la* y *lo*. Y esto porque, en vez de atender al caso gramatical, piensan en la terminación en "o" o en "a", del género masculino o femenino. Así se dice <u>LA di un libro</u>, cuando se hace referencia a una mujer, y <u>LO di un libro</u> si se refiere a un hombre, en vez de decir correctamente <u>LE di un libro</u>, ya que LE es el complemento indirecto.

Recuerden: el género de la cosa o persona representada por el pronombre nos interesa <u>solamente</u> cuando el pronombre es un complemento directo.
Es decir,

complementos directos { LO leí. (si LO refiere al libro)
o
LA leí. (si LA refiere a la carta)
pero

complemento indirecto LE di la noticia (sea a hombre o a mujer a quien se ha dado la noticia)

Noten: LE y LES son complementos <u>indirectos</u>; LA, LAS, LO y LOS son complementos directos.

En las frases siguientes, subraye los pronombres *le, lo, la, les, los* y *las* empleados incorrectamente. Escriban en su lugar las formas correctas.

1. La vi en el Metro y la di la noticia. _____

2. Les vio pasar pero no les hizo caso. _____

3. Voy a hacerlo reír. _____

4. Antes de tomar declaración a los hombres, el juez les había condenado. ____

_____

5. Busqué en el libro pero no le encontré. _____

6. Su madre lo había preparado un biscocho para el cumpleaños. _____

7. La viejecita le daba de comer semillas a los pájaros. _____

8. No le tendría miedo a los leones, pero a los ratones sí. _____

9. La envié la carta hace una semana. _____

10. Si quieres que crezca bien la planta, tienes que ponerle donde hay suficiente luz.

_____

Escriba el pronombre correcto.

11. La señorita no tiene pluma; ¿quiere Ud. dar _____ la suya

12. El profesor ____ daba cuadernos a los alumnos.

13. Cuando el profesor pregunta, los alumnos ____ contestan en español.

14. José salió de la casa hace una semana y sus padres ____ están buscando por

todas partes.

15. Voy a dar ____ una sorpresa.

Repita cada frasè substituyendo las palabras subrayadas por un pronombre.

16. Hemos hablado al médico. _____

17. Necesito a ustedes. _____

18. He devuelto los discos a Lucía. _____

19. El niño trajo flores a su madre. _____

20. ¿Has abierto las ventanas? _____

21. No he dado nada a mis amigos. _____

22. Envió la carta a Ud. ayer. _____

23. ¿Has invitado a Luis y a Ramón? _____

24. Regalaron un premio a mi profesora. _____

25. ¿Sabe Pedro las reglas? _____

26. ¿Ha enseñado Ud. las fotografias a

María? _____

27. Marco dio un empujón a Roberto. _____

28. Conocí a la señora en Miami. _____

29. Debes prestar atención al trabajo. _____

30. Veíamos los árboles desde la ventana. _____

31. Prometió a su hijo que irían a la playa _____

32. Vi a Leonor por la calle.   _____

33. No te voy a dar este libro.   _____

ELEMENTOS MODIFICADORES

1. MODIFICADORES DEL SUSTANTIVO: ADJETIVOS

Ya hemos estudiado las partes esenciales de la oración: el sujeto, el verbo y el complemento. La agrupación de estas tres partes, por sí mismas, es suficiente para obtener una oración.

Ejemplo: María ha perdido el libro.
                     s   v   c

Pero a veces queremos especificar ciertos detalles de las partes esenciales. Supongamos que queremos precisar qué libro ha perdido María. Podemos hacerlo usando una palabra modificadora.

Ejemplo: María ha perdido el libro rojo.

A la palabra "rojo" le llamamos ADJETIVO.
El ADJETIVO es una palabra que describe al sustantivo.
Puede ayudarnos a ver de cuál, cuánto o de qué tipo de sustantivo se trata. Por ejemplo, si queremos dar sentido concreto al sustantivo "pájaro", podemos emplear adjetivos como amarillo, pequeño, hermoso, volador, enjaulado, salvaje, tres, muchos, mi, etc.

Dé adjetivos a los sustantivos siguientes:

1. muchacha _____   **6.** escritorio _____

2. _____ comida   **7.** televisor _____

3. ciudad _____   **8.** _____ hermanos

4. idea _____   **9.** campo _____

5. salas _____   **10.** juicios _____

Se habrá notado que el adjetivo tiene que concordar en género y en número con el sustantivo que modifica.

Ejemplos: el libro rojo; los libros rojos; la pluma blanca; las plumas blancas

2. MODIFICADORES DEL VERBO: ADVERBIOS

Ahora examinemos otra oración que se limita a las partes esenciales, en este caso, sujeto y verbo:

Bernardo cantaba.

Si quisiéramos describir cómo cantaba, podríamos decir: suavemente, dulcemente, bien, despacio, etc. A estas palabras que modifican el verbo cantar se les llaman ADVERBIOS.

El ADVERBIO es una palabra que describe la acción de un verbo.

Ya hemos visto que el adverbio puede explicar <u>cómo</u> se lleva a cabo una acción. Pero también puede contestar a las preguntas ¿<u>cuándo</u>? (ayer, siempre, tarde, etc.); ¿<u>dónde</u>? (aquí, arriba, lejos); ¿<u>cuánto</u>? (mucho, poco, demasiado) y ¿<u>sí o no</u>? (sí, no, cierto, nunca).

Si en vez de contestar a estas preguntas con una sola palabra, contestamos con una frase, esta frase será un COMPLEMENTO CIRCUNSTANCIAL.

El COMPLEMENTO CIRCUNSTANCIAL es una frase que describe al verbo.

Si, por ejemplo, en la oración <u>Pedro trabajaba cuidadosamente</u>, quisiéramos reemplazar el adverbio <u>cuidadosamente</u> por una frase, podríamos hacerlo con el complemento circunstancial <u>con todo cuidado</u>.

Muy a menudo los adverbios llevan la terminación "-mente" (rápidamente, silencio<u>samente</u>, etc.). Cuando los adverbios derivados en "-mente" son consecutivos, se aplica la terminación "-mente" sólo al último.

Ejemplo: Vivíamos tranquila y holgadamente

Complete las oraciones siguientes dándoles adverbios o complementos circunstanciales apropiados.

1. Los muchachos corrían _____.

2. La noticia vino _____.

3. Soy perezosa; siempre me levanto _____.

4. Los detalles se darán a conocer más _____.

5. Llamó _____ a los señores del apartamento.

6. Los enfermos están atendidos _____ por un gran número de voluntarios.

7. Se veía _____ una estatua muy hermosa.

8. Escribe _____ este chico.

3. MODIFICADORES DE ADJETIVOS Y ADVERBIOS: ADVERBIOS

El adverbio, además de modificar al verbo, modifica a otros adverbios y adjetivos.

          ADV. ADJ.

Ejemplos: La chica es <u>muy</u> bonita. ¿Cuán bonita es? <u>Muy</u> (bonita)

          ADV. ADV.

Él habla <u>demasiado</u> aprisa. ¿Cuán aprisa habla? <u>Demasiado</u>.

Recuerden que, a diferencia del adjetivo, el <u>adverbio **no** cambia según la palabra que modifique.</u>

Compárese estos ejemplos:

          ADJ.

Tuvimos <u>buena</u> suerte.

(<u>Buena</u>, adjetivo, tiene que concordar con <u>suerte</u>, sustantivo femenino singular.)

ADJ.

Tuvieron demasiada suerte.

(Demasiada, adjetivo en este caso, ya que modifica un sustantivo, tiene que concordar en género y en número.)

ADV.

Han sido demasiado fuertes.

(Demasiado, adverbio, ya que modifica "fuertes", adjetivo, no concuerda en género y número con el adjetivo.   Demasiado, cuando es adverbio, siempre termina en -o.)

En algunas de las oraciones siguientes, hay errores en cuanto a los adjetivos y adverbios. Corríjalos, escribiendo la palabra correcta.

1. Mientras vivió en Nueva York, estudió literatura e historia americana.

2. El señor Arroyo y su mujer son muy simpáticas. _____

3. Se expresó brevemente y correctamente. _____

4. El alumno prestaba poco atención a lo que decía el profesor. _____

5. María es demasiado delgada. _____

6. Los niños estaban tranquilo durante la tempestad. _____

7. El ala del pájaro parece herido. _____

8. Mi hermano tiene un mapa muy bonita de esas islas. _____

9. ¡Qué día más hermoso! _____

10. Había demasiada gente en la oficina. _____

11. El pianista tocaba fuertemente y violentamente. _____

12. De repente oímos una voz que cantaba dulce y despacio. _____

13. Las muchachas estaban fueras de la ciudad. _____

14. Hay que tener mucha paciencia. _____

15. Ramón tiene los ojos y el pelo negro. _____

16. Tomás y Carmen estaban demasiado cansados para ir a la fiesta. _____

En las oraciones siguientes, identifiquen los complementos directos (CD), los complementos indirectos (CI) y los complementos circunstanciales (CC).

17. Durante toda la vida no olvidaré tu bondad.

18. Se lo devolveré en seguida.

19. Un viento fuerte nos echaba en la cara la espuma del mar.

20. Naves de todos los países embarcan en esta bahía.

21. Sus padres lo buscaban por todas partes.

22. Todos los alumnos contestaban a la vez.

23. Le envié la carta hace una semana.

LAS PREPOSICIONES

Subraye la palabra correcta.

1. Este muchacho muestra desprecio (a, por) la ley.

2. Ella prefiere cocinas (a, de) gas.

3. Voy (en, a) casa de mis padres.

4. Salieron (en, con) dirección a Washington.

5. Su hija tiene afición (a, por) las ciencias.

6. Compré un traje para estar (en, por) casa.

7. Me voy (para, por) siempre.

8. Esto es un ejemplo de un buque (a, de) vapor.

9. Ojalá que terminen (a, con) la mayor brevedad.

10. Si tienes dolor (a los, de) oídos no debes ir a la playa.

11. Viajamos (en, por) la noche.

12. Hizo la estatua (de, en) bronce.

13. El vive (en, como un) príncipe.

14. Se ocupaba (de, en) visitar todas sus amigas.

15. Viajábamos a noventa kilómetros (por, a la) hora.

16. Compré veneno (contra, para) las ratas.

17. Lo que dices no influye (sobre, en) el problema.

18. Allí se venden regalos (para, de) señora.

19. Le regalaré una olla (a, de) presión.

20. Siéntese (en, a) la mesa.

21. Este chico habla (como, en) catedrático.

22. Caminamos en el paso (de, para) peatones.

23. Se olvidó (que, de que) tenía que ir.

LAS LETRAS MAYÚSCULAS

La letra con la cual comienza una palabra debe ser escrita con mayúscula en los casos siguientes:

1. Después de punto y al comienzo de una oración.

2. Cada vez que se designa una persona o lugar por su nombre propio. También en los apellidos. Ej.: Pedro, María, la provincia de Guadalajara, la familia Alvareda.

3. En las abreviaturas que designan un grado o cargo, o simplemente una fórmula de cortesía. Así: don - D.
   doctor - Dr.
   señor - Sr.
   usted - Ud.

4. Debemos usar mayúsculas asimismo en las palabras que designan nombres de colectividades o corporaciones. Ej.: el Ejército, las Naciones Unidas, el Ministerio de Educación.

5. Se usan mayúsculas en todas aquellas construcciones que sirven para nombrar oficios públicos o cargos oficiales cuando están referidos específicamente a una persona o un organismo. Ej.: el Ministro de Relaciones Públicas, la República de Uganda, el Presidente de Argentina.

En el ejercicio siguiente, escriba las letras mayúsculas en su debido lugar.

1. hablamos con el secretario del departamento de instrucción pública.

2. don alfonso es colombiano; su primo, don andrés, es venezolano.

3. ¿sabe usted dónde está el museo de arte moderno?

4. leí un drama que trataba de juana la loca.

5. su obra tuvo gran exito en la prensa española.

6. dirijan sus pedidos a la confederación general de trabajo en parís.

7. el señor ponte nos hablaba de la república árabe unida.

8. ¿ha estado ud. en las naciones unidas?

9. los ateos no creen en dios.

10. señor presidente, ¿cuándo volveréis a nuestro país?

11. en el siglo XIII, durante el reinado de alfonso X el sabio, se le dio carácter oficial al idioma castellano.

12. se hablan en la península ibérica, además del español, otros idiomas como el catalán hablado en cataluña, el gallego en galicia y el portugués, que se habla en portugal. a más de esto hay dialectos propios a cada región.

LA COMA

La coma indica una pausa corta. Aunque enumeraremos algunas reglas para su empleo, éstas pueden variar mucho, dependiendo del estilo y peculiaridades del escritor.

La coma se debe usar: PARA SEPARAR EL NOMBRE EN VOCATIVO.

Si el nombre está al principio de la oración, se pone la coma después del nombre; si está en otras posiciones la coma se pondrá antes y después de él.

Ejemplos:
María, ve allá inmediatamente.
Ve allá inmediatamente, María.
Te suplico, María, que vayas allá inmediatamente.

En el ejercicio siguiente, coloque las comas en su debido lugar.

1. Juan tú no sabes lo que he visto hoy.

2. ¿Cuándo Lola vas a visitarnos?

3. Amigos escúchenme.   Tengo buenas noticias.

4. He decidido Josefina de tomar sus consejos.

5. Vas a sentirte mejor viejecito dentro de pocos días.

6. ¿Mamá puedo salir ahora?

7. ¡Vecinos tenemos que tomar acción ahora!

8. Oye Piedad no te vayas.

9. Ven acá hija.

10. Temo Enrique que tu hermana no venga.

La coma se debe usar:
PARA SEPARAR LOS ELEMENTOS DISTINTOS DE LAS DIRECCIONES
PARA SEPARAR LA CIUDAD DEL ESTADO Y DEL PAÍS
y
PARA SEPARAR EL LUGAR DE LAS FECHAS EN LAS CARTAS

Ejemplos: Señor R. de la Campa, 131 W. Broadway, Union City, New Jersey
Nació en Bogotá, Colombia.
Buenos Aires, 16 de abril de 1971

En el ejercicio siguiente, coloque las comas en su debido lugar.

11. El joven viene de Guayaquil Ecuador.

12. El manuscrito está fechado San Juan 4 de enero de 1958.

13. Dirijan sus pedidos al Sr. A. Jiménez 42 Avenida de las Flores Sevilla España.

14. Mis amigos me escriben de San Miguel de Allende México donde están de vacaciones.

La coma se debe usar: PARA SEPARAR PALABRAS O FRASES EN UNA ENUMERACIÓN.

Ejemplos:
Compramos leche, mantequilla, pan y azúcar.
La niña besó a sus padres, se despidió de los convidados, y se acostó.

En el ejercicio siguiente, coloque las comas en su debido lugar.

15. He traído libros cuadernos plumas y una grabadora.

16. La ciudad es bella alegre divertida y llena de gente.

17. Pablo hizo la maleta llamó al camarero y se fue a la estación.

18. Busqué en la casa en el coche en el ascensor y en el despacho.

19. Los Andes son altos nevados majestuosos pintorescos.

20. Carlos entró en su cuarto cerró la puerta y se metió a estudiar.

21. La niña quería una muñeca una bicicleta un gatito y una caja de tintas.

22. ¿Vais a California por automóvil autobús tren o avión?

23. Madrid es un constante bullicio de gente de automóviles y de tranvías.

24. El Prado tiene muchos cuadros de Velázquez del Greco de Zurbarán de Murillo y de otros grandes pintores.

La coma se debe usar: PARA SEPARAR ELEMENTOS QUE TIENEN CARÁCTER INCIDENTAL DENTRO DE LA ORACIÓN

Ejemplos: Santiago, la capital, es una ciudad muy hermosa.
Mi hermano, que acaba de volver de España, estará en la fiesta.
El libro, me parece, fue escrito el año pasado.

Obsérvese que se hubiera podido decir, en los ejemplos anteriores:

"Santiago es una ciudad muy hermosa".
"Mi hermano estará en la fiesta".
"El libro fue escrito el año pasado".

En el ejercicio siguiente, coloquen las comas en su debido lugar.

25. Valencia una ciudad española es muy conocida por sus naranjas.

26. "Guernica" la famosísima pintura de Picasso está en el Museo de Arte Moderno en Nueva York.

27. La profesora por supuesto estaba muy enfadada.

28. Les diré si me preguntan que no sé nada.

29. El hombre sucio hambriento y cansado descansó un rato en el banco.

30. Juan Manuel Rosas el cruel dictador de la Argentina entre los años 1829-1852 gobernó por la fuerza y eliminó toda oposicion política.

31. En el año 1824 solamente dos países Cuba y Puerto Rico quedaban bajo el dominio español.

32. Los gobernadores entonces eran representantes directos del rey.

33. Mamá ya que estaba lavando los platos no oyó sonar el teléfono.

34. Francisco Pizarro conquistador de los incas era un hombre ambicioso valiente y cruel.

35. Se ha dicho que hay un solo juego el ajedrez en el cual no existe elemento de suerte alguno.

36. El examen final para los de Uds. que no lo sabían se dará a fines de este mes.

Noten: SI EL ELEMENTO INTERCALADO ES NECESARIO PARA PRECISAR DE QUIÉN O DE QUÉ SE HABLA, NO SE USAN LAS COMAS.

Ejemplos: Los libros que he puesto en este estante no se deben tocar.
Aquí, la frase subrayada es necesaria para determinar cuáles son los libros que no se deben tocar. ¡No hubieramos querido prohibir el uso de todos los libros en el mundo!

Compare este ejemplo con el siguiente:

Los libros, que son muy importantes en la enseñanza, no pueden reemplazar la experiencia.

Aquí la frase intercalada no determina cuáles son los libros que no pueden reemplazar la experiencia. Hablamos de los libros en general, si quieren—de todos los libros en el mundo, no de un grupo determinado. La frase subrayada tiene valor solamente incidental, y por lo tanto, va separada de la oración principal por comas.

En el ejercicio siguiente, coloquen las comas en las oraciones que tienen intercaladas frases de carácter incidental.

37. Los hombres que matan deben ser castigados.

38. María que jugaba en el jardín no me vio entrar.

39. El agua elemento imprescindible para sostener la vida se les había desaparecido.

40. El agua compuesta de hidrógeno y oxígeno se puede separar en sus dos partes.

41. El agua que no está purificada se bebe con peligro a la salud.

La coma se debe usar: DESPUES DE SÍ Y NO

La coma se debe usar: PARA PRECEDER Y SEGUIR LAS EXPRESIONES SIGUIENTES: *En cambio, esto es, de manera, en fin, por último, es decir, por consiguiente, sin embargo, no obstante, pues, en efecto, ahora bien, por fin, etc.*

Ejemplos: En fin, hay mucho que aprender.
Yo creo, sin embargo, que podemos salir temprano.
Él cree, en efecto, que no tiene que estudiar.
El problema parece grave, es decir, más grave de lo que anticipábamos.
Pues, ven conmigo para que comprendas lo que te quería explicar.

En el ejercicio siguiente, coloque las comas en su debido lugar.

42. Ahora bien comencemos con nuestra lección.

43. El pueblo por fin no tuvo otro recurso.

44. Pues si no lo creen, lean lo que dice este artículo.

45. Finalmente contestó a lo que el médico le había preguntado.

46. Manuel está siempre en su casa; es decir que le gusta la soledad.

47. En Italia la gasolina cuesta mucho; el vino en cambio cuesta poco.

48. El resultado por consiguiente fue desastroso.

49. Por fin quisiera agradecerles todo lo que han hecho.

50. Fascinó a Hemingway la tauromaquia es decir la corrida de toros.

51. Don Miguel de Unamuno fue un gran erudito es decir un sabio.

52. Sí me gustaría mucho acompañarte.

53. No no he leído jamás el *Don Quijote*.

La coma se debe usar: PARA INDICAR LA ELIPSIS DE UN VERBO

Ejemplos: Mi hermano tiene doce años; mi hermana, quince.

(Se ha omitido "tiene" en la segunda oración, lo cual se indica mediante una coma.)

En el ejercicio siguiente, coloque las comas en su debido lugar.

54. Mi padre es español; mi mamá puertorriqueña.

55. A mí me gustan los perros; a ella los gatos.

56. Juan estudia alemán; su hermano francés.

57. Yo voy siempre al museo; Elena al teatro.

La coma se debe usar: ANTES DE CONJUNCIONES ADVERSATIVAS

(Conjunciones son las palabras que sirven para enlazar dos o más palabras u oraciones. Se llaman conjunciones <u>adversativas</u> cuando expresan contrariedad, *ej.:* mas, pero, empero, aunque, sino, sin, sin embargo, etc.)

> *Ejemplos:*   Quise acompañarlos al parque, <u>pero</u> tuve que estar en casa.
> Lucía es inteligente, <u>aunque</u> muy perezosa.
> No compré fresas, <u>sino</u> frambuesas.

En el ejercicio siguiente, coloque las comas en su debido lugar.

58. Él trabaja mucho pero no gana bastante.

59. La llamé tres veces mas no me oyó.

60. Jorge vino pero no lo vio.

61. No van este año a México sino a Chile.

62. La conferencia fue muy interesante aunque duró casi dos horas.

63. La niña no es retrasada; antes bien demuestra una gran capacidad intelectual.

64. Laurencio no iba a la fiesta para divertirse sino para complacer a su mamá.

65. Me gusta mucho el vestido mas no me está bien.

La coma se debe usar: PARA CONJUNCIONES DISYUNTIVAS CUANDO
ESTAN REPETIDAS.

(Las conjunciones disyuntivas expresan diferencia, separación o alternativa, *ejemplo:* o, ora, ahora, ya, que, bien, etc.).

> *Ejemplo:*   Ora en la casa, ora en la calle, siempre creaba disturbios.

En el ejercicio siguiente, coloquen las comas en su debido lugar.

66. Ya prometas ya jures no te lo creo.

67. Que quieran o que no quieran tendrán que lavar los platos.

68. Ahora como ciudadano ahora como hombre luchaba contra toda clase de injusticias.

69. Ya trabajando ya descansando nunca podía olvidar las palabras de aquella mujer.

70. O no quiere pagar o se le olvidó el débito; el hecho es que no volveré a prestarle dinero.

La coma se usa a menudo: PARA SEPARAR LAS FRASES DISTINTAS DE
ORACIONES COMPUESTAS, ESPECIALMENTE
CUANDO LAS FRASES ESTÁN ENLAZADAS
POR CONJUNCIONES CONDICIONALES O
CONJUNCIONES CAUSALES.

Las conjunciones <u>condicionales</u> establecen una condición, *ejemplo:* si, como, con tal que, siempre que, ya que, dado que...

> *Ejemplo:*   <u>Si</u> quieres leer el libro, te lo prestaré.

Las conjunciones <u>causales</u> expresan causa, razón o motivo, *ej.:* porque, pues, pues que, ya que, una vez que, dado que...

Ejemplo: No vinieron, <u>porque</u> tenían otro compromiso.

En el ejercicio siguiente, coloquen las comas en su debido lugar.

71. A menos que no llueva iremos a la playa el sábado.

72. Me marché en seguida pues veía que se había enfadado.

73. Siempre que veo a Rosario está triste y fatigada.

74. Si vas ahora a la botica tráeme, por favor, el periódico.

75. Ya que empieza a anochecer tengo que irme.

76. Si le molesta a Ud. el humo abriré las ventanas.

77. Te lo perdono dado que me prometes que no volverás a hacer jamás tal escándalo.

78. No voy a la fiesta pues tengo que acostarme temprano.

79. Una vez que se echa a reír nadie es capaz de mantener su aspecto serio.

80. Porque es de carácter nervioso Amalia está siempre hablando.

La coma se usa a veces: PARA SEPARAR ORACIONES ENLAZADAS POR LA CONJUNCIÓN "Y" EN LOS CASOS EN QUE PUDIERA HABER CONFUSIÓN.

Ejemplo: A Jaime le gustaba el bullicio, y la tranquilidad no la soportaba.

En el ejercicio siguiente, coloquen las comas en su debido lugar.

81. Fui a comprar aspirinas y el boticario me quería vender todo lo que tenía.

82. Estaba preparando la cena y el sonar del teléfono le asustó.

83. La orquesta tocó "Noches en los jardines de España" de Manuel de Falla y el éxito que tuvo fue enorme.

La coma: Ejercicio de repaso I

Hay <u>solamente tres casos</u> en que se usan las comas para destacar el nombre de una persona:

1.   CUANDO EL NOMBRE ESTÁ EN VOCATIVO:

   Ejemplos: María, ven acá en seguida.
   Ven acá, María, en seguida.
   Ven acá en seguida, María.

2.   CUANDO EL NOMBRE VA SEGUIDO POR UNA DESCRIPCIÓN DE CARÁCTER INCIDENTAL. (En estos casos se puede prescindir de la frase entre comas.)

   Ejemplos: El señor Davis, <u>mi profesor de inglés</u>, está enfermo.
   Lola, <u>quien jugaba en el jardín</u>, no los vio entrar.

3.   CUANDO EL NOMBRE EN SÍ ES UN ELEMENTO DE CARÁCTER INCIDENTAL. (En estos casos se puede prescindir del nombre.)

   Ejemplos: Su hija más joven, <u>Clarita,</u> tiene doce años.
   Nos acompañarán mis hermanos, <u>Rafael y Miguel</u>.

Aplique las reglas al ejercicio siguiente, colocando las comas en su debido lugar solamente cuando son necesarias.   Hay varias oraciones que no necesitan comas.

1. El señor Otegui el boticario vive en este apartamento.
2. El señor de la Campa nos ha invitado a cenar en su casa.
3. Ramón estaba en el campo durante las vacaciones.
4. Se ha comparado Benito Pérez Galdós al gran escritor francés Honoré de Balzac.
5. ¡Vecinos tenemos que tomar acción!
6. El viejo pescador nos contaba sus aventuras cada noche.
7. El viajero sucio y hambriento nos pidió un pedazo de pan.
8. El presidente hablará esta noche por televisión.
9. Niños cállense y escúchenme.
10. ¿Cuándo Juan vas a terminar los estudios?
11. El profesor Benavente enseñará el curso en otoño.
12. El abogado don Pedro Olivar escuchaba atentamente.
13. Debes estudiar hija mía si quieres aprender.
14. El médico sacudía los hombros.   "Lo siento don Lope.   No puedo hacer más".
15. ¡Mamá Papá vengan acá!   La tía Laura ha llegado.
16. Elizabeth la reina de Inglaterra os invita a tomar té.

La coma: Ejercicio de repaso II

En el ejercicio siguiente, coloque las comas en su debido lugar, según las reglas que han aprendido.

1. La obra literaria deriva de las ideas de un pueblo de una época de un lugar y esa misma obra contribuye a las ideas de un pueblo de una época de un lugar.

2. Una traducción puede compararse a una mujer: si es bella no es fiel; si es fiel no es bella.

3. En la Convención de 1886 en Berna Suiza se establecieron los derechos del autor o mejor dicho se reconoció la existencia de la "propiedad intelectual".

4. Al subir al trono en 1516 Carlos I nieto de Fernando e Isabel heredó extensísimos territorios.

5. Don Ramón trató de explicarse con don Pedro pero fueron inútiles sus esfuerzos para acallar la sed de venganza que desde el primer encuentro brotaba en el corazón de éste.

6. No obstante el hecho de que la mendicidad esté prohibida en Londres los mendigos de aquella ciudad son individuos ingeniosos y todos los días encuentran numerosas maneras de burlar la ley.

7. La lingüística comporta con las ciencias naturales el método de observación clasificación generalización y descripción.

8. Viajando hacia el norte encontramos en los Pirineos el pequeño país montañoso Andorra.

PUNTO Y COMA

1. Se usa el punto y coma para separar oraciones entre cuyo sentido hay proximidad.

   Ejemplo: Al contrario, tengo mucho tiempo; no he de trabajar hoy.

2. Se usa el punto y coma a veces para separar frases largas, semejantes, en serie.

   Ejemplo:
   Hubiérase asignado su parte a la configuración del terreno y a los hábitos que ella engendra; su parte a las tradiciones españolas y a la conciencia nacional; su parte a la barbarie indígena... (Sarmiento)

3. Se usa el punto y coma cuando, poniendo coma solamente, una oración puede prestarse a confusiones.

   Ejemplo: El primer acto del drama era interesante; el segundo, menos inspirado; el tercero, francamente aburrido.

En el ejercicio siguiente, se ha omitido el punto y coma. Colóquese este signo de puntuación donde el sentido de la frase lo exija.

1. La agricultura es muy importante en algunas regiones de Asia: arroz, en los países monzónicos trigo, en las llanuras del Sur de Siberia y Norte de China algodón y yute, en las regiones cálidas de la India.

2. A Lola le encantaba la música solía quedar sentada durante horas escuchando sus discos favoritos.

3. Había trabajado diez años como profesor entonces se hizo abogado.

4. Las más típicas de ellas son: el *caserío vasco*, con grandes soportales para guarecerse de la lluvia y solanas para recibir el sol la *masía catalana*, de gran tamaño y con dependencias para el ganado en la casa la *barraca valenciana*, construida con cañas y barro el *cortijo andaluz* de enormes dimensiones y con muchas dependencias a menudo separadas.

Como hay la posibilidad de confusión entre el uso del punto y coma y de la coma, trataremos de clarificar en qué se diferencian:

Para empezar, recordemos que hay tres signos de puntuación que indican una pausa: el punto y seguido, el punto y coma y la coma. La pausa más larga se da con el punto y seguido, y la más corta, con la coma. Entre el punto y seguido y la coma está el punto y coma, cuya pausa es más larga que la coma y menos larga que el punto y seguido.

En general, se usa el punto y seguido para separar dos oraciones completas. Pero a veces el escritor quiere indicar que entre el sentido de dos oraciones hay proximidad, y para que el lector no pause mucho entre las dos, emplea, en vez del punto y seguido, el punto y coma.

Observen en los ejemplos siguientes la ligera diferencia efectuada mediante un cambio de puntuación:

Cataluña está muy poblada. Es una de las regiones de mayor densidad de España.
Cataluña está muy poblada; es una de las regiones de mayor densidad de España.

Cuando las oraciones son muy cortas y cuando hay mucha proximidad de sentido entre dos o más oraciones, sucede también que un escritor coloca nada más que una coma entre las oraciones. El uso de la coma en estos casos da un tono menos formal y exige una lectura más rápida de las oraciones que lo que haría el punto y coma, pero siempre sería admisible usar el punto y coma.

Ejemplo: Entró en el cuarto, apagó la luz, oyó una voz.
Entró en el cuarto; apagó la luz; oyó una voz.

En casos de duda, se recomienda al estudiante el uso del punto y coma en vez de la coma para separar oraciones.

En el ejercicio siguiente, coloquen puntos y seguido y mayúsculas, puntos y comas o comas en su debido lugar para separar las oraciones. Algunos casos son flexibles y admiten más de una posibilidad, pero estén preparados para explicar el porqué de su selección al profesor.

5. Estaba triste estaba desolada no sabía qué hacer.

6. La vida del norte fue áspera no obstante prefería soportar el frío allá que mudarse.

7. El niño cogió una naranja la tiró en el aire se divertía tanto que el verdulero no quería reñirle.

8. Yo seguiré buscando en el periódico entretanto llama tú al agente de casas.

9. Mariana tenía el cabello rubio cuando sacudía la cabeza se veían animarse millones de hilos dorados ahora cumplía los diecisiete años.

10. El tren estaba lleno todos corrieron para sentarse en la única silla de repente el tren se paró y dos mujeres se cayeron sobre mí.

11. A lo lejos se veía subir el humo las montañas se erguían majestuosas algunos pájaros cantaban.

12. El ruido era imposible: mamá escuchaba el radio papá miraba el televisor mi hermana tocaba el piano.

Hemos aprendido que se usa la coma para separar las distintas frases en una enumeración.

Ejemplo: Buscó en la escuela, por la calle y en el coche.

En este ejemplo, sería muy pesado usar el punto y coma ya que las frases son cortas. Pero si en una oración hay frases distintas muy largas, el punto y coma puede emplearse con provecho para evitar confusión, y es preferible a la coma. Se usa el punto y coma muy a menudo para separar frases enumerativas que siguen los dos puntos.

Ejemplo: Su juicio fue éste: que la gente de la ciudad de Nueva York paga más impuestos que los habitantes del resto del estado; que la gente de Nueva York recibe menos en asistencia estatal y federal; y que lo lógico sería convertir la ciudad en un estado autónomo.

En el ejercicio siguiente, emplen comas o puntos y comas para separar las distintas frases de las oraciones.

13. Los indios eran obligados a servir en los palacios a trabajar en las minas y en los campos.

14. Al subir al trono, Felipe II heredó un imperio que comprendía España Portugal los Países Bajos posesiones en el norte de Africa grandes territorios en América y algunas islas en el Pacífico.

15. Mi tío tenía tres deseos: descubrir un método de ganarse la vida sin trabajar retirarse a una gran hacienda con su mujer y sus tres hijos y tener fiestas en su casa cada noche.

16. La Décimocuarta Enmienda a la Constitución de los Estados Unidos declara: "Ningún estado abreviará los privilegios o las inmunidades de los ciudadanos de los Estados Unidos ni privará ningún estado a cualquiera persona de vida, libertad o bienes, sin los procesos legítimos de la ley ni negará a ninguna persona en su jurisdicción la protección igual de las leyes".

Noten que se usa siempre el punto y coma cuando, poniendo coma solamente, una oración puede prestarse a confusiones.

Ejemplo: Conozco a tres personas en la ciudad: la señora del Campo, la maestra, el señor Balmán, el abogado y Luisa Martínez.

Aquí parece que el escritor conoce a cinco personas y no a tres. Si usamos el punto y coma después de "maestra" y después de "abogado", señalamos que estas palabras califican a los nombres que siguen, y evitamos confusión:

Conozco a tres personas en la ciudad: la señora del Campo, la maestra; el señor Balmán, el abogado; y Luisa Martínez.

En el ejercicio siguiente, emplen el punto y coma cuando sea necesario para evitar confusión.

17. Cuesta $ 150 al mes el apartamento de tres cuartos, incluso la electricidad, cuesta $ 225 el de cinco y $ 350 el de seis cuartos.

18. La primera parte de la novela era interesante, la segunda, monótona, la tercera, francamente aburrida.

19. Ramón Quiroga tocaba el violín, Horacio Ballester, el violoncelo, Eugenio Flores, el pianoforte, María del Prado, la flauta.

20. Escriba una carta a las personas siguientes: el Prof. Casalduero, 171 E. 42nd Street, New York, Inés Salazar, Balmes 35, Barcelona 5, España, José Aviraneta, Avenida de las Flores, Buenaventura, Colombia.

Finalmente, se puede usar el punto y coma en una oración que tiene comas si es deseable indicar, en el lugar donde se coloca el punto y coma, una separación de ideas más importante que las ya efectuadas por las comas.

Ejemplo: Mi primo es guapo, inteligente y atlético; y, para decir la verdad, estoy envidioso de él.

En el ejercicio siguiente coloque el punto y coma donde es deseable indicar una pausa más larga.

21. Al lector maduro le agrada una novela por sus ideas, sus observaciones del carácter humano, y su estilo literario, el lector joven, en cambio, busca acción, aventura e intriga.

22. Subimos a la torre, de donde gozamos una vista maravillosa del pueblo con sus techos de terracota, su muros colgados de flores, los niños jugando en la plaza, y, a lo lejos el mar, después, todos reunidos en una vela, vimos la hermosa ciudad desde una nueva perspectiva.

23. Le podrían privar de su posición, de su casa, de sus bienes, de su familia, pero de la dignidad, de este último, no le podrían privar jamás.

24. Si vienen del sur, tomen la Carretera del Sol hasta la salida 24, sigan recto, pasando cinco semáforos y giren a la izquierda, del norte tomen la Carretera 549 hasta la salida 9, sigan recto, pasen la glorieta y den una vuelta a la derecha.

25. La intranquilidad de ánimo, la zozobra del espíritu, la desazón, todo eso nos hace presentir la mala conciencia.

Se han omitido las comas y los puntos y comas de los párrafos siguientes. Coloque estos signos de puntuación en su debido lugar.

Algunas naciones latinoamericanas son muy modernas y progresistas. El Uruguay por ejemplo es un país muy avanzado en cuanto a su gobierno democrático y a sus reformas sociales. La Argentina es cosmopolita su capital Buenos Aires es un centro cultural e industrial muy importante. Chile es también un país progresista los chilenos se distinguen por su carácter industrioso e independiente. En el Brasil las ciudades principales son muy modernas. Río de Janeiro la antigua capital es una de las ciudades más hermosas del mundo. Costa Rica pequeño país en Centroamérica es muy democrático. Tiene fama por su excelente sistema de educación en Costa Rica hay más maestros de escuela que soldados.

Los contrastes entre la vida de la ciudad y la de los pueblos son muy marcados: en las ciudades la gente goza de las comodidades modernas mientras que en los pueblos la vida es todavía primitiva. Para citar un ejemplo en Lima hay plazas públicas parques bonitos grandes hoteles almacenes elegantes restaurantes y clubes sociales. A poca distancia de Lima se encuentran varios pueblos pequeños donde los indios viven en chozas primitivas todavía usan el arado de madera para cultivar la tierra y se sirven de la llama como bestia de carga.

DOS PUNTOS

Se emplean los dos puntos:

1. Después de la salutación en las cartas.
   Ejemplo: Estimado señor:

2. Para indicar que tras ellos viene una enumeración de elementos ya aludidos en la oración.
   Ejemplo: Tres poetisas han alcanzado fama mundial: Gertrudis de Avellaneda, Rosalía de Castro, Gabriela Mistral.

3. Después de las expresiones *por ejemplo, son las siguientes, verbigracia, es a saber,* etc.

4. Para indicar que tras ellos viene una explicación o comentario más amplio de la expresión precedente.
   Ejemplo: No me pueden condenar por lo que he dicho: la verdad, lealmente expresada, no puede ser delito.

5. Para indicar que tras ellos viene una transcripción o cita de lo dicho por otra persona.

Ejemplo: Dice Jorge Manrique: "Nuestras vidas son los ríos..."

En el ejercicio siguiente se han omitido los dos puntos. Coloque este signo donde el sentido de la frase lo exija.

1. José Martí decía "De hombres conozco yo dos clases los buenos y los malos".
2. Entre los ríos más importantes de España señalamos tres el Ebro, el Tajo y el Guadalquivir.
3. La cuestión esencial es ésta ¿tenemos el derecho de decidir cómo debe vivir otro pueblo?
4. Hoy día la situación es diferente una mujer no tiene que quedar estrechamente ligada a la casa; si quiere, puede trabajar.
5. Los versos de Manuel González Prada se distribuyen en nueve volúmenes *Minúsculas, Presbiterianas, Exóticas, Baladas peruanas, Grafitos...*
6. "Una lengua es como un cuerpo viviente su vitalidad no consiste en la constante identidad de elementos, sino en la regular uniformidad de las funciones que éstos ejercen..." (A. Bello, "El castellano en América").
7. La pereza acaba ordinariamente sus días en la mayor miseria justo castigo recibe él que se entrega a la ociosidad.
8. La filosofía se divide en dos grandes ramos, a saber en natural y racional.
9. Queremos repetir las hermosas palabras de Ortega y Gasset "América representa el mayor deber y el mayor honor de España".
10. Los sustantivos designan a los seres, por ejemplo silla, gato, clavel.

LAS CITAS

Siempre se usan las comillas para indicar que lo que sigue es la repetición textual de algo dicho o escrito por otra persona. Habitualmente se usan comillas cuando se hace referencia a textos o frases célebres.

Ejemplo: Mi madre solía decir: "Al que madruga, Dios le ayuda".

En el ejercicio siguiente, coloquen las comillas y los otros signos de puntuación donde la oración los requiere.

1. La Enmienda Décimoquinta de la Constitución declara no se negará el derecho de cualquier ciudadano de los Estados Unidos a votar . . . .
2. José leyó del libro el sol es una estrella 1,300,000 veces mayor que la Tierra
3. El viejo, mirando a los niños, repetía los versos aquellos de Darío juventud, divino tesoro, ya te vas para no volver
4. La madre dijo al niño ——No mientas porque en boca del mentiroso lo cierto se hace dudoso
5. El soldado, antes de morir, escribió con su sangre en el suelo patria o muerte, venceremos

LOS DIÁLOGOS

Se emplea la raya en los diálogos para indicar cuando toma la palabra una de las personas que participan, y para destacar las palabras exactas del personaje de la parte narrativa. Siempre que comienza a hablar un personaje se empieza en un nuevo renglón.

Ejemplos: —¿Me puede informar de quién es esa casa? —preguntó el profesor Alberti.

—Del profesor E. Jiménez —le respondió el criado.

—¿Podría verlo? —preguntó Alberti.

—Sígame —le dijo— voy a anunciarlo.

—Vengo en seguida —contestó riendo. *

* Noten que el punto se coloca después de la parte narrativa.

Damos a continuación algunos párrafos dialogados. Escríbalos de nuevo, empleando la raya y los otros signos de puntuación en su debido lugar. No se olvide de empezar un nuevo renglón para cada locutor.

¡Eh! ¿Adónde va ése? ¿Quién le dijo que saliera? El sargento repuso Antonio, el sargento me dijo que podía salir, señor. ¡Sargento! gritó el capitán ¿Qué pasa con éste? Es, capitán, pescador del puerto. Está bien, puedes irte.

_____

_____

_____

_____

_____

_____

¿Estás enojado por lo de ayer? preguntó Miguel. No sé a qué se refiere contestó José. Dejémoslo. Quiero preguntarle algo. José miraba al reloj. Que sea rápido, pues debo estar a las tres y ya son las dos y media. ¿Qué has oído decir? ¿De qué? Piensan hacer una huelga. No sé nada. Me tengo que ir.

_____

_____

_____

_____

_____

_____

_____

_____

LOS TÍTULOS

Los títulos de libros, periódicos, revistas y dramas se escriben en letras cursivas o se subrayan.

Ejemplos:

Cien años de soledad
El Diario

Los títulos de poesías, cuentos, ensayos, artículos, películas y piezas musicales se ponen entre comillas. *Ejemplo:* "Canción del pirata". Es decir, que a diferencia de los escritos que en sí constituyen un volumen publicado, las piezas que vienen publicadas <u>dentro</u> de un libro o <u>dentro</u> de una revista se ponen entre comillas.

Generalmente se escriben en letra mayúscula solamente la primera letra de la primera palabra y los nombres propios de cada título.

En las oraciones siguientes, subrayen o pongan entre comillas los títulos, según las reglas.

1. Entre las comedias de Jacinto Benavente, las más famosas son Los intereses creados, Señora Ama y La malquerida.

2. En Azul, publicado por Rubén Darío en 1888, encontramos, entre otras, las poesías Estival y Walt Whitman.

3. Los cuentos que más me gustan de La edad de oro, la revista de niños publicada por José Martí, son Tres héroes y La muñeca negra.

4. Tengo una amiga que lee Don Quijote cada año y dice que no hay mejor novela.

5. Encontrarán las poesías de Juan Meléndez Valdés en Poetas líricos del siglo XVIII.

6. José Joaquín de Olmedo canta las glorias de Bolívar en su famoso poema La victoria de Junín.

7. La primera novela hispanoamericana es el Periquillo Sarmiento de José Joaquín Fernández de Lizardi.

8. Leí un artículo interesante, Guatemala: siempre la violencia, en The New York Times.

9. En Nuevos narradores colombianos hay cuentos como Sangre en los jazmines, por Hernando Téllez, Embarazo, por Mario Franco Ruiz, y muchos otros.

10. Para comprender la novela picaresca hay que empezar con El Lazarillo de Tormes, obra de autor anónimo, publicada en 1554.

11. La obra de Pablo Neruda alcanza su máxima expresión en el Canto General. Una de las poesías de este libro es Alturas de Macchu Picchu.

12. El poema del Cid es la primera obra importante de la literatura española.

13. El libro La rebelión de las masas, de José Ortega y Gasset se cuenta entre los pocos que han alcanzado difusión universal en nuestra época.

14. Mi cabra guapa, La luna en el pino y Álamo blanco figuran entre las poesías más hermosas de Juan Ramón Jiménez.

REPASO GENERAL DE PUNTUACIÓN

Las siguientes oraciones no llevan puntuación. Coloque los signos correspondientes donde deben ponerse.

1. La razón de nuestro proceder es muy sencilla no queremos someternos a una injusticia palmaria

2. Luis y Juan que son amigos por su profesión se odian en silencio

3. En la obra de Galdós encontramos en cambio la visión más completa de la España de su tiempo la historia de todo el siglo en los cuarenta y seis volúmenes de los Episodios nacionales los conflictos políticos ideológicos y religiosos en obras como Doña Perfecta Gloria y otras novelas llamadas de tesis y sobre todo las costumbres el carácter la realidad y la psicología de los españoles en sus novelas contemporáneas

4. Al pasar el Rubicón dijo César la suerte está echada

5. Parece mentira gritó ella no lo creo en absoluto

6. La mona aunque se vista de seda mona se queda

7. Escribiré a su padre puesto que él me lo ruega

8. **Cuándo salen para España preguntó Ana**

9. El naturalista estudia los seres inanimados los vegetales los animales y el mundo racional

10. Mi padre es guatemalteco mi madre puertorriqueña

11. Llama en seguida al médico no hay tiempo que perder

12. La señora Ordóñez tiene tres hijas Alicia Raimunda y Leonor

13. Acuérdate hombre de que tu caso no tiene remedio

14. Antes de que lleguen los exámenes tendremos que estudiar y repasar lo ya estudiado

15. Cuanto más se estudia mayor parece nuestra ignorancia

16. Has leído el Don Quijote de Cervantes

17. Mi poema favorito de José Martí es El amor de ciudad grande

18. He aquí pues el resultado de nuestras pesquisas

19. Hay muchos que dicen si quieres la paz prepárate para la guerra yo no estoy de acuerdo

20. El me dijo caramba estás cubierto de polvo

EXAMEN DE PUNTUACIÓN

En las oraciones siguientes se han omitido casi todos los signos de puntuación, y, en algunos casos, las letras mayúsculas. Así, usted tendrá la oportunidad de emplear todos los signos de puntuación que han aprendido: el punto y seguido, los signos de interrogación, los signos de admiración, la coma, el punto y coma, los dos puntos, las comillas, el subrayado, y las letras mayúsculas.   Advertencia: *algunas oraciones no necesitan correcciones.*

1. Ven acá hija mía y cuéntamelo.

2. Acabo de leer cien años de soledad es un libro extraordinario.

3. Los recursos mineros de América son abundantísimos hierro carbón en la zona de los Apalaches petróleo en las zonas ribereñas del golfo de Méjico y el mar Caribe.

4. El dice siempre si yo fuera el alcalde haría tal y tal cosa.

5. La ciudad es un constante bullicio de gente de automóviles y de tranvías.

6. El entierro del conde de Orgaz la famosísima pintura del Greco está en Toledo.

7. La Tierra tiene tres zonas de clima tórrido templado y glacial.

8. La real academia española de la lengua dijo ya hace muchos años que se deben escribir las palabras fui y fue sin acento no obstante hay muchas personas que por costumbre siguen colocando acentos en estas palabras.

9. Su hermano en cambio no quería estudiar.

10. Las lenguas europeas habladas actualmente por mayor número de personas son cuatro el inglés el español el ruso y el francés.

11. El museo whitney está en la avenida madison.

12. Tienen Uds. una antología en donde esté el poema memorias de mi juventud de Eusebio Vargas.

13. Todos los pájaros que devoran los insectos dañinos ayudan mucho al labrador.

14. Si no tienes tiempo ahora puedes llamarme mañana por la tarde.

15. Qué flores más hermosas vimos en el jardín botánico del Bronx.

16. Dijo José Martí la única ley de autoridad es el amor.

17. Dónde está la biblioteca pública de Nueva York.

18. La novela dejada incompleta a la muerte del escritor fue encontrada por su nieto.

19. El canto épico nacional de Chile es La araucana de Alonso de Ercilla y Zúñiga.

20. El hombre que yo admiro es el que no teme a la opinión pública.

21. James Monroe quien fue el quinto presidente de los Estados Unidos dio su nombre a una doctrina.

22. Federico leía del libro la luna tiene movimientos de traslación y rotación seguía ambos tienen la misma duración 27 días y 8 horas por eso siempre vemos la misma cara de la luna.

23. El niño tomó el libro y lo miró con indiferencia al fin lo tiró al suelo.

24. Era muy progresista y contribuyó mucho al desarrollo de su país se preocupaba por la gente humilde era contrario a la esclavitud y dio un buen ejemplo a sus compatriotas poniendo en libertad a los esclavos de sus propias tierras.

25. La geografía se ocupa de numerosos aspectos de la situación de la Tierra como astro de la superficie terrestre de las características y distribución del hombre sobre la Tierra del aprovechamiento de las riquezas terrestres de los lugares de habitación que el hombre construye de los medios de comunicación de la organización política.

26. La mayoría de la población era analfabeta pocos se interesaban por los asuntos de gobierno.

27. Existen cinco océanos el océano pacífico el mayor de todos entre Asia Australia y América el Océano Atlántico entre América África y Europa el Océano Índico entre Asia África y Australia el Océano Antártico en torno a la Antártida el Océano Ártico alrededor del Polo Norte.

28. El problema parece serio es decir más grave de lo que anticipábamos.

29. Sí salgo de la ciudad esta semana.

30. Dónde estuviste hace una hora le preguntó su madre.

31. Ahora bien empecemos a trabajar.

32. La marcha desde la costa hasta el interior fue difícil y peligrosa duró dos meses.

33. Pedro es inteligente aunque muy perezoso.

PRIMER EXAMEN DE REPASO

Lea los párrafos siguientes. Cada frase subrayada tiene un número que corresponde a una serie de respuestas a la derecha. Escoja entre las respuestas de la derecha la expresión correcta para la parte subraya y escriba la letra correspondiente.

Esperando que le llamase su amigo. Adela se vistió de prisa. Era ya mediodía y aún no había llegado. ¿Que podría pensar la

1. A. amigo, Adela,
   B. amigo, Adela
   C. amigo. Adela
   D. amigo. Adela,

2. A. vestió
   B. vistio
   C. vistío
   D. vistió

3. A. , y aun
   B. y aun
   C. y aún
   D. y, aún

4. A. había
   B. habían
   C. habia
   D. habian

chica? Juan quien de costumbre
<u>   6   </u>
era siempre muy atento, <u>no iba</u>
7
a olvidar su cumpleaños, <u>ahora</u>
8
<u>bien</u> ¿qué le habría pasado? Sin
embargo <u>este dia</u> tenía que ser
9
<u>felíz no</u> podía preocuparse con
10
sospechas y temores. ¿Pero dónde
<u>estará ese</u> Juan? En seguida apa-
11
reció en la puerta una figura
sonriente. <u>Que traía</u> a su amada
12
un ramillete de claveles rojos.

<u>Hicisteis</u> muy mal—, <u>oí</u> que
13   14
decía el padre a su único hijo.—

¿Cuántas veces te he dicho que
no <u>se hacen</u> esperar a la gente?—
15
En este instante me <u>sentí</u> como
16
transportado a <u>mi juventúd,</u>
17
pensaba en todos los disparates
que <u>hacía cómo</u> mi padre me
18
reñía, como no sufría sus ser-
mones <u>y estos</u> recuerdos me
19
<u>ponía nostálgico.</u>
20

5.
A. ¿Qué
B. , que
C. . Que
D. , qué

6.
A. Juan quien
B. Juan, quién
C. Juan que
D. Juan, quien

7.
A. ,no
B. ,no,
C. no,
D. no

8.
A. , ahora, bien
B. , ahora bien
C. . Ahora bien
D. . Ahora bien,

9.
A. , este dia
B. este día
C. , este día
D. este día,

10.
A. felíz, no
B. felíz no
C. feliz. No
D. feliz no

11.
A. está ése
B. estará ese
C. estará, ése
D. estará ese.

12.
A. .Que traía
B. que traía
C. , que traía
D. que traia

13.
A. hiciste
B. hicistes
C. hicisteis
D. hicistéis

14.
A. , oi
B. , oí
C. . Oí
D. . Oyí

15.
A. sé hacen
B. sé hace
C. se hacen
D. se hace

16.
A. sintí
B. sentí
C. sintió
D. sentío

17.
A. mí juventud. Pensaba
B. mi juventúd, pensaba
C. mi juventud. Pensaba
D. mi juventud pensaba

18.
A. hacía, como
B. hacía cómo
C. hacia. Como
D. hacía. Como

19.
A. , y estos
B. porque estos
C. y éstos
D. , y éstos

20.
A. ponía nostálgico
B. ponían nostálgico
C. ponia nostálgico
D. pondría nostalgico

SEGUNDO EXAMEN DE REPASO

Lea los párrafos siguientes. Cada frase subrayada tiene un número que corresponde a una serie de respuestas a la derecha. Escoja entre las respuestas de la derecha la expresión correcta para la parte subrayada y escriban la letra correspondiente.

—Mamá, Pedro <u>llegó. Le</u> veo
1
desde la ventana.

—¡Finalmente! <u>Pregúntalo donde</u>
2
estuvo todo el día. Me ha

1.
A. llegó. Le
B. ha llegado le
C. llegó. Lo
D. ha llegado. Lo

2.
A. Pregúntalo donde
B. Pregúntalo dónde
C. Pregúntale dónde
D. Pregúntale donde

debido, por lo menos, de tele-
<u>3</u>
fonear si no venía a cenar.

—¡Mira Mamá, parece que no
<u>4</u>
camina bien! Debe de haberse
<u>5</u>
torcido el tobillo.

—¡Ay, Dios mío! Eso me faltaba

Tú, corre abajo para <u>ayudarle</u>
<u>6</u>
<u>Yo</u> voy a preparar la cama

—Pedro ¿Qué te pasó?

—Nada. <u>Callate Aurelia. Debo</u>
<u>7</u>
fingir que algo me duele para

que Mamá no se enfade con-

migo.

El *Poema del Cid*, conocido

antiguamente con el nombre de

<u>Cantar de Mio Cid</u> es la primera
<u>8</u>
obra importante de la literatura

española. Pertenece al <u>género</u>
<u>9</u>
épico de las "Canciones de gesta"

y <u>ha sido</u> escrito por un juglar
<u>10</u>
anónimo. El *Cantar* narra algu-

nos de los hechos de la vida del

héroe castellano Rodrigo <u>Díaz</u>
<u>11</u>
<u>de Vivar</u> llamado, el Cid Cam-
<u>12</u>
peador, y se diferencia de los

cantares de gesta de otros

<u>países por la escaséz</u> de elementos
<u>13</u>
fantásticos y maravillosos. En

cambio <u>se inspiró</u> bastante de
<u>14</u>

3. A. , por lo menos,
    de
   B. por los menos,
    de
   C. , por lo menos,
   D. por lo menos

4. A. Mamá,
   B. , Mamá,
   C. , Mamá
   D. Mamá

5. A. Debe de
   B. Debe
   C. Debió de
   D. Debió

6. A. ayudarle. Yo
   B. ayudarle yo
   C. ayudarlo. Yo
   D. ayudarlo yo.

7. A. Callate Aurelia.
    Debo
   B. Callate Aurelia.
    Debo de
   C. Cállate, Aurelia.
    Debo de
   D. Cállate, Aurelia.
    Debo

8. A. *Mio Cid*
   B. *Mío Cid*
   C. *Mio Cid,*
   D. *Mío Cid,*

9. A. género épico
   B. género epico
   C. genero épico
   D. genero epico

10. A. ha sido
    B. habia sido
    C. lo han
    D. fue

11. A. Díaz de Vivar
    B. Diaz de Vivar,
    C. Díaz de Vivar,
    D. Diaz de Vivár

12. A. , el
    B. : el
    C. el
    D. ; el

13. A. paises por la es-
     caséz
    B. países por la es-
     casez
    C. países por la es-
     caséz
    D. paises por la es-
     casez

14. A. se inspiró
    B. , se inspiró
    C. se inspiraron
    D. , se inspira

cerca en hechos <u>historicos, des</u>-
                    15
cribe con precisión los lugares

por los que guerreó el Cid du-

rante <u>su destierro,</u> y recoge con
          16
verdad las notas sobresalientes

del <u>espíritu castellano</u> y muchos
            17
rasgos humanos que luego se

encuentran a través de la litera-

tura y la historia españolas. El

Cid aparece así como un <u>heroe</u>
                                18
<u>popular</u>, arrogante con los so-

berbios que <u>lo</u> traicionan, pero
              19
llano con sus vasallos y con las

gentes humildes que <u>le aman</u>.
                        20
Don Juan Manuel (1282-1348),

<u>fue</u> el primer escritor que cultiva
21
la prosa castellana con un

<u>propósito artístico escribió</u> nu-
              22
merosas obras de carácter doc-

trinal y <u>didáctico</u> pero su fama
            23
literaria se debe sobre todo al

libro titulado *El Conde Lucanor*.

<u>Colección</u> de cuentos que se con-
    24
sidera como una de las fuentes

primeras de la novela europea.

Uno de los epítetos que <u>se han</u>
                                25
aplicado <u>mas comúnmente</u> a Es-
          26
paña es el del <u>"pais del Roman-</u>
                        27
<u>cero"</u>, se llama romances a unos

<u>poémas</u> breves de tipo tradicional
  28

15.
A. historicos,
B. , históricos
C. hístoricos
D. históricos,

16.
A. destierro,
B. destierro:
C. , destierro
D. destierro

17.
A. espíritu caste-
   llano
B. espíritu caste-
   llano,
C. espiritu caste-
   llano
D. espiritú caste-
   llano,

18.
A. heroe popular
B. heroe populár
C. héroe popular,
D. héroe popular

19.
A. lo
B. le
C. les
D. los

20.
A. le aman
B. los ama
C. les ama
D. lo aman

21.
A. , fue
B. , es
C. fue
D. es

22.
A. propósito artís-
   tico escribió
B. propósito artís-
   tico. Escribió
C. propósito artís-
   tico. Escribió
D. proposito artís-
   tico escribió

23.
A. didáctico
B. didáctico,
C. didactico
D. didactico,

24.
A. . Colección
B. , colección
C. coleccion,
D. colección

25.
A. se han
B. fue
C. habia sido
D. fueron

26.
A. mas comun-
   mente
B. más común-
   mente,
C. más comun-
   mente,
D. más común-
   mente

27.
A. "pais del Ro-
   mancero", se
B. "pais del Ro-
   mancero". Se
C. "país del Ro-
   mancero", se
D. "país del Ro-
   mancero". Se

28.
A. poémas
B. poémas,
C. poemas
D. poemas,

originados en la Edad Media y

que a partir del Renacimiento

empiezan a inspirar a los poetas

cultos de todos los siglos, <u>desde</u>
 29

Gil Vicente, en el siglo XVI, hasta,

<u>Federico García Lorca</u> en el
 30
nuestro.

29.
A. , desde Gil Vi-
cente,
B. desde Gil Vicen-
te,
C. desde Gil Vicen-
te
D. , desde Gil Vi-
cente

30.
A. , Federico Gar-
cía Lorca
B. Federico García
Lorca
C. , Federico Gar-
cía Lorca,
D. Federico García
Lorca

TERCER EXAMEN DE REPASO

Algunas de las oraciones siguientes están correctamente escritas. Las demás tienen un error, en cuanto a gramática, ortografía o acentuación. Escriba la letra de la parte subrayada que tiene un error. Si la oración está correcta, escriba D. (Recuerde que la omisión de una palabra, de un signo de puntuación, o de una tilde puede constituir un error.)

1. Me <u>gustaría</u> mucho <u>acompañaros</u>, mas <u>debo de</u> estudiar hoy.
ABC

2. <u>María</u>, triste y envidiosa, <u>contemplaba</u> su <u>imagen</u> en el espejo.
ABC

3. Cuando el profesor lo <u>interrogó</u>, supo que el alumno no <u>estudió</u> su <u>lección</u>
ABC

4. <u>Juana</u>, iba de prisa; <u>viajaba</u> a setenta millas <u>por hora</u>.
ABC

5. Este chico tiene <u>afición</u> <u>a las</u> <u>ciencias</u>.
ABC

6. <u>Habían</u> <u>demasiada</u> gente en el teatro; no se <u>podía</u> respirar.
A$$B$$C

7. Yo iré con Silvia; <u>tú</u>, puedes ir con Ramira <u>o</u> Octavio.
ABC

8. ¿<u>Cuándo</u> <u>viste</u> la nueva <u>película</u>?
A$$B$$C

9. Esperaba que en <u>aquella</u> biblioteca <u>hubieran</u> varios periódicos <u>extranjeros</u>.
ABC

10. Aquí se <u>vende</u> <u>automóviles</u> a un <u>precio</u> reducido.
A$$B$$C

11. El <u>reportaje</u>, por lo general, influye mucho <u>sobre</u> las elecciones <u>políticas</u>.
ABC

12. Se le <u>había</u> olvidado <u>que</u> <u>debía</u> ir a visitar a su abuela.
A$$B$$C

13. Los indios le <u>tenían</u> miedo a los <u>conquistadores</u> españoles.
ABC

14. Pedro prestaba <u>poco</u> atención a lo que decía el profesor; <u>por lo tanto</u>, no
AB

sacó bien el <u>examen</u>.
C

15. Estoy <u>demasiada</u> cansada—, dijo Lola. —<u>Voy</u> a acostarme ahora.
A$$B$$C

16. No había un tribunal al cual una persona <u>pueda</u> recurrir, y las <u>víctimas</u> de
AB

esta injusticia <u>fueron</u> muchas.
C

17. ¿Le creíste cuando dijo que iba a pagar? ¡Qué tonto!
   $\underline{}$A $\underline{}$B $\underline{}$C

18. Marcelino está buscando empleo porque al cabo de este semestre terminará
   $\underline{}$A $\underline{}$B

   sus estudios universitarios.
   $\underline{}$C

19. Entregué la llave al caballero ingles, jefe del departamento.
   $\underline{}$A $\underline{}$B $\underline{}$C

20. No lo he visto desde hace una hora, pero salió en dirección al parque.
   $\underline{}$A $\underline{}$B $\underline{}$C

21. La señora colombiana tenía un anillo de safiro.
   $\underline{}$A $\underline{}$B $\underline{}$C

22. Lo dije que era prohibido fumar, pero no quería apagar el cigarrillo.
   $\underline{}$A $\underline{}$B $\underline{}$C

23. Cuando lo llamé a su casa me dijeron que ya salió.
   $\underline{}$A $\underline{}$B $\underline{}$C

24. Margarita y Inés son de esas chicas llenas de ilusiones: creen que casándose
   $\underline{}$A $\underline{}$B

   no van a tener que enfrentarse con los problemas de la vida.
   $\underline{}$C

25. Las muchachas cantaban en perfecta harmonía, tan perfecta, que me sentí,
   $\underline{}$A $\underline{}$B

   de vez en cuando, aburrido.
   $\underline{}$C

INTRODUCCIÓN A LAS PARTES II, III Y IV
INTERPRETACIÓN DE LECTURAS

Las secciones de comprensión de lecturas del presente texto contienen artículos sobre ciencias sociales, ciencias naturales y trozos literarios.   Tanto en el Examen de Equivalencia como en este texto preparatorio, el conocimiento previo de la materia no es necesario.   Sólo tiene que leer un trozo del escrito y contestar las preguntas referidas a dicho fragmento.

Es muy importante, entonces, que usted practique con las diferentes variedades de preguntas de interpretación de textos, que es probable usted encuentre en el Examen.   Estos ejercicios le ayudarán a mejorar su habilidad para reconocer los hechos presentados, y a identificar la idea principal del escrito.   También le ayudarán a mejorar su vocabulario, pensar con lógica y leer provechosamente con más rapidez.

Para pasar el Examen de Equivalencia, hay que contestar correctamente a 2 de cada 5 preguntas.   Por lo tanto, el alumno puede considerarse capacitado para pasar el Examen de Equivalencia si logra obtener un promedio de 2-3 respuestas correctas de cada 5 preguntas en las Partes II, III y IV.

Recuerde: En el Examen de Equivalencia, si usted no está seguro de alguna pregunta, adivine la contestación.   No perderá puntos por adivinar.   Esto le puede dar los puntos necesarios para pasar el Examen de Equivalencia.

PARTE II

CIENCIAS SOCIALES

PASAJE 1

La Universidad de Puerto Rico se fundó en 1903 en Río Piedras, una aldea que hoy forma parte importante de la ciudad de San Juan. La Escuela de Medicina se encuentra en Puerta de Tierra, San Juan; y el Colegio de Agricultura y Artes Mecánicas en Mayagüez. Situada en un bello "campus" de jardines, la Universidad posee un núcleo originario de estilo andaluz, muy semejante a la Exposición Iberoamericana de Sevilla, con una torre inspirada en la Giralda, y otras construcciones muy modernas, como la Biblioteca, el Museo, la Residencia de estudiantes, etc.

La enseñanza en esta universidad es bilingüe, en español y en inglés, pues parte de los profesores son norteamericanos y otros de diferentes nacionalidades. Hay en ella bastantes profesores españoles, el más eminente de los cuales ha sido sin duda don Juan Ramón Jiménez, autor de "Platero y Yo", el célebre poeta galardonado con el Premio Nobel, que falleció en Puerto Rico en 1959.

Zenobia Camprubí, la esposa de Juan Ramón Jiménez, murió un año antes que su marido. En homenaje a ella se fundó en la Universidad una sala que contiene la Biblioteca y muchos muebles y recuerdos del gran poeta español. Los restos de Zenobia y Juan Ramón descansan en el cementerio de Moguer, el pueblo andaluz en que nació el poeta.

Don Pablo Casals ha organizado y dirigido cada año en la Universidad, un importante festival de música.

1. La universidad de Puerto Rico se fundó:
   A. En el siglo pasado.
   B. A principios de este siglo.
   C. Hace menos de treinta años.
   D. En la ciudad de Ponce.

   1 A B C D

2. Río Piedras es una antigua aldea de Puerto Rico que está situada:
   A. Lejos de cualquier otra ciudad.
   B. Junto a San Juan, formando parte de esta ciudad.
   C. En España.
   D. En una vecindad que desde hace tiempo ha desaparecido.

   2 A B C D

3 A   B   C   D

3. Según se deduce del párrafo anterior...
- A. La Escuela de Medicina y el Colegio de Agricultura y Artes Mecánicas, se encuentran en ciudades diferentes.
- B. En Puerto Rico no hay Escuela de Medicina.
- C. La universidad de Puerto Rico está en Mayagüez.
- D. Puerta de Piedra no pertenece a Puerto Rico.

4 A   B   C   D

4. ¿Qué puede usted decir sobre el estilo de la Universidad de P. R.?
- A. Que absolutamente todas sus edificaciones son de estilo andaluz.
- B. Que en ella se halla situada la Giralda.
- C. Que aparte de un núcleo originario de estilo andaluz hay otras construcciones muy modernas.
- D. Que es muy moderna, sin rastro alguno del primitivo núcleo de estilo andaluz.

5 A   B   C   D

5. En esta universidad, la enseñanza es bilingüe debido a que...
- A. Toda la población sabe los dos idiomas.
- B. Parte de los profesores son norteamericanos.
- C. Hay muchos profesores.
- D. Es más interesante así.

6 A   B   C   D

6. ¿Cuál de las siguientes afirmaciones sobre don Juan Ramón Jiménez es falsa?
- A. Fue profesor en la Universidad de Puerto Rico.
- B. Es el autor de "Platero y Yo".
- C. Fue galardonado con el Premio Nobel.
- D. Vive actualmente en Puerto Rico.

PASAJE 2

Estamos tan acostumbrados a escribir en nuestro propio idioma, que apenas podemos concebir que haya maneras de escribir fundamentalmente diferentes de las que usamos cada día. Desde el punto de vista representativo, el inglés no se diferencia del español, ni ninguno de estos dos idiomas del alemán, del francés, o del griego. En cada uno de éstos y otros idiomas parecidos el signo gráfico pretende representar un fonema o sonido, aunque lo haga, según cada idioma, de un modo más o menos diferente.

Sin embargo, los jeroglíficos egipcios, la escritura usada por las civilizaciones maya y azteca, el antiguo y actual chino o japonés no representan un sonido, sino que simbolizan un objeto o idea. Dicho tipo de escritura en su forma original era una reproducción o dibujo más o menos estilizado del objeto que se pretendía representar o de la idea sugerida por algún objeto. No se debe a pura coincidencia el que en algunos casos los signos representativos de cosas o ideas sean parecidos en escrituras tan dispares en el tiempo y en el espacio como los jeroglíficos egipcios y los caracteres chinos. Así, por ejemplo, tanto en los monumentos de la antigüedad del país del Nilo, como en el actual chino, y para el caso también el japonés, un río suele representarse por tres líneas paralelas que representan el caudal de agua corriendo entre ambas orillas; la única diferencia consiste en que los egipcios dibujaban o esculpían las tres líneas en sentido horizontal, y los chinos y japoneses lo hacen en dirección vertical.

No existe diferencia básica entre la escritura china y la japonesa ni desde el punto de vista del trazado del ideograma o "kanji" —que así se llama al signo representativo—, ni desde el punto de vista de la idea u objeto representado: un símbolo algo parecido a una "y" invertida representará tanto en un idioma como en el otro la idea de hombre. De hecho la escritura china se introdujo en el Japón, junto con el budismo, hacia el siglo séptimo, y el Japón aceptó desde entonces la manera peculiar de escribir de los chinos usada por éstos desde muchos siglos antes. Pero el aceptar el ideograma chino, y al mismo tiempo conservar el propio lenguaje hablado obligó a leer, no a escribir, los ideogramas, no en el original chino, sino en japonés. De algún modo puede decirse, con las necesarias salvedades, que un chino entiende el significado de un ideograma escrito por un japonés, o viceversa, pero no comprende la lectura del mismo. En cierto sentido es como si dijéramos que un individuo que sólo domine el alemán, entiende a un español cuando éste escribe en un papel el número 2, pero no lo comprende cuando el español pronuncia oralmente y en alta voz la palabra "dos".

1. Cualquier forma de escritura:

   A. Representa siempre un sonido.
   B. Representa a veces un sonido, a veces un objeto o idea.
   C. Nunca representa un sonido.
   D. Es esencialmente diferente para cada idioma.
   E. Pretende representar un número.

   1 A B C D E

2. El español, el inglés, el francés, el griego, el alemán y algunos otros idiomas:

   A. Son similares porque su escritura representa objetos.
   B. Son completamente diferentes bajo cualquier punto de vista.
   C. Son similares en que su escritura representa sonidos y no objetos.
   D. Son parecidos al chino.
   E. Son similares entre sí con la excepción del griego.

   2 A B C D E

3. Los jeroglíficos egipcios:

   A. Son similares a los ideogramas chinos desde el punto de vista que pretenden representar objetos o ideas.
   B. Es un modo de escritura que nadie puede descifrar hoy día.
   C. Fueron interpretados por Champollión.
   D. Representan, como la escritura arábica, griega o latina distintos sonidos o grupos de sonidos.
   E. Se leen de la misma manera que los ideogramas japoneses.

   3 A B C D E

4. La escritura japonesa:

   A. Es autóctona.
   B. Es diferente de la china.
   C. Fue inventada por los japoneses hacia el siglo séptimo.
   D. Fue introducida en el Japón por los monjes budistas.
   E. Es parecida a la griega.

   4 A B C D E

5. El idioma chino se diferencia del japonés, entre otras cosas:

   A. Por el modo en que se escriben los ideogramas.
   B. Por el modo en que se leen los ideogramas.
   C. Por el hecho de la que la escritura china es ideográfica mientras que la japonesa es fonética.
   D. Sólo por el número y significado de los ideogramas respectivos.
   E. Todas, A-D.

   5 A B C D E

PASAJE 3

En 1774 las Trece Colonias contaban ya con 3,000,000 de habitantes. El 5 de septiembre de ese año se convocó el primer Congreso Continental en Filadelfia, para elevar al Parlamento de Londres un memorial de agravios. Los colonos, que se consideraban tradicionales ciudadanos británicos, poseedores de los derechos civiles y políticos del pueblo inglés, reclamaban contra los impuestos onerosos y restricciones comerciales que entorpecían el desarrollo económico de las colonias. El Parlamento rechazó el memorial y ocurrieron choques armados en Lexington y Concord (18 de abril de 1775). El 16 de junio, hubo un verdadero combate en el Cerro Bunker que domina Boston: 16,000 patriotas fueron vencidos difícilmente por el ejército. En mayo de 1775, el Congreso Continental declaró la guerra a Inglaterra y nombró jefe de las tropas patrióticas a Jorge Washington. Al año siguiente (4 de julio de 1776) el Congreso promulgó la Declaración de Independencia. Con milicianos mal armados y peor disciplinados, los patriotas lograron desalojar a los ingleses de Boston, pero en seguida Washington, acosado por tres veteranos generales británicos fue obligado a retirarse. En la Nochebuena de 1776, Washington cruzó el río Delaware en chalupas y cayó por sorpresa sobre los ingleses en Trenton. Al año siguiente, el general inglés Howe ocupó Filadelfia, la "capital rebelde".

En 1777, sin embargo, el aspecto de la guerra cambió con el triunfo patriota de Saratoga, donde el inglés se rindió con 6,000 hombres, armas y bagajes. Francia se puso abiertamente al lado de los Estados Unidos derrotando a la escuadra inglesa en la bahía de Cheasepeake. Al propio tiempo Washington se unió al ejército francés, forzando la terminación de la guerra. Inglaterra reconoció la independencia de los Estados Unidos por un tratado de paz firmado en París (3 de septiembre de 1783).

1 A B C D
  ‖ ‖ ‖ ‖

1. El título más adecuado para el anterior pasaje es:
   A. Guerra franco-británica en Norteamérica.
   B. La independencia de los Estados Unidos.
   C. Derechos civiles y políticos de los pueblos.
   D. Las colonias inglesas.

2 A B C D
  ‖ ‖ ‖ ‖

2. El descontento de los colonos americanos se debió a que:
   A. Deseaban ser ciudadanos independientes.
   B. Tenían un gran sentido patriótico.
   C. Consideraban injustos los impuestos y restricciones comerciales a que estaban sometidos.
   D. No deseaban seguir siendo ciudadanos ingleses.

3 A B C D
  ‖ ‖ ‖ ‖

3. La causa de los primeros choques armados fue:
   A. El nombramiento de Jorge Washington como jefe de las tropas patriotas.
   B. La declaración de guerra efectuada por el Congreso Continental.
   C. El rechazo por el Parlamento de Londres del memorial de agravios, presentado por el Primer Congreso de Filadelfia.
   D. La convocación de este Primer Congreso Continental en Filadelfia.

4 A B C D
  ‖ ‖ ‖ ‖

4. Saratoga está relacionada con:
   A. Una importante derrota inglesa.
   B. Una decisiva derrota francesa.
   C. La llamada "capital rebelde" ocupada por los patriotas.
   D. El tratado de paz que reconoció la independencia de los EE. UU.

5. La Declaración de Independencia fue promulgada en:
   A. 1775, el 18 de abril.
   B. Mayo de 1775.
   C. 1776, 4 de julio.
   D. 1783, 3 de septiembre.
   E. Nochebuena de 1776.

5 A B C D E

PASAJE 4

Los vientos de independencia llegaron a Costa Rica, como a otras naciones centroamericanas, procedentes de Guatemala, que por antiguos atavismos administrativos (Guatemala había sido la "Capitanía General") se vio envuelta en los destinos de la revolución de Méjico. Se enviaron copias del Acto de Independencia guatemalteca a todos los países centroamericanos que habían dependido de la antigua Capitanía.

Una comisión reunida a fines del año 1821 redactó el Pacto de la Concordia, primera constitución política de Costa Rica en que se declaraba su soberanía absoluta respecto a los demás estados americanos. Los gobiernos que comienzan a elegirse entonces (como la Primera Junta Superior Gubernativa) son los primeros tanteos inexpertos de una nueva nación libre que acababa de hacer su entrada en la Historia. El país quedó de momento dividido en "imperialistas" (partidarios de unirse a Méjico regentado por Iturbide) y republicanos, que deseaban la independencia a ultranza. Los imperialistas asaltaron el cuartel de Cartago el 29 de marzo de 1823 y se creyeron dueños del poder, pero las demás poblaciones reaccionaron contra aquel golpe de estado; después de una batalla entre los dos partidos, José Ramírez, republicano, asumió una dictadura cuyo hecho más importante fue el traslado de la capital del estado de Cartago a San José, que es desde entonces la capital de la República.

Fue el primer Jefe de Estado de Costa Rica, Juan Mora Fernández, que hizo importantes mejoras industrializadoras y administrativas. Se anexionó a Costa Rica la provincia de Guanacaste, fronteriza por el noroeste con Nicaragua.

Después de una época de indisciplina en que fue presidente Rafael de Gallegos, gobernó Braulio Carrillo, que reforzó la capitalidad de San José, disputada por la vieja capital. Era un típico representante de aquel "liberalismo autoritario" del ochocientos, como su contemporáneo Guizón, el Ministro de Luis Felipe, que postulaba: "la razón y el cañón" para gobernar bien.

1. La independencia de Guatemala influyó en la independencia de:
   A. Méjico.
   B. Brasil.
   C. La Capitanía General.
   D. América del Sur.

1 A B C D

2. En el Pacto de la Concordia, redactado en 1821, se declaró:
   A. La necesidad de una nueva Comisión.
   B. La soberanía absoluta de Costa Rica.
   C. La Primera Junta Superior.
   D. La elección de un nuevo gobierno.

2 A B C D

3 A B C D
  ‖ ‖ ‖ ‖

3. En 1823, tras el asalto del cuartel de Cartago, los "imperialistas".

A. Se hicieron dueños del poder durante varios años.

B. Establecieron una dictadura.

C. Trasladaron la capital de Cartago a San José.

D. Se creyeron dueños del poder, pero las demás poblaciones se opusieron.

4 A B C D
  ‖ ‖ ‖ ‖

4. El Primer Jefe de Estado de Costa Rica fue:

A. José Ramírez.

B. Mora Fernández.

C. Rafael Gallegos.

D. Braulio Carrillo.

5 A B C D
  ‖ ‖ ‖ ‖

5. El ministro francés Guizot:

A. Sucedió a Braulio Carrillo.

B. Vivió al mismo tiempo que Luis Felipe, Rey de Francia.

C. Sucedió a Luis Felipe.

D. Vivió en el siglo XVII.

PASAJE 5

La isla de Borinquen, hoy Puerto Rico, fue descubierta por Cristóbal Colón en su segundo viaje. Colón zarpó del puerto de Cádiz el 25 de septiembre de 1493. De esta expedición se conocen pocos detalles porque el diario de navegación referente a la misma se ha perdido y los cronistas de esa época son lacónicos.

Se supone que Colón se dirigió hacia Puerto Rico por la ruta del Sur y que una de sus carabelas exploró las Islas Vírgenes. Poco después, el 19 de noviembre de 1493, arribó a "Boluchen" (Borinquen) por la costa occidental, desembarcando cerca de un poblado indio cuyo nombre se tradujo por "La Aguada". Los navegantes se abastecieron de agua dulce y de la pesca abundantísima de aquellas costas, y bautizaron la isla con el nombre de Isla de San Juan Bautista.

Pero no sería hasta 15 años más tarde que la primera expedición colonizadora se llevaría a cabo dirigida por Pinzón. Posteriormente, algunas muestras de oro halladas durante la expedición de Pinzón, y el deseo del gobernador de La Española (hoy Santo Domingo) por conocer los recursos naturales de Puerto Rico, indujeron a Juan Ponce de León a explorar, junto con unos 50 hombres, la costa Sur de la isla. Ponce de León se entrevistó con el gran cacique Agüeybana y estableció con él un pacto de amistad. Remontó la costa oriental y descubrió la bahía de San Juan; allí, en un lugar apropiado y no muy alejado de dicha bahía, fundó la primera población de Puerto Rico: Caparra.

1 A B C D
  ‖ ‖ ‖ ‖

1. De la expedición que descubrió Puerto Rico:

A. Conocemos muchos pormenores.

B. Han llegado hasta nosotros historias muy dispares.

C. Se escribieron detalles en un diario de navegación.

D. Los cronistas se muestran prolíficos en describir los acontecimientos.

2 A B C D E
  ‖ ‖ ‖ ‖ ‖

2. Colón llegó a Puerto Rico:

A. Después de haber visitado la Florida.

B. Siguiendo probablemente la ruta del Sur.

C. Arrastrado allí por una tormenta.

   D. Después de Ponce de León.
   E. En su primer viaje.

3. La isla de Puerto Rico nunca fue conocida con el nombre de: 3 A B C D
   A. Borinquen.
   B. Boluchen.
   C. San Juan Bautista.
   D. Las Islas Vírgenes.

4. La primera expedición colonizadora después de la llegada de Colón: 4 A B C D E
   A. Tuvo lugar durante la primera década del 1500.
   B. No se realizó hasta medio siglo más tarde.
   C. Fue capitaneada por Ponce de León.
   D. Terminó con una entrevista con el cacique Agüeybana.
   E. Desembarcó en un poblado indio que se llamó "La Aguada".

5. Según el texto precedente, Ponce de León: 5 A B C D
   A. Fundó la ciudad de San Juan de Puerto Rico.
   B. Descubrió la bahía de San Juan.
   C. Exploró toda la isla Borinquen.
   D. Junto con Pinzón visitó la isla de Puerto Rico quince años después de su
      descubrimiento.

PASAJE 6

Bolivia es un país alto y solitario.   Es también un país atormentado, cuyos
problemas —inestabilidad política, debilidad económica, agricultura mar-
ginal— son, en una u otra medida, los de muchas naciones de la América
Latina.   Pero hay algo en el caso de Bolivia que tiene especial repercusión
en todo el continente, y concretamente en los Estados Unidos, país que
se viene esforzando por ayudarla: Bolivia es uno de los pocos países
latinoamericanos en que se ha producido una revolución social.   Al cabo
de nueve años de proceso revolucionario y, a pesar de haber recibido 175 millones de dólares de los Estados Unidos, el país está hoy al borde de la ruina
económica y del caos político.
   Cuando Víctor Paz Estenssoro asumió la presidencia de Bolivia, después
de la revolución de 1952, puso en práctica una serie de medidas trascenden-
tales.   Se dio tierra a los indígenas.   Las minas de estaño fueron nacio-
nalizadas.   Todo parecía bien.   Pero todavía no se ha obtenido lo que
se esperaba.   Por el contrario, la producción de las minas ha bajado casi
la mitad; en las fincas la poca maquinaria agrícola que existía queda arrui-
nada; y en los últimos meses una situación de desorden general parece
amenazar el gobierno revolucionario.   El período decisivo se aproxima.

1. Las dificultades por que atraviesa Bolivia: 1 A B C D E
   A. Son debidas a la altura media del país.
   B. Son consecuencias del aislamiento de la nación.
   C. Son semejantes a las de muchas naciones de Latinoamérica.
   D. Son parecidas a los problemas de los Estados Unidos.
   E. Se deben al nivel cultural de la nación.

2. Los Estados Unidos, según este texto: 2 A B C D E
   A. Han exagerado desmesuradamente los problemas bolivianos.
   B. Han ayudado económicamente al país.

C. Han enviado a Bolivia economistas e ingenieros.

D. Han apreciado la revolución social boliviana.

E. Han iniciado reuniones y congresos para discutir y tratar de solventar los problemas del país.

3. Entre las medidas tomadas por el presidente Paz Estenssoro al ser elevado al poder se encuentra:

A. La devolución de las propiedades a los terratenientes.

B. El cierre de las minas.

C. El expulsar a los indios.

D. El repartir la tierra entre los indígenas.

E. El parar la revolución iniciada en 1952.

4 A B C D E

4. La situación de Bolivia durante los últimos meses a los que el texto se refiere:

A. Asegura la estabilidad del gobierno.

B. Favorece la restauración del virreinato.

C. Presenta aspectos francamente optimistas.

D. Es evidencia clara de que se ha obtenido cuanto se deseaba.

E. Pone en duda la continuación del gobierno revolucionario.

5 A B C D E

5. Desde la fecha de la revolución de 1952:

A. La producción de las minas ha decrecido notablemente.

B. Las minas han permanecido cerradas.

C. La producción minera se ha incrementado en casi un 50 por 100.

D. Las minas permanecieron en manos privadas.

E. Los indios no trabajan en las minas.

PASAJE 7

El hombre ha habitado las cinco partes del mundo desde las épocas más remotas. Su vida nómada le llevó a recorrer y conocer las regiones que habitaba. Pero éste no es el conocimiento que llamamos geografía. La ciencia geográfica empieza cuando el hombre intenta describir, con palabras o con dibujos, la relación que une dos puntos distintos de la superficie de la tierra.

El desarrollo de los conocimientos geográficos ha sido muy irregular, pudiéndose distinguir tres períodos principales. El primero tuvo lugar en la antigua Grecia, cuando se hicieron los primeros intentos formales para describir y explicar científicamente las diversas condiciones de los distintos lugares de la tierra. El segundo período corresponde a la era de los grandes descubrimientos, que abarca del siglo XV al XIX y en la que se reconocieron los aspectos y características de nuestro planeta. Por último, el moderno período científico, cuyo comienzo se confunde con el anterior y que continúa en la actualidad, en que todos los recursos científicos se utilizan para reproducir y describir todos los puntos de la superficie terrestre.

Como ciencia descriptiva y sistemática, la geografía es relativamente reciente. Su iniciador fue el alemán von Humbolt, a finales del siglo XVIII. Este científico desarrolló, y sostuvo con hechos, el concepto de la tierra en evolución, siguiendo la concepción del filósofo Kant. Siguiendo en esta línea, los geógrafos modernos han dedicado su esfuerzo al estudio de la influencia del medio geográfico en el hombre y en sus formas de vida, dando así nacimiento a una nueva rama de la geografía llamada antropogeografía.

1. El título que mejor describe la información suministrada en el párrafo anterior es:
   A. La aparición del hombre sobre la Tierra.
   B. Los grandes descubrimientos geográficos.
   C. Evolución de la ciencia geográfica.
   D. Influencia del medio geográfico en el hombre.

   1 A B C D
   ‖ ‖ ‖ ‖

2. El científico von Humbolt y el filósofo Kant coinciden en sus ideas referentes a:
   A. La nueva ciencia llamada antropología.
   B. El concepto de la tierra en evolución.
   C. La importancia de la geografía.
   D. La influencia del hombre en el medio geográfico.

   2 A B C D
   ‖ ‖ ‖ ‖

3. La ciencia geográfica empezó:
   A. Cuando el hombre apareció sobre la Tierra.
   B. Con los primeros desplazamientos del hombre.
   C. Cuando se intentó describir la relación entre distintos puntos de la superficie terrestre.
   D. Cuando el hombre empezó a dibujar.

   3 A B C D
   ‖ ‖ ‖ ‖

4. ¿Cuál de las siguientes afirmaciones es cierta?
   A. Los grandes descubrimientos geográficos han tenido lugar en el moderno período científico.
   B. La ciencia geográfica se desarrolló solamente durante la época griega, los siglos xv al xix y en el moderno período ciencífico.
   C. El conocimiento geográfico se ha desarrollado más en unas épocas que en otras.
   D. Hasta el siglo xv no se hicieron intentos formales para explicar científicamente las condiciones de los diversos lugares de la Tierra.

   4 A B C D
   ‖ ‖ ‖ ‖

5. La antropogeografía es la ciencia que estudia:
   A. La aparición del hombre sobre la Tierra.
   B. La influencia del medio geográfico en el hombre y sus formas de vida.
   C. Los grandes viajes exploradores.
   D. Las teorías del filósofo Kant.

   5 A B C D
   ‖ ‖ ‖ ‖

PASAJE 8

Las guerras de independencia de América del Sur terminaron con la rendición del pequeño ejército español que defendía El Callao (cerca de Lima), el 23 de enero de 1826.

Sin embargo, durante algunos años, España se negó a reconocer la legitimidad o la existencia de las nuevas naciones americanas. La primera en ser reconocida fue México, en 1839; y la última, Honduras en 1895.

En contraste con lo que había sucedido en las colonias inglesas de Norteamérica, Hispanoamérica no se asoció en una confederación de estados o algo parecido. Cuando se terminaron las guerras de separación, las antiguas colonias españolas quedaron divididas así: lo que había sido el virreinato de Nueva España se transformó en México y las Provincias Unidas de Centroamérica. En Sudamérica apareció la Gran Colombia, que comprendía Venezuela, Ecuador y Colombia. Más al Sur, tres nuevos países: Perú, Bolivia y Chile. El virreinato de La Plata se descompuso en las Provincias Unidas y Paraguay. Uruguay quedó por unos años incorporado al Brasil, y Santo Domingo a Haití, que se había independizado de Francia.   Cuba permaneció fiel a España, junto con Puerto Rico, hasta 1898.

Pasados unos años, se transformaron en los veinte países que son hoy, siendo el último Panamá, cuando la reconstrucción del canal, en 1903.   En todo este proceso no faltaron guerras de los diversos países entre sí, casi siempre debidas a problemas de fronteras.   Muchos de estos conflictos no han desaparecido todavía, y con frecuencia son aprovechados por los políticos cuando quieren alcanzar popularidad dentro de su propio país, excitando el espíritu nacionalista, innato en el alma de todos los pueblos.

1 A   B   C   D

1. La intención general de este párrafo es:
A. Justificar que Hispanoamérica no se asociase en una confederación de estados.
B. Proporcionar una idea general de la situación política de Sudamérica, tras su independencia.
C. Demostrar que los países tienen siempre problemas fronterizos.
D. Destacar el papel de Norteamérica en las guerras de independencia de América del Sur.

2 A   B   C   D

2. La posición de España con relación a las nuevas naciones americanas fue la siguiente:
A. Jamás reconoció su legitimidad o existencia.
B. Aceptó su existencia y legitimidad a partir de la derrota de El Callao, en enero de 1826.
C. Comenzó a aceptar su legitimidad en 1839, y fue México la primera nación reconocida.
D. Reconoció únicamente a México y Honduras.

3 A   B   C   D   E

3. Tras su independencia, la Gran Colombia quedó formada por los que hoy son los estados:
A. Paraguay, Uruguay y Brasil.
B. Perú, Bolivia y Chile.
C. México y los países centroamericanos.
D. Exclusivamente Colombia.
E. Venezuela y Ecuador, además de Colombia.

4 A   B   C   D   E

4. El último país en obtener su independencia fue:
A. Cuba, en 1898.
B. Panamá, en 1903.
C. El virreinato de La Plata.
D. Colombia, en 1839.
E. Honduras, en 1895.

5 A   B   C   D   E

5. La independencia hispanoamericana tuvo lugar:
A. Durante la primera mitad del siglo XIX.
B. Durante la segunda mitad del siglo XIX.
C. A principios de este siglo.
D. En 1939.
E. En 1839.

PASAJE 9

En 1799 un oficial del ejército francés fue designado a una pequeña fortaleza cerca de Alejandría junto al río Rosetta, una de las desembocaduras del Nilo en Egipto.   A él le atraían las ruinas de la antigua civilización de Egipto; había visto la Esfinge y las pirámides, misteriosas estructuras levantadas por hombres de otras edades. Un día, mientras excavaban una trinchera, encontró, no sin asombro, una pizarra en la que había letras cortadas que él podía leer. Él había estudiado griego en la escuela y sabía que esta inscripción estaba escrita en griego. Junto con las letras griegas había una inscripción con caracteres egipcios como los encontrados en otras ruinas, pero en dos alfabetos distintos.

Pensando sobre el hallazgo, se dijo: "Si cada línea dice lo mismo en distintas lenguas, sabiendo lo que dice en griego, se podrá saber el significado de los otros caracteres". Con esta idea presentó la lápida a unos expertos egiptólogos que intentaban descifrar grabados egipcios.

En 1802 un profesor francés llamado Champollión comenzó a trabajar en la inscripción, ayudándose con la traducción griega. Su trabajo duró unos 20 años. Otros expertos trabajaron por un año o dos y desistieron, pero él perseveró y a los 20 años anunció los resultados de su investigación en aquella lápida. En 1823 anunció al mundo de los expertos que había descubierto el significado de 14 signos y con ellos, el secreto de la escritura egipcia. Una lápida descubierta por una persona desconocida y el estudio perseverante de un investigador abrieron el secreto de unas escrituras de cinco mil años de antigüedad.

1. El título que expresa mejor la idea contenida en este pasaje es:
   A. Valor de un oficial francés.
   B. La vida de Champollión.
   C. Ventajas de estudiar el griego.
   D. La historia de la piedra Rosetta.
   E. Escritos de los antiguos egipcios.

1 A B C D E

2. La piedra Rosetta deriva su nombre de:
   A. El hombre que la encontró.
   B. Su tamaño y forma.
   C. El lugar junto al cual fue encontrada.
   D. La persona que encontró la inscripción.
   E. Su color.

2 A B C D E

3. Parece ser que el descubridor de la piedra:
   A. Permaneció más de veinte años en Egipto.
   B. Gustaba de abrir zanjas.
   C. Tenía dominio de más de una lengua.
   D. Gustaba de los acertijos.
   E. Podía hablar inglés.

3 A B C D E

4. El autor sugiere que Champollión descubrió el sentido de las inscripciones debido:
   A. A que conocía más griego que otros sabios.
   B. Al uso del trabajo de otros lingüistas.
   C. A que estaba más interesado en civilizaciones antiguas que otros investigadores.
   D. A que no se cansó tan pronto como los demás investigadores.
   E. A que tenía más tiempo libre que los demás.

4 A B C D E

5. Las inscripciones en la piedra se consideraron importantes:
   A. Porque daban las razones por las que se habían construido las pirámides.
   B. Debido a que dieron trabajo a Champollión por veinte años.
   C. Pues demostraban la importancia de aprender griego.

5 A B C D E

D. Porque proveían de una clave para descifrar el significado de otras inscripciones antiguas.

E. Porque probaron que era un hecho glorioso el excavar zanjas.

6 A B C D E

6. Las inscripciones en la piedra estaban escritas:

A. Todas en la misma lengua.

B. Todas en lenguajes desconocidos.

C. En francés, en griego y en un lenguaje desconocido.

D. En francés y en dos lenguajes desconocidos.

E. En griego y en dos lenguajes desconocidos.

PASAJE 10

Barrow es el punto más septentrional de América.   Penetra muchos grados de meridiano hacia el Polo Norte.   En todos los continentes sólo el Tcheliuskine asiático estira más su cuello rocoso hacia el Septentrión.

Cabo de Hornos es la punta más austral de todos los continentes. Ninguna otra masa emergida de la Tierra avanza más hacia el Polo Sur. Los espacios habituales, las masas continentales terminan en el Cabo de Hornos.   Realmente por allí el mundo se acaba.   Y se acaba en punta, como son a menudo las terminaciones.   La costa chilena, rota, retorcida, llena de resquebrajaduras, por el lado occidental, y la costa argentina, por Oriente, más ecuánime en su tectónica, pero igualmente desolada, limitan la extremidad austral americana: la más austral de todos los continentes.   Europa y Asia se sitúan en el Hemisferio Norte del planeta; Australia y gran parte de África se encuentran en el Hemisferio Sur.   Pero América, desde Barrow a Hornos, desparrama la forma de dos airosos triángulos, unidos por el angosto rosario volcánico del centro, a ambos lados del Ecuador.

El nuevo continente aparece ante el espíritu del estudioso de América como idea de sencillez geográfica inapelable.   Pero esta sencillez está formada por piezas ciclópeas.

La enormidad americana admite en su ámbito la selva mayor del mundo, en Brasil y países próximos; el río más caudaloso de la Tierra, el colosal Amazonas; la cordillera más continuada sin interrupción, los Andes sudamericanos; las cataratas más elevadas del planeta, en los altos del Ángel (Venezuela) y Tequendama (Colombia); las más bellas, en el Iguazú; la más tremenda colección de volcanes que pueda concebirse; las zonas de fósiles gigantescos y terrenos más antiguos, en las Godwanidas y Patagonia del Sur; la completa y enorme geografía de Chile; las masas de hielos mayores, después de las Polares, en Alaska-Canadá y en los Andes Patagónicos.

La sencillez geográfica de América se forma de elementos complejísimos. Se puede hablar de estructura sencilla en la joven cordillera andina, porque lo mismo es 2,000 kilómetros más al Sur que al Norte.   Podemos decir que la monotonía del inmenso Amazonas es la misma junto al Pongo de Manseriche, por donde el río se escurre de los Andes, que cerca de Belem, 4,000 kilómetros aguas abajo.   Sigue su selva, igualmente hostil, húmeda y caliginosa: homicida como la llamó J. Eustasio Rivera, lo mismo en un punto que en otro a gran distancia.

1. La intención del autor en los dos primeros párrafos es destacar que: 1 A B C D
   - A. La superficie emergida de la Tierra se reparte en cinco continentes.
   - B. Tcheliuskine es el punto más septentrional de la Tierra.
   - C. América se extiende ampliamente en ambos hemisferios.
   - D. América acaba "en punta".

2. La expresión "más ecuánime en su tectónica" significa: 2 A B C D
   - A. De aspecto más pintoresco.
   - B. Más rica en productos minerales.
   - C. Más escarpada e inaccesible.
   - D. De estructura más homogénea.

3. En el texto se alude a la "sencillez geográfica de América" refiriéndose a que   3 A B C D
   este continente:
   - A. Está formado principalmente por dos grandes extensiones de tierra de forma triangular.
   - B. Está formado por grandes regiones naturales bien definidas.
   - C. Está perfectamente estudiado y conocido.
   - D. Posee los terrenos más antiguos de la Tierra.

4. El Iguazú es notable por sus: 4 A B C D
   - A. Grandes volcanes.
   - B. Hermosas cataratas.
   - C. Altas montañas.
   - D. Extensas regiones selváticas.

5. ¿Cuál de entre los lugares siguientes no está situado en el continente americano?   5 A B C D E
   - A. Tequendama.
   - B. Cabo de Hornos.
   - C. Tcheliuskine.
   - D. Belem.
   - E. Barrow.

PASAJE 11

Entre los cambios revolucionarios sociales que han tenido lugar en el mundo durante los últimos cincuenta años, ninguno es más extendido que el estado de la mujer en la sociedad. De país en país, las mujeres van ganando el derecho de votar, el de ser empleadas en cualquier clase de ocupación, el de tener oportunidades educacionales al mismo nivel que los hombres.

Sin embargo, en la gran mayoría de países menos desarrollados o en vías de desarrollo, el papel que juega la mujer tiene todavía muchas cortapisas y sus derechos permanecen aún muy restringidos. El considerar de qué modo y en qué forma la función de la mujer en la sociedad puede equipararse a la del hombre, conduce a problemas complejos y multifacéticos.

Si la mujer pertenece a la población activa, su ocupación específica depende, solamente en parte, del interjuego de las fuerzas económicas. De hecho, los factores culturales y sociales son mucho más decisivos. Estos factores influencian no solamente la idea que el hombre y la mujer tienen acerca de sus papeles respectivos en la sociedad, sino también la división tradicional del mercado del trabajo en sectores masculino y femenino y las iniciativas de la mujer al buscar un puesto dentro de la población activa de un país. Cualquier cuestión relacionada con la participación de la mujer en el mundo económico-laboral origina desacuerdo y animosidad.   De allí que en uno de los problemas fundamentales del planeador económico —la utilización óptima de los recursos disponibles— no puedan dejarse a un lado consideraciones no económicas que suelen llamarse "condicionantes" del problema.   Es indudable que las condiciones sociales que se presentan al tratarse el papel de la mujer en la esfera económica son de tal envergadura que obstaculizan un estudio serio del mismo.   Si se trata del crecimiento económico de las naciones en vías de desarrollo, la capacidad de producción de la mujer, dentro del mercado de trabajo, es de gran importancia y en modo alguno puede olvidarse.

1 A B C D E

1. El título más apropiado a este pasaje es:
    A. La emancipación de la mujer.
    B. Importancia de la mujer al estudiar problemas de desarrollo.
    C. La Liga por las libertades femeninas.
    D. Los derechos sociales de la mujer.
    E. La mujer en el mundo.

2 A B C D E

2. Según el autor, las mujeres:
    A. Han ganado el derecho de votar en muy pocos países.
    B. No han sabido defender sus derechos.
    C. Nunca ni en ningún sitio tienen las mismas oportunidades que los hombres.
    D. Poco a poco van ganando el derecho a votar y otras clases de derechos.
    E. Harían mejor si se quedaran en casa.

3 A B C D E

3. En los países en vías de desarrollo:
    A. La mujer tiene exactamente los mismos derechos que el hombre.
    B. El avance de la mujer con respecto a sus derechos es muy lento.
    C. La mujer no tiene función ninguna en la sociedad pública.
    D. Las responsabilidades de la mujer son muy amplias.
    E. Nadie se preocupa de los derechos femeninos.

4 A B C D E

4. La ocupación o empleo particular de una mujer:
    A. Depende solamente de la situación económica de un país.
    B. Lo deciden siempre sus padres o su esposo.
    C. Es función tanto de factores económicos como de hechos culturales y sociales.
    D. Depende solamente de factores culturales y sociales.
    E. Lo decide siempre el Estado.

5 A B C D E

5. Una cuestión en la que los criterios no suelen coincidir:
    A. Es la cuestión social.
    B. Es la solución a problemas que podrían provenir de la emancipación de la mujer.
    C. Es el asunto de la participación de la mujer en el mundo económico y en el mundo del trabajo.
    D. Es la del derecho a votar de la mujer.
    E. Es la de los derechos civiles de la mujer.

PASAJE 12

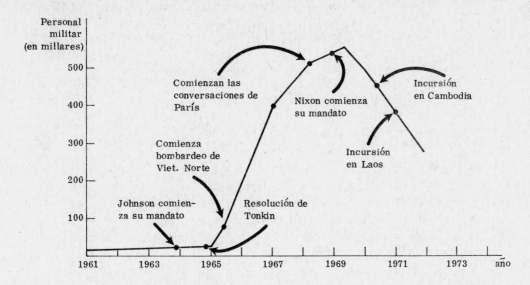

Personal militar (en millares) / año

500 — 400 — 300 — 200 — 100

1961   1963   1965   1967   1969   1971   1973

Comienzan las conversaciones de París
Comienza bombardeo de Viet. Norte
Johnson comienza su mandato
Resolución de Tonkin
Nixon comienza su mandato
Incursión en Laos
Incursión en Cambodia

1. Según el gráfico precedente el número de personal militar estadounidense en Vietnam del Sur:
   A. Nunca llegó a los 700,000.
   B. Era de 200,000 al comenzar el mandato del Presidente Johnson.
   C. Se reducirá a cero en 1972.
   D. Aumentó considerablemente a partir de 1963.
   E. Se redujo bajo el mandato del Presidente Johnson.

   1 A B C D E

2. El período de mayor incremento de tropas:
   A. Tuvo lugar entre 1961 y 1964.
   B. Se inicia a partir de las conversaciones de París.
   C. Principia casi inmediatamente después de comenzados los bombardeos de Vietnam del Norte.
   D. Termina con el comienzo del mandato del Presidente Johnson.
   E. Se observa después de la entrada de tropas norteamericanas en Camboya.

   2 A B C D E

3. Según los datos suministrados por esta gráfica el número de hombres envuelto en las operaciones militares de Vietnam del Sur de 1961 a 1970.
   A. Tiende a aumentar.
   B. Permanece estable.
   C. No muestra tendencia alguna definitiva.
   D. Tiende a disminuir.
   E. Ninguna A-D.

   3 A B C D E

4. A "ojo de buen cubero" se puede deducir de esta gráfica que los Estados Unidos:
   A. No han tenido soldados en Vietnam del Sur.
   B. Han mantenido un promedio de unos 300,000 hombres en Vietnam del Sur durante un período de 10 años.
   C. Mantuvieron un ejército de más de 500,000 hombres en Vietnam del Sur durante muchos años.
   D. Han continuado incrementando la guerra a partir del comienzo del mandato del Presidente Nixon.
   E. Mantuvieron el máximo de tropas en Vietnam del Sur durante el mandato del Presidente Johnson.

   4 A B C D E

5 A B C D E
  ‖ ‖ ‖ ‖ ‖

5. La resolución del golfo de Tonkin:
A. No repercutió en el número de soldados estadounidenses enviados a Vietnam del Sur.
B. Parece ser de importancia capital en el incremento considerable de tropas norteamericanas en el Vietnam del Sur.
C. Tuvo lugar durante el mandato del Presidente Nixon.
D. Es posterior al comienzo del bombardeo del Vietnam del Norte.
E. Es resultado de la incursión en Cambodia.

PASAJE 13

El remedio aparentemente más obvio para la espiral de los precios y salarios consiste en que la autoridad pública regule unos y otros. Durante la Segunda Guerra Mundial y la guerra de Corea, la demanda presionó intensamente en los Estados Unidos sobre la capacidad de la fuerza de trabajo y sobre la capacidad de las instalaciones industriales. Durante ambos conflictos el control contuvo con éxito la espiral de precios y salarios.

Pero esa experiencia no se tomó suficientemente en serio. Se supuso que la guerra había originado de algún modo condiciones nuevas, que hacían indispensable el uso de esas medidas. Todos los grupos interesados e influyentes tenían una tradición tenaz de resistencia a los controles. En pocas cuestiones han ido tan unidos ideológicamente los patronos, los sindicatos y los economistas profesionales como en la oposición a la regulación de los precios y los salarios.

Para los patronos el control de los precios no puede tener más objetivo que reducir los beneficios. Todo control en esta materia es una amenaza a la autonomía de la tecnoestructura. Más aún, la mística de la libertad —que incluye el principio de la libertad de ganar dinero— defendía enérgicamente el principio del mercado libre.

Para los sindicatos, toda regulación de salarios más allá de la fijación de un salario mínimo era un apoyo a la finalidad de la empresa de mantener salarios bajos. Y para los economistas profesionales, que basan su discurso técnico en unos mercados con precios sin manipular y en los cuales los productores intentan obtener el máximo de beneficios, la teoría económica se reducía al nivel de la ciencia política.

1 A B C D E
  ‖ ‖ ‖ ‖ ‖

1. La regulación de precios y salarios es un remedio:
A. Absolutamente necesario.
B. Que parece ser el más natural.
C. Que no debe usarse nunca.
D. Que debería usarse solamente en última instancia.
E. Que gusta a todo el mundo.

2 A B C D
  ‖ ‖ ‖ ‖

2. Durante la guerra de Corea las instalaciones industriales de los Estados Unidos:
A. Se utilizaron hasta el máximo.
B. No sabían qué producir.
C. Tuvieron pocos pedidos.
D. No se utilizaron nunca.

3 A B C D
  ‖ ‖ ‖ ‖

3. ¿Por qué no se aceptaron los controles de precios y salarios después de la guerra?
A. Porque no habían tenido éxito.

B. Por razones políticas.

C. Porque no estaban de acuerdo con la tradición de grupos interesados e influyentes.

D. Porque todo el mundo estaba en contra de los economistas profesionales.

4. Las ideas de patronos, sindicatos y economistas profesionales:

4 A B C D

A. Son siempre las mismas.

B. Coinciden pocas veces.

C. Difieren siempre.

D. Son dictadas por el Gobierno.

5. Según los grupos interesados, ¿quién se beneficia con un control de precios y salarios?

5 A B C D E

A. Los sindicatos.

B. Nadie.

C. Los economistas profesionales.

D. Los patronos.

E. Todo el mundo.

6. Para los sindicatos la regulación de salarios:

6 A B C D

A. Es beneficiosa.

B. No debería ir más allá de la fijación de un salario mínimo.

C. Debería limitarse a algunas empresas.

D. Es causa del bienestar del obrero.

PASAJE 14

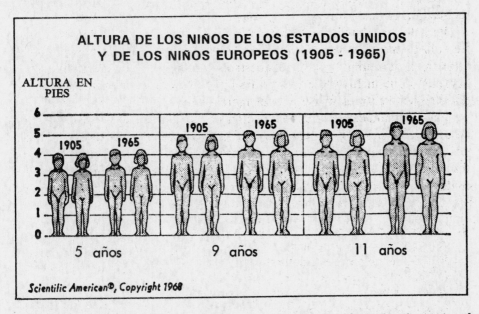

ALTURA DE LOS NIÑOS DE LOS ESTADOS UNIDOS
Y DE LOS NIÑOS EUROPEOS (1905 - 1965)

ALTURA EN PIES

1905   1965   1905   1965   1905   1965

5 años   9 años   11 años

Scientific American®, Copyright 1968

1. De acuerdo con esta gráfica:

1 A B C D

A. La altura de los niños europeos y norteamericanos no ha cambiado durante un período de 60 años.

B. Los niños de once años tenían en 1965 la misma altura que tenían en 1905.

C. La altura de los niños de 5, 9 y 11 años ha aumentado en el espacio de 60 años.

D. La altura de los niños de cinco años no ha cambiado.

2 A B C D
  ‖ ‖ ‖ ‖

2. Esta gráfica indica:

    A. Que los niños en distintas edades son siempre mucho más altos que las niñas.

    B. Que no hay diferencia apreciable de altura entre niños y niñas.

    C. Que en 1965 los niños tenían seis pies de altura mientras que las niñas solamente tenían cinco pies de altura.

    D. Que las niñas son siempre más altas que los niños.

3 A B C D
  ‖ ‖ ‖ ‖

3. En esta gráfica se observa:

    A. Una relación directa entre la edad y la altura durante el período comprendido.

    B. Que no hay relación entre edad y altura.

    C. Una relación indirecta entre la edad y la altura durante el período comprendido y dentro de las edades indicadas.

    D. Que el sexo tiene una influencia decisiva en la altura.

4 A B C D
  ‖ ‖ ‖ ‖

4. Según esta gráfica desde 1905 a 1965:

    A. La altura de los niños de ambos sexos creció más de un pie.

    B. Nunca llegó a crecer más de medio pie la altura de los niños de ambos sexos.

    C. Los niños de seis años no crecieron en altura media.

    D. La altura de la cabeza de los niños de cinco años creció hasta la altura de los hombros de los niños de 11 años.

PASAJE 15

En los Estados Unidos, según información de la Oficina Nacional del Censo, hay 9,200,000 americanos —o sea el 5 por 100— que manifiestan proceder de países de habla hispánica.   Este número hace que sean considerados como la segunda entre las minorías más numerosas de América.

Los mismos datos proporcionados por el Censo sugieren que las familias de origen hispánico tienen unos ingresos medios anuales de $ 5,600, es decir, algo más de dos tercios de los ingresos medios anuales por familia para toda la nación.   El desempleo entre las familias de origen hispánico es casi el doble del promedio anual.

Para un 70 por 100 de las familias de origen hispano, el español es la lengua madre, y un 50 por 100 habla todavía español por lo menos dentro de la familia.

De los 9.2 millones, más de 5 millones son de origen mejicano —o "chicanos"—.   Los puertorriqueños son 1.45 millones y los cubanos 565,000.   El resto proviene de naciones del Centro y Sudamérica.

El censo de 1970 introdujo por primera vez la categoría de "origen hispano" como uno de los criterios de propia identificación, es decir, que las personas incluidas en el censo debían declarar si se consideraban o no de origen hispano.   Los censos anteriores, por el contrario, usaban el lugar de nacimiento de los padres o el "apellido español" como criterio para obtener cifras acerca de la población de origen hispano.   Este método era bastante inexacto.

Sin embargo, los datos publicados por el último censo han sido criticados como excesivamente moderados por los líderes de la población hispana.   Antonio Rodríguez, director ejecutivo del Comité Presidencial para los problemas de la población de habla hispana, indicó que dicha población llega por lo menos a 12,000,000 de habitantes.

Las personas de origen hispano de más de 35 años de edad tienen un promedio de 8,5 años de educación escolar. Este promedio es inferior al promedio de 12 años que corresponde al resto de la población norteamericana. Sin embargo, el promedio sube a casi 12 años cuando se considera el grupo hispano comprendido entre los 25 y los 34 años de edad.

Es interesante notar que la mitad de los habitantes de los Estados Unidos que hablan una lengua distinta del inglés, hablan el español y que el promedio de edad de las personas que se consideran de origen hispano es de 20 años, en contraste con un promedio de 28 años para toda la población.

1. Los datos del censo de 1970 con respecto a la población que se considera de origen hispánico en los Estados Unidos:
   A. Han sido aceptados por todo el mundo.
   B. Han sido criticados por líderes hispanos.
   C. Se basaron en el lugar de origen de los padres.
   D. Se basaron en los apellidos.

1 A B C D

2. Los ingresos medios anuales de las familias de origen hispánico:
   A. Son iguales a los ingresos medios de las familias del país.
   B. No se consideran en el censo.
   C. No llegan a los $ 6,000
   D. Son menos de la mitad de los ingresos medios de las familias del país.

2 A B C D

3. Según el censo a que se refiere el artículo, el número de personas que se considera de origen hispánico:
   A. Es de 12,000,000 de personas.
   B. Comprende solamente a los portorriqueños y cubanos.
   C. Alcanza casi los 9,5 millones de habitantes.
   D. Proviene, en su mayoría, de Centro y Sudamérica.

3 A B C D

4. El número de años de educación escolar correspondiente a las personas que se consideran de origen hispánico:
   A. Es igual al promedio correspondiente a toda la población americana.
   B. Mejora sustancialmente cuando se considera la población hispánica comprendida entre los 25 y 34 años de edad.
   C. No llega ni siquiera a 6 años.
   D. Tiende a disminuir en las poblaciones del Este americano.

4 A B C D

5. Las afirmaciones siguientes son verdaderas, excepto:
   A. La mitad de los habitantes de los Estados Unidos hablan español.
   B. La mitad de los habitantes de los Estados Unidos que hablan una lengua distinta del inglés, hablan el español.
   C. La mitad de los habitantes de Estados Unidos que se consideran de origen hispano, tiene menos de 20 años.
   D. La mitad de los habitantes de Estados Unidos, tiene menos de 28 años.

5 A B C D

PASAJE 16

En el marco de la dinámica social existen dos tipos de violencia que se contraponen. La violencia de los defensores del sistema establecido —violencia represiva—, y la violencia de los pobres y oprimidos por hacer variar la situación en que se encuentran, violencia liberadora. Evidentemente que no pueden situarse en el mismo plano uno y otro tipo de violencia, y que cada una de ellas ha de tener un muy distinto calificativo moral.

Hay a lo largo de la historia una violencia silenciada, más o menos "camuflada", sin escándalo, que destroza simultáneamente a millones de hombres mediante los mecanismos, más o menos suaves, del orden establecido, mediante la explotación del hombre por el hombre, sea la esclavitud, la servidumbre o el asalariado. A veces adopta formas represivas menos sutiles, más directas, aunque siempre discretamente silenciadas por los órganos de difusión pública. El "terror blanco" ha tenido siempre muy poca prensa, y, sin embargo, siempre ha sido tremendamente eficaz. En cambio, la otra violencia, la liberadora, suena más porque salta esporádicamente y porque adopta la forma tumultuosa de algarada, guerrilla, sublevación popular, etc., o sea, formas altamente de artificio, que impresionan mucho a la sencilla conciencia de la "buena gente".

Estas violencias están ahí, presentes, cada día en la dinámica social. Y no existe, en realidad, la posibilidad de escoger entre violencia y no violencia, sino que la única opción es decidirse por uno de entre los tipos de violencia que se enfrentan. Escoger en principio la no violencia es abstracto, idealista, fuera del mundo, imposible. Únicamente en el "reino de los principios" puede hacerse. Hay que decidir, en definitiva, entre violencia liberadora o violencia represiva.

1 A   B   C   D

1. El autor de este pasaje mantiene:
A. Que es posible escoger entre la violencia y la no-violencia.
B. Que no hay alternativa posible y real a la violencia.
C. Que solamente hay una clase de violencia.
D. Que toda violencia es liberadora.

2 A   B   C   D

2. Según este pasaje, las siguientes afirmaciones son verdaderas excepto:
A. Que hay dos clases de violencia.
B. Que el régimen de asalariado es violento.
C. Que el orden establecido a veces implica violencia.
D. Que la violencia siempre es tumultuosa y callejera.

3 A   B   C   D

3. "Terror blanco" significa:
A. Violencia liberadora.
B. Una alternativa pacífica a la violencia.
C. Violencia opresora.
D. Un ideal que sólo existe en el reino de los principios.

4 A   B   C   D

4. Este texto implica:
A. Que, de hecho, no se puede salir de una situación violenta sin violencia.
B. Que es posible salir de una situación violenta por medios pacíficos.
C. Que nunca se debe recurrir a la violencia.
D. Que la esclavitud es la única forma de violencia.

5 A   B   C   D   E

5. Los sistemas establecidos:
A. Son siempre formas pacíficas de gobierno.
B. Se mantinen, a veces, mediante violencia camuflada.
C. Deben siempre mantenerse con violencia represiva.
D. Mantienen una violencia represiva ineficaz.
E. Nunca tienen el apoyo de los órganos de difusión pública.

PARTE III

CIENCIAS NATURALES

PASAJE 1

Cuando el antropólogo británico, Dr. Leakey, descubrió poco después de la segunda guerra mundial en Tanganika (África central), un cráneo primitivo perteneciente a la subespecie llamada australopíteca —subespecie que existió hace más de medio millón de años—, se confirmó de una vez la intuición incomparable de Carlos Darwin. El padre del evolucionismo había desarrollado casi cien años antes en su obra "El Origen de las Especies", la idea de que toda criatura viviente desciende por evolución de formas vivientes más primitivas. Sin embargo, Darwin, en aquel momento pudo solamente basar sus afirmaciones en su clarividencia excepcional y en su propia, pero incompleta y a veces errónea, observación.

Muchos de los eslabones perdidos en la cadena evolutiva han ido encontrándose a medida que se ha incrementado la investigación antropológica y que se han desarrollado ciencias afines, tales como la paleontología y la biología. El descubrimiento de Leakey presentaba claramente la combinación sorprendente de características, humanas y simias a la vez, propia de los australopítecos: el australopíteco podía caminar en posición erguida, rasgo típicamente humano, al mismo tiempo que su fisonomía era definitivamente simia. Existe evidencia suficiente para creer que el australopíteco era no solamente capaz de emplear utensilios, sino también de fabricarlos.

Probablemente el australopíteco comenzó a diferenciarse del mismo tronco filogenético del que proceden los chimpancés, los gorilas y el hombre durante la tercera parte del período llamado plioceno, es decir, hace unos tres o cuatro millones de años. De dicho tronco ya se habían separado en épocas mucho más lejanas los antecesores de casi todas las especies de monos actuales, y del mismo tronco se originaría millones de años más tarde el "homo pekinensis", las razas de Cromagnon y Neandertal, y el "pitecanthropus erectus", todos ellos de características definitivamente humanas.

1. Carlos Darwin al escribir el "Origen de las Especies":
   A. Tenía evidencia contundente que apoyaba su intuición incomparable.
   B. Se basaba en información personal incompleta.

I A B C D E

C. Se apoyaba en escritos y descubrimientos del Dr. Leakey.

D. Carecía por completo de hechos.

E. Pretendió más escribir una novela que afirmar conclusiones científicas.

2 A B C D E

2. La idea central en el "Origen de las Especies":

A. Gira alrededor de que todas las especies evolucionan independientemente.

B. Puede centrarse en la afirmación de que toda criatura viviente desciende de formas más primitivas.

C. Fue enunciada después de la segunda guerra mundial.

D. Consiste en que es necesario observar la conducta de los australopítecos.

E. Es rechazada por todos los modernos hombres de ciencia.

3 A B C D E

3. De las siguientes afirmaciones solamente es verdadero que:

A. El australopíteco sucede al hombre de Neandertal.

B. Los gorilas y chimpancés proceden de un tronco diferente.

C. El Dr. Leakey hizo su descubrimiento en el continente asiático.

D. Los rasgos faciales del australopíteco son definitivamente parecidos a los de un mono.

E. El pitecántropo no tiene ninguna característica humana.

4 A B C D E

4. El descubrimiento del antropologista Leakey:

A. Confirmó una vez más la tesis darwiniana.

B. Derrocó por completo los sueños de Darwin.

C. Precedió en casi un siglo a las afirmaciones evolucionistas.

D. Sorprendió a los hombres de ciencia.

E. Tuvo lugar hace más de medio siglo.

5 A B C D E

5. El hombre, los simios actuales, y los australopítecos:

A. Proceden de troncos diferentes.

B. No pueden en modo alguno relacionarse.

C. Proceden de un tronco común.

D. Descienden directamente el uno del otro.

E. Ninguna A-D.

PASAJE 2

El estudio del hongo nos plantea una contradicción: es una planta, pero no tiene clorofila. Mientras todas las otras plantas convierten la energía del sol en su propia energía para que ésta les ayude a asimilar las sustancias nutritivas del suelo y del aire, el hongo, por falta de clorofila ha de buscar su energía en otra parte. La encuentra en aquellas plantas que, habiendo recibido su energía del sol la sueltan durante el ciclo de su vida para beneficio de los hombres o de los hongos.

En su búsqueda de energía, el hongo se ha convertido en la mayor causa de descomposición de la tierra. Cuando observas un trozo de pan enmohecido, o un montón de hojas pudriéndose, o un tronco de árbol que se desmorona, allí encuentras hongos alimentándose. Sin la acción de los hongos, la superficie de la tierra estaría cubierta de hojas muertas de todos los árboles de los siglos pasados. De hecho las hojas de ciertos árboles que tienen resinas que son tóxicas para los hongos duran muchísimo más; después de cientos de años aún se pueden ver en el suelo de los bosques agujas del pino gigante de California.

1 A B C D E

1. El título que mejor expresa la idea de este párrafo es:

A. Vida sin clorofila.

    B. La causa de descomposición.
    C. Las cualidades dañinas del hongo.
    D. El mundo extraño de los hongos.
    E. Utilización de la energía del sol.

2. El autor nos dice que los hongos:
    A. Son responsables de todas las descomposiciones del mundo.
    B. No pueden vivir completamente separados de otras plantas.
    C. Atacan a las plantas para matarlas.
    D. Son venenosos para las plantas que producen resinas.
    E. Pueden sobrevivir indefinidamente en condiciones favorables.

2 A B C D E

3. El autor usa la palabra "contradicción" para indicar que:
    A. A pesar de ser una planta, el hongo no tiene clorofila.
    B. Nadie sabe realmente cómo vive el hongo.
    C. Los hongos no son verdaderas plantas.
    D. La función clorofílica es un enigma para los científicos.
    E. El hongo parece tener sus propias leyes biológicas.

3 A B C D E

4. La única sentencia falsa entre las siguientes es:
    A. El hongo es una planta, pero no tiene clorofila.
    B. Las hojas de ciertos árboles tienen resinas tóxicas para los hongos.
    C. En California no hay pinos gigantes.
    D. La acción de los hongos evita la acumulación milenaria de las hojas que se desprenden de los árboles.
    E. El hongo busca su energía de otras plantas.

4 A B C D E

5. La clorofila en las plantas:
    A. Hace posible que éstas crezcan.
    B. Permite a las plantas convertir la energía solar en propia.
    C. Es muy dañina a las mismas.
    D. Es causa del enmohecimiento del pan.
    E. Es un producto tóxico.

5 A B C D E

PASAJE 3

Muchos de los elementos radioactivos son peligrosos. Parece evidente que la naturaleza nunca pretendió que el hombre jugase con elementos radioactivos; de lo contrario nos hubiera proveído de un sexto sentido que nos protegiera contra cantidades peligrosas de radiación. Es claro, sin embargo, que la naturaleza nos preparó para que tomásemos nuestra dosis diaria de rayos cósmicos y radiación terrestre, del mismo modo que resistimos los cortes y heridas en la vida ordinaria. La idea de conseguir elementos radioactivos concentrados la concibió el hombre, y desde que los Curies extrajeron el radio de la pechblenda, el hombre ha tenido que extender su capacidad de detección por otros medios.

    El medio más antiguo de percepción o detección de la radioactividad, el que despertó la curiosidad de los esposos Curie, es el del nublado o revelado del papel fotográfico. Aun hoy día, éste es un método muy práctico y lo utilizan todos los que trabajan con materiales radioactivos. La cinta fotográfica, naturalmente, no es un buen medio preventivo. Solo puede mostrar, después de revelada la cantidad de radioactividad a que ha sido expuesta. Otro medio muy usado hoy día es la utilización del contador Geiger; este nombre se debe a su inventor.

1 A B C D E

1. El título que mejor expresaría la idea de este párrafo es:
   A. Nuestro sexto sentido.
   B. El descubrimiento de los Curies.
   C. Detector de radiaciones.
   D. El misterio de la radioactividad.
   E. Elementos radioactivos.

2 A B C D E

2. El autor quiere decir que desde que los Curies extrajeron el radio se ha hecho necesario para los científicos:
   A. Evitar los elementos radioactivos.
   B. Protegerse contra los rayos cósmicos.
   C. Aprender más sobre el arte de la fotografía.
   D. Ampliar el uso de los concentrados de radio.
   E. Tener cuidado de las sobredosis de radioactividad.

3 A B C D E

3. Las siguientes afirmaciones son verdaderas, excepto:
   A. Los esposos Curie extrajeron radio de la pechblenda.
   B. Los esposos Curie detectaron radiaciones con el contador Geiger.
   C. Cada día recibimos una pequeña dosis de rayos cósmicos.
   D. Con papel fotográfico se puede detectar la presencia de radiaciones.
   E. En general los elementos radioactivos son peligrosos.

4 A B C D E

4. Si los párrafos anteriores tuvieran continuación, un párrafo apropiado sería:
   A. Cómo funciona el contador Geiger.
   B. Los orígenes y la composición de la pechblenda.
   C. La exploración del espacio.
   D. La transformación de materia y energía.
   E. La radioactividad en la India.

PASAJE 4

La escasez mundial de agua dulce podría aliviarse en el futuro, de acuerdo con algunos científicos, utilizando como fuentes de abastecimiento enormes témpanos de hielo, remolcados desde las regiones polares. Se ha sugerido, por ejemplo, la posibilidad de traer estos témpanos hasta la costa occidental de los Estados Unidos y fertilizar, con el agua de que están formados, el desierto de California.

Se calcula que un témpano de hielo de 230 m. de espesor y 2,500 m. de lado, remolcado hasta Australia, suministraría cerca de ochocientos mil millones de litros de agua, aun teniendo en cuenta que el 70 por 100 del témpano se disolviera en la travesía. Se calcula igualmente que una operación de remolque por este estilo costaría menos de un millón de dólares y que el agua obtenida del témpano tendría un valor aproximado de 5,5 millones de dólares, es decir, menos de la décima parte de lo que costaría obtener una cantidad equivalente de agua potable por el procedimiento de desalinización.

La idea de utilizar los flotantes hielos polares como fuente de agua dulce comprende preferentemente los témpanos procedentes de la Antártida (cuyo casquete helado contiene aproximadamente el 80 por 100 del agua dulce de la Tierra); la forma generalmente plana de estos témpanos australes, en contraste con los que se originan en las regiones boreales, haría más practicable la operación de remolcar los enormes témpanos flotantes.

1. Según el texto, una forma de remediar la falta de agua de algunas zonas de la tierra podría ser:
   A. La utilización del agua del mar en gran escala.
   B. El transporte de témpanos y la utilización de su agua.
   C. Acumular el agua de la lluvia.
   D. Construir lagos artificiales.

   1 A B C D

2. Un témpano, como el citado en el texto, transportado desde la Antártica hasta Australia, perdería por el camino:
   A. La mitad de su volumen.
   B. Más de la mitad de su volumen.
   C. 800 millones de litros de agua.
   D. Una pequeña parte de su espesor.

   2 A B C D

3. En el ejemplo presentado en el texto, el agua obtenida de un témpano transportado:
   A. Resultaría más barata que la procedente de la desalinización del agua del mar.
   B. Alcanzaría un precio prohibitivo.
   C. Resultaría muy barata.
   D. No sería útil para el regadío.

   3 A B C D

4. Es más factible la utilización de las masas de hielo flotantes procedentes de la Antártida que las nórdicas porque:
   A. Son más grandes.
   B. Tienen formas aplanadas.
   C. Son más frías.
   D. Son más numerosas.

   4 A B C D

5. La forma de los témpanos procedentes de las regiones boreales:
   A. Dificulta su transporte.
   B. Facilita su fusión.
   C. Hace más practicable la operación de remolque.
   D. Dificulta su mantenimiento a flote.

   5 A B C D

PASAJE 5

Los fosfatos son minerales indispensables para la vida del hombre, de los animales y de las plantas.   No hay célula viviente, tejido u organismo que pueda existir sin estas sustancias, de las cuales depende el desarrollo de los dientes, los huesos y el cuerpo.   Un ser humano de tipo medio tiene aproximadamente medio kilo de fosfatos en la sangre, los huesos, el cerebro, los músculos y los dientes.

Además, empleados como fertilizantes (con el nitrógeno y la potasa), estimulan el desarrollo de las raíces de las plantas, aumentan su resistencia a las enfermedades y adelantan la madurez de las cosechas.

En una forma u otra, se utilizan fosfatos en numerosos productos, como detergentes, insecticidas, gaseosas, jabón, drogas, vidrio, papel y porcelana.   El fósforo, elemento no metálico de los fosfatos, se emplea para suavizar el agua, conservar alimentos, pulir metales, refinar azúcar y teñir ropa.   También tiene aplicaciones militares, como en las cortinas de humo y en las balas trazadoras.

El fósforo tiene propiedades muy diversas y paradójicas.   Es esencial a la vida y, sin embargo, en estado puro es veneno.   Ingrediente principal de las cerillas, forma parte también de materiales a prueba de llamas; y, aunque sumamente corrosivo en algunas de sus formas, en otras se le utiliza en aceites lubricantes y en compuestos contra la herrumbre.

Un producto derivado de la industria de los fosfatos es el uranio, que se extrae en la manufactura de los superfosfatos. Hace un siglo, los fosfatos se producían triturando los huesos de los animales que se sacrificaban en los mataderos, y tratándolos con ácido sulfúrico; actualmente la materia se obtiene, en cantidades enormes, de las rocas fosfáticas, formación sedimentaria de fósiles marinos.

1 A B C D E
  ‖ ‖ ‖ ‖ ‖

1. Los fosfatos son imprescindibles en todos los fenómenos siguientes, con excepción de:
A. El desarrollo de los dientes.
B. La vida de las células.
C. La obtención de nitrógeno y potasa.
D. Cualquier tipo de vida.
E. El desarrollo de los huesos.

2 A B C D E
  ‖ ‖ ‖ ‖ ‖

2. Cualquiera de los productos siguientes contiene fosfatos, excepto:
A. Los jabones.
B. El vidrio.
C. Los insecticidas.
D. Las gaseosas.
E. Los aceites vegetales.

3 A B C D E
  ‖ ‖ ‖ ‖ ‖

3. El fósforo tiene propiedades paradójicas, entre ellas:
A. Ser muy corriente y extraordinariamente caro.
B. Ser necesario para la vida y muy venenoso en estado puro.
C. Formar parte de los jabones y de los insecticidas.
D. Ser un mineral y estar en la sangre humana.
E. Servir para conservar alimentos y para pulir metales.

4 A B C D E
  ‖ ‖ ‖ ‖ ‖

4. Las principales fuentes de fosfatos en el siglo pasado, eran:
A. Las formaciones sedimentarias de animales marinos.
B. Las rocas fosfáticas.
C. Las fábricas de cerillas.
D. Los huesos de los animales.
E. Los superfosfatos.

5 A B C D E
  ‖ ‖ ‖ ‖ ‖

5. Los fosfatos son:
A. Líquidos muy corrosivos.
B. Minerales necesarios para la vida.
C. Una clase de plantas.
D. Una medicina muy eficaz.
E. Microbios beneficiosos para la vida.

PASAJE 6

Las Naciones Unidas convocó una Conferencia Internacional en Suecia, en junio de 1972, para considerar el problema urgente de la contaminación.

No sólo se ven afectados los grandes países industrializados, donde el envenenamiento del ambiente ha llegado a asumir proporciones de crisis, sino también todas las regiones de la tierra que dependen de un sistema ecológico común.   En algunas especies marinas de la Antártida, por ejemplo, se han encontrado rastros de insecticidas que jamás fueron usados en ese continente.

Es verdad que la expansión demográfica no podría seguir al ritmo presente sin agotar los recursos limitados de la tierra, pero el problema no es solamente un exceso de población y agotamiento de recursos, sino que, además, el hombre está envenenando el ambiente con cantidades nocivas de productos químicos, basura, gases, desperdicios atómicos y otros productos de desecho de la civilización, que perturban el delicado equilibrio ecológico.

La ciencia de la ecología estudia las relaciones entre los organismos y el medio en que viven. El sistema o ciclo ecológico describe el funcionamiento dentro de determinado ambiente de todos los componentes, vivientes o no, de una cadena de vida. Dicha cadena se compone de los siguientes elementos: materia no viviente, plantas, animales, consumo, crecimiento y descomposición. Estos dos últimos son simultáneos y continuos y a la larga se equilibran dentro del sistema ecológico.

1. La contaminación del medio ambiente es un problema:
   A. Que solamente se presenta en las naciones industriales.
   B. Que únicamente interesa a las Naciones Unidas.
   C. Que afecta a todas las regiones de la tierra.
   D. Que puede posponerse indefinidamente.
   E. Que no interesa a las naciones agrícolas.

2. En las regiones del Polo Sur:
   A. Se han descubierto muchos insectos.
   B. Se encontraron productos químicos que matan insectos.
   C. Se fumigaron muchas plantas para matar insectos.
   D. Se encontraron insecticidas en todas las especies marinas.

3. El problema de contaminación del ambiente consiste en que:
   A. Hay un exceso de población.
   B. La expansión demográfica agotará los recursos de la tierra.
   C. Todas las naciones de la tierra dependen de un sistema ecológico común.
   D. El hombre envenena el ambiente y perturba el delicado equilibrio ecológico.

4. ¿Cuál es el objeto de la ecología?
   A. El estudio de los componentes vivientes de una cadena vital.
   B. El estudio de las relaciones entre los organismos y el medio ambiente.
   C. El pronosticar la población futura del mundo.
   D. El descubrir los elementos materiales de un ciclo de vida.
   E. El proteger al hombre del envenenamiento de la atmósfera.

5. Las fases de crecimiento y descomposición en el ciclo ecológico:
   A. Tienen lugar al mismo tiempo.
   B. Tienen lugar intermitentemente.
   C. Tienen lugar al mismo tiempo y sin interrupción.
   D. Aparecen alternativamente.
   E. Nunca llegan a equilibrarse.

PASAJE 7

A principios de 1970, Australia anunció que abandonaría el viejo sistema inglés de pesos y medidas basado en la libra de 16 onzas y en el pie de 12 pulgadas, para adoptar el sistema métrico decimal que rige en la gran mayoría de las naciones del mundo; Irlanda había anunciado en 1965 que adoptaría el sistema métrico en el curso de 10 años; Inglaterra misma había dado pasos en 1966 para convertir sus pesos y sus medidas al sistema métrico.

En Australia el cambio durará unos 10 años. En Inglaterra se ha formado una junta de medidas métricas que asiste a la industria a hacer la conversión de más de 2,000 normas que vienen siguiendo el comercio y la industria y se espera que la conversión será completa hacia el año 1975. El cambio implica la sustitución de todos los instrumentos de medición usados por la industria y particulares. Como la economía inglesa depende principalmente de sus exportaciones, Gran Bretaña se ha visto en el caso de plegarse al sistema que ha regido en un 60 por 100 de los países que compran sus productos; el porcentaje será mayor cuando entre en vigencia el sistema métrico en Australia e Irlanda. El último reducto del sistema inglés será Estados Unidos. Allí, sin embargo, en 1968, el Presidente Johnson firmó una ley que autorizaba un estudio de tres años para la posible conversión del país a las medidas métricas. Ya el sistema métrico es legal en la nación, desde 1866, y todas las medidas inglesas que se usan se definen oficialmente en términos métricos.

A raíz de la Revolución Francesa la Asamblea Constituyente encargó a la Academia de Ciencias reformar el anárquico sistema de pesos y medidas que entonces regía, y la Academia propuso un sistema de múltiplos y submúltiplos decimales basados en el metro (que se definió como la diezmillonésima parte del cuadrante terrestre) y en el gramo (el peso de un centímetro cúbico de agua destilada). Para calcular el cuadrante terrestre, la Academia practicó una medición entre Dunkerque y Barcelona. El sistema terminó de elaborarse y fue presentado en 1799, y fue adoptado por ley en 1801.

Una convención internacional, reunida en París en 1875, que suscribieron: Argentina, Alemania, Australia, Brasil, Dinamarca, España, Estados Unidos, Italia, Perú, Portugal, Rusia, Suiza y Turquía, recomendó la adopción del sistema métrico decimal.

1 A   B   C   D   E
  ‖ ‖ ‖ ‖ ‖

1. Antes de 1965 ninguno de los países siguientes utilizaba el sistema métrico decimal, excepto:
A. Irlanda.
B. Estados Unidos.
C. Inglaterra.
D. Australia.
E. Francia.

2 A   B   C   D
  ‖ ‖ ‖ ‖

2. Gran Bretaña se ha visto obligada a adoptar el sistema métrico decimal porque:
A. Irlanda también lo ha hecho.
B. La mayor parte de su comercio exterior es con países que lo utilizan.
C. Es más sencillo y económico.
D. Deseaba sustituir todos los instrumentos de medición utilizados por la industria y particulares.

3 A   B   C   D
  ‖ ‖ ‖ ‖

3. Según el texto, los Estados Unidos:
A. No cambiarán nunca al sistema decimal.
B. Utilizan el sistema métrico decimal en la investigación científica.
C. Consideran legal el uso del sistema métrico decimal en el país.
D. Tienen como único y oficial sistema de medidas el métrico decimal.

4. La adopción del sistema métrico decimal fue recomendada, en 1875, por los siguientes estados, excepto:

    A. Alemania.
    B. Brasil.
    C. Austria.
    D. Estados Unidos.
    E. Grecia.

5. El "metro" se definió primeramente, basándose en:
    A. El peso de una cierta cantidad de agua destilada.
    B. Un sistema de múltiplos y submúltiplos.
    C. La longitud del cuadrante terrestre.
    D. En la ley de 1801.

PASAJE 8

Cuando el combustible se quema dentro del motor, entonces el motor se llama motor de combustión interna.   En los motores de automóvil el combustible es quemado dentro del cilindro y la expansión del gas así creado empuja el pistón.   En la mayoría de estos motores podemos distinguir cuatro tiempos: toma, compresión, explosión y escape.

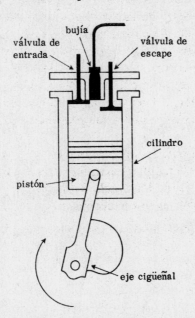

Cuando el pistón se mueve hacia abajo, crea en el cilindro un vacío que atrae la mezcla explosiva de gasolina y aire proveniente del carburador.   Esta mezcla a través del distribuidor entra en el cilindro al abrirse la válvula de entrada.   Durante esta etapa la válvula de escape permanece cerrada.   Una vez el pistón llega a la base del cilindro comienza el proceso de compresión: las dos válvulas de entrada y escape permanecen cerradas: el pistón al moverse ahora hacia arriba presiona la mezcla explosiva y reduce su volumen a una fracción muy pequeña del volumen antes ocupado.

Al llegar el pistón a la parte superior del cilindro, la bujía provoca una chispa eléctrica que causa la explosión de la mezcla.   El gas creado por dicha explosión exige un volumen mucho mayor del antes ocupado por la mezcla, y, al no tenerlo, comprime el pistón hacia abajo. Es este movimiento del pistón provocado por la fuerza expansiva del gas producido por la explosión el que genera la fuerza del motor que mueve el eje cigüeñal. También durante esta tercera etapa ambas válvulas permanecen cerradas. Cuando, por último, el pistón alcanza de nuevo la base del cilindro, entonces la válvula de escape se abre, y a medida que el pistón se mueve hacia arriba, empuja el gas ya quemado. Este gas sale entonces por la válvula de escape. En el momento en que el pistón llega al tope del cilindro comienza, una vez más, la primera fase, o el primer tiempo.

1 A B C D
  || || || ||

1. En los motores de combustión interna, durante el tiempo de "toma":
   A. Las dos válvulas, de entrada y escape, permanecen cerradas.
   B. El movimiento del pistón crea un vacío que atrae la mezcla explosiva.
   C. La bujía provoca una chispa eléctrica.
   D. El pistón comprime la mezcla explosiva.

2 A B C D
  || || || ||

2. La fuerza de un motor de combustión interna se debe:
   A. Al movimiento del cigüeñal.
   B. A la fuerza expansiva de los gases, producto de la explosión.
   C. Al movimiento de vaivén del pistón.
   D. Al calor del motor.

3 A B C D E
  || || || || ||

3. Para que un motor de combustión interna trabaje son necesarios los siguientes elementos, excepto:
   A. Combustible.
   B. Aire.
   C. Chispa eléctrica.
   D. Gases de combustión.
   E. Eje cigüeñal.

4 A B C D
  || || || ||

4. En un motor de combustión interna que funcione correctamente, el tiempo de "compresión".
   A. Precede siempre al de explosión y sucede al de toma.
   B. Precede inmediatamente al de toma.
   C. Comienza cuando el pistón está a medio recorrido.
   D. Puede suprimirse cuando el motor está caliente.

5 A B C D
  || || || ||

5. Debido a sus características, este tipo de motor puede llamarse también:
   A. Motor universal.
   B. Motor de anticontaminación atmosférica.
   C. Motor de cuatro tiempos.
   D. Motor de combustión sin residuos.

PASAJE 9

Tal vez estén por desaparecer las enfermedades que tienen un virus por origen, como los resfriados, la hepatitis y quizás hasta el cáncer y la leucemia. Actualmente, los científicos están probando ciertos agentes químicos que podrían dominar los virus como los antibióticos lo hicieron con las bacterias.

Hasta ahora sólo eran eficaces contra las infecciones de virus las vacunas de virus muertos. Estas fueron empleadas con éxito contra los virus de la poliomielitis, el sarampión y las paperas. No obstante, sería imposible vacunar la población contra los centenares de virus que causan otras enfermedades.

Con agentes químicos antivirales, sin embargo, podría lograrse el efecto de vacunación contra las múltiples enfermedades causadas por los virus. Por **ahora**, las investigaciones están dirigidas a la producción de compuestos químicos antivirales y a la estimulación en el organismo de las defensas naturales contra el virus.

Una sustancia química llamada interferón, que produce el organismo como defensa natural contra los virus, podría ser la clave de nuevos compuestos. En la Universidad norteamericana de Stamford se ha descubierto que las inyecciones de ácido nucleico pueden aumentar grandemente en un animal la capacidad de producir interferón.

Un grupo de científicos ingleses hace planes para extraer interferón humano de las células sanguíneas, de las donaciones de los bancos de sangre, y probar su efecto en otras personas. Confían en que será eficaz contra muchas enfermedades de origen viral.

Todo lo anterior denota algún progreso, pero no la victoria total. Los investigadores advierten que las drogas antivirales eficaces quizás no lleguen hasta 1980, pero tarde o temprano se da por seguro que llegarán a producirse.

1. Los virus son la causa de las enfermedades siguientes, excepto:
   A. Hepatitis.
   B. Resfriados.
   C. Sarampión.
   D. Embolias.
   E. Poliomielitis.

1 A B C D E
‖ ‖ ‖ ‖ ‖

2. El interferón es:
   A. Una sustancia química artificial.
   B. Una defensa natural contra los virus.
   C. La clave de nuevos compuestos.
   D. Un ácido nucleico.

2 A B C D
‖ ‖ ‖ ‖

3. Los agentes químicos antivirales se emplearían como:
   A. Vacunas de virus muertos.
   B. Vacunas contra múltiples virus.
   C. Vacunas contra el cáncer y la leucemia.
   D. Estimulantes de las defensas naturales contra los virus.

3 A B C D
‖ ‖ ‖ ‖

4. Según los investigadores, las drogas antivirales:
   A. No lograrán obtenerse nunca.
   B. Nunca serán eficaces.
   C. Tardarán unos años en obtenerse.
   D. Hace tiempo que se han obtenido.

4 A B C D
‖ ‖ ‖ ‖

5. El título más adecuado para este artículo es:
   A. Los virus.
   B. Enfermedades infecciosas.
   C. Guerra química contra los virus.
   D. Las vacunas de virus muertos.

5 A B C D
‖ ‖ ‖ ‖

PASAJE 10

Desde hace algunos años es práctica corriente reducir al mínimo las dimensiones de los circuitos electrónicos más complejos utilizando en su fabricación el microscopio ordinario. El método consiste en proyectar el diagrama del alambrado a través del microscopio, en dirección opuesta a la de la observación normal, con lo cual se reduce enormemente el tamaño de la imagen. El diagrama proyectado de este modo se imprime sobre una oblea de silicio, revestida de una emulsión sensible al rayo de luz; esta superficie se somete posteriormente a un proceso de grabado que deja intacto el metal (los "alambres" del circuito) donde habían quedado impresas las líneas del diagrama.

Con un nuevo procedimiento, que actualmente ensayan varios laboratorios, se emplea el microscopio electrónico, que impresiona la superficie sensible con electrones en lugar de luz y produce una imagen en escala tan reducida que, por lo compacta, podría compararse al cerebro humano. Esta extraordinaria reducción de dimensiones puede contribuir a la fabricación de computadoras lo suficientemente completas para resolver ciertos problemas básicos como, por ejemplo, el pronóstico a largo plazo de las condiciones del tiempo.

Un factor que limita la velocidad de las computadoras es el tamaño de sus circuitos; por consiguiente, si se logra reducir en 10 veces la escala de estos circuitos, la velocidad se multiplicará por 10. Utilizando el microscopio electrónico y un método especial de grabado han podido imprimirse circuitos 40 veces más pequeños que los que se fabrican con las técnicas de uso general hoy en día.

Una computadora típica tiene más de 120,000 circuitos en su unidad central de proceso y puede tener más de un millón de circuitos de memoria, los que, con los métodos actuales, pueden inscribirse en 110 obleas de silicio de 25 cm^2 de superficie. El nuevo método abre la posibilidad de comprimir estos circuitos en cinco obleas.

1 A B C D

1. En la fabricación de los minúsculos circuitos electrónicos, se utiliza el microscopio para:
   A. Comprobar su funcionamiento.
   B. Obtener una imagen más pequeña.
   C. Montar los diagramas.
   D. Apreciar los detalles.

2 A B C D

2. Los "alambres" de los microcircuitos están formados por:
   A. Restos de la primitiva placa metálica, tras haber sido grabado en ella el diagrama.
   B. La emulsión sensible a la luz.
   C. La imagen del diagrama.
   D. Finos hilos metálicos que se insertan en una placa.

3 A B C D

3. Actualmente se pueden fabricar computadoras capaces de resolver problemas muy complejos debido a:
   A. Que las ciencias evolucionan muy rápidamente.
   B. La extraordinaria pequeñez de los circuitos.
   C. Las previsiones del tiempo a largo plazo.
   D. Que se invierte mucho dinero en el campo de la investigación.

4 A B C D

4. Reduciendo el tamaño de los circuitos se logran computadoras:
   A. Más pequeñas.
   B. Más veloces.
   C. Más exactas.
   D. Más caras.

5. Una computadora típica tiene de ordinario:
   A. 120.000 circuitos de memoria.
   B. Circuitos de 25 cm² de superficie.
   C. Un reducido número de circuitos.
   D. Más circuitos en la "memoria" que en la unidad de proceso.

PASAJE 11

Necesidades de estética, de peso, de resistencia a la corrosión y otras propiedades de los plásticos tienen que entrar en consideración antes de que éstos se puedan considerar competidores con el ladrillo, el cristal, el hierro o el acero, puesto que el precio por volumen de éstos y de la madera es mucho más bajo. No es precisamente una desgracia el que los plásticos no sean económicos para todos los usos. No hay razón para que la industria quiera descartar maderas, ladrillos, cementos y metales cuando éstos son adecuados y más baratos. Se ha escrito demasiado sobre "La Era de los Plásticos y Metales Ligeros" como sucesora de la Era de Piedra, la Era del Bronce y la Era del Hierro. En la historia de estos períodos de la antigüedad hay una secuencia lógica en razón de cantidad: Una Era dio paso a la otra cuando el uso de un material nuevo sobrepasó en cantidad al uso del material anterior. El cuadro es distinto respecto de los plásticos y metales ligeros. El volumen de toneladas de estos materiales producidas por año es menor de 3,000,000, mientras que la producción de acero es de 90,000,000 de toneladas, y quizá no baje por muchos años de los 60,000,000. Ésta es aún la Era del Hierro —o mejor dicho del Acero.

1. El título que mejor expresa la idea de este párrafo es:
   A. Nuevos usos para los plásticos.
   B. Cómo sucede una Era a la otra.
   C. Ventajas de los plásticos.
   D. El papel de plásticos.
   E. Nuevas demandas en el mundo de la postguerra.

2. El autor considera que la Era del Bronce sucedió a la de Piedra porque:
   A. Había escasez de madera y otros materiales de construcción.
   B. El bronce era más barato que la piedra.
   C. La piedra escaseaba.
   D. Se comenzó a usar más bronce que piedra.
   E. El uso del bronce fue un paso hacia la Era del Acero.

3. El autor considera el cambio hacia "La Era de los Plásticos y Metales Ligeros" en un futuro no lejano como:
   A. Necesario.
   B. Deseable.
   C. Improbable.
   D. Económico.
   E. Lógico.

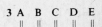

4. Según el autor, los plásticos:
   A. No pueden competir en ninguna ocasión con otros materiales de construcción.
   B. Los plásticos no son siempre los materiales más baratos.
   C. Los plásticos deberían utilizarse siempre.

D. No deberían utilizarse nunca.

E. A y B.

5 A B C D E

5. Puede decirse que hoy estamos aún en la era del hierro o acero:

A. Porque todo se construye de hierro o acero.

B. Porque el acero es el material de construcción más barato.

C. Porque el acero es muy fuerte.

D. Porque casi el 50 por 100 de las construcciones tienen hierro o acero.

E. Porque la importancia de la producción de acero en el mundo es todavía muy significativa.

PASAJE 12

Ciro McCormick inventó la primera trilladora americana en 1831, pero no sacó la patente hasta tres años más tarde. Entre tanto, en 1833, un marino de Baltimore llamado Obed Hussey sacó una patente para una trilladora de peor calidad que la de McCormick.

El invento de McCormick se debió sin duda a los experimentos hechos por otros inventores. En 1822, Henrique Ogle inventó una trilladora en Inglaterra: pero los trabajadores, que temían perder su trabajo, y la opinión pública no permitieron a Ogle fabricar su invento. En 1826 el Reverendo Patricio Bell, un escocés, combinó los planos de otros inventores y produjo una trilladora mucho más práctica. Por este invento fue premiado por la Sociedad Escocesa de Agricultura. Algunas de estas trilladoras de Bell fueron exportadas a los Estados Unidos, y es probable que McCormick conociese estas máquinas. Con todo, la trilladora de McCormick es superior a aquéllas y merece el crédito que ha recibido.

Ideas nuevas han ido añadiéndose a la trilladora que ahora siega, trilla, envasa el grano y ata la paja. En los 75 años que siguieron a la invención de McCormick, nuevas mejoras se han sucedido. Quizá una de las más importantes es la de haberle añadido un tractor de gasolina que la lleva más rápida que los caballos.

1 A B C D E

1. La primera patente americana para una trilladora fue sacada por:

A. Obed Hussey.

B. Henrique Ogle.

C. Reverendo Patricio Bell.

D. Ciro McCormick.

E. La Sociedad Escocesa de Agricultura.

2 A B C D E

2. La trilladora de Ogle no se fabricó porque:

A. La gente tenía miedo de perder sus empleos.

B. No envasaba el grano.

C. Ogle rehusó hacerse miembro de la Sociedad de Agricultura.

D. Ya se fabricaba la trilladora de McCormick.

E. El Reverendo Patricio Bell copió su diseño.

3 A B C D E

3. El autor considera que la mejora más importante añadida a la trilladora es:

A. La segadora.

B. La envasadora.

C. El atado de la paja.

D. El asiento del conductor.

E. El tractor.

4. ¿Qué frase es verdadera según el párrafo?

    A. McCormick inventó su primera trilladora mientras viajaba por Inglaterra.

    B. La trilladora de McCormick fue imitada por los inventores ingleses.

    C. La trilladora de McCormick era mejor que las de los inventores de su tiempo.

    D. La trilladora de McCormick fue inventada y patentada el mismo año.

    E. En los 75 años desde que McCormick inventó la trilladora, no ha mejorado.

PASAJE 13

El aire o atmósfera que rodea la tierra consiste en una mezcla de gases y vapor de agua que alcanza una altura media de unos 800 kms., es decir, unas 500 millas. Las cantidades en que se encuentran los distintos componentes de la atmósfera varían considerablemente con la altura. Al nivel del mar el nitrógeno y el oxígeno son los elementos que se encuentran en más abundancia: dichos elementos constituyen un 77 y un 20 por 100 del volumen total. El resto está formado por vapor de agua, así como por partes muy pequeñas de hidrógeno, óxido de carbono y gases raros tales como el argón, el helio y el neón.

Con la única excepción del vapor de agua, esta composición se mantiene casi uniforme hasta una altura de unos diez kilómetros, a partir de la cual la cantidad de hidrógeno crece gradualmente al mismo tiempo que las cantidades de oxígeno y nitrógeno desaparecen paulatinamente. A una altura de 130 kilómetros, el hidrógeno constituye más del 99 por 100 del volumen total de la atmósfera.

El aire es más ligero que el agua y su densidad media al nivel del mar es de 1/800 de la densidad del agua. Sin embargo, la densidad del aire varía con la altura y cada vez va siendo menos denso. La presión atmosférica —peso del aire por milímetro cuadrado de superficie— varía constantemente. Se considera presión normal al nivel del mar la equivalente al peso de una columna de mercurio de un centímetro cuadrado de sección y 760 milímetros de altura. El estado del tiempo está relacionado a las variaciones de presión. Una presión superior a la normal tiende a indicar un área que disfruta de tiempo agradable, mientras que una presión inferior a la normal suele originarse en regiones de tiempo borrascoso. De ahí que los cambios de presión atmosférica señalados por el barómetro sean un elemento de importancia para predecir las variaciones del tiempo.

También la temperatura del aire disminuye con la altura hasta una altitud de unos 29 kilómetros. A partir de esta altura, la temperatura, permanece casi constante. Además de proveer un elemento indispensable para la vida, tal como la conocemos aquí en la tierra, la atmósfera tiene otra función muy importante: actuar de pantalla protectora contra las radiaciones, muchas de ellas letales, provenientes del espacio, y al mismo tiempo absorber e irradiar calor. Gracias a su poder de absorción, la atmósfera retiene grandes cantidades de calor que pierde solamente durante el proceso más lento de irradiación. La atmósfera actúa, pues, como un regulador de la temperatura reduciendo a niveles más aceptables tanto calores como fríos extremos. La falta de atmósfera con propiedades parecidas en otros cuerpos espaciales es una de las dificultades a vencer en la conquista del espacio.

1 A B C D E   **1.** La altura media de la atmósfera terrestre es:
　‖　‖　‖　‖　‖　　　　A. 130 kilómetros.
　　　　　　　　　　　　B. No puede determinarse exactamente.
　　　　　　　　　　　　C. 500 millas.
　　　　　　　　　　　　D. 29 kilómetros.
　　　　　　　　　　　　E. 760 milímetros.

2 A B C D E   **2.** Los elementos constituitivos del aire al nivel del mar son:
　‖　‖　‖　‖　‖　　　　A. El nitrógeno y el hidrógeno.
　　　　　　　　　　　　B. El oxígeno y el nitrógeno.
　　　　　　　　　　　　C. Los gases raros y el carbono.
　　　　　　　　　　　　D. Óxido de carbono y vapor de agua.
　　　　　　　　　　　　E. Oxígeno, nitrógeno e hidrógeno.

3 A B C D E   **3.** La composición del aire atmosférico:
　‖　‖　‖　‖　‖　　　　A. Se mantiene siempre uniforme.
　　　　　　　　　　　　B. Se mantiene uniforme hasta una altura de 10 kms.
　　　　　　　　　　　　C. Varía con el clima.
　　　　　　　　　　　　D. Se mantiene uniforme hasta una altura de 10 kms. con la excepción del vapor de agua.
　　　　　　　　　　　　E. Es muy difícil de determinar.

4 A B C D E   **4.** Todas las afirmaciones siguientes son verdaderas, excepto:
　‖　‖　‖　‖　‖　　　　A. El aire es más ligero que el agua.
　　　　　　　　　　　　B. La densidad del aire aumenta con la altura.
　　　　　　　　　　　　C. La temperatura del aire disminuye con la altura.
　　　　　　　　　　　　D. El neón es un gas raro.
　　　　　　　　　　　　E. La presión atmosférica varía constantemente.

5 A B C D E   **5.** Una presión superior a la normal.
　‖　‖　‖　‖　‖　　　　A. Indica tiempo borrascoso.
　　　　　　　　　　　　B. Se debe a la presencia de nitrógeno.
　　　　　　　　　　　　C. Es debida a radiaciones solares.
　　　　　　　　　　　　D. Molesta mucho cuando hace calor.
　　　　　　　　　　　　E. Indica un tiempo agradable.

6 A B C D E   **6.** La atmósfera tiene las siguientes funciones, excepto:
　‖　‖　‖　‖　‖　　　　A. Servir de pantalla protectora contra las radiaciones.
　　　　　　　　　　　　B. Absorber e irradiar calor.
　　　　　　　　　　　　C. Atraer las radiaciones espaciales.
　　　　　　　　　　　　D. Ser un elemento indispensable para la vida terrestre.
　　　　　　　　　　　　E. Regular la temperatura.

PASAJE 14

Una parte constitutiva de muchos animales es el esqueleto. Dicho armazón, que da solidez al cuerpo, está formado por los huesos unidos entre sí mediante los tendones y cartílagos. El estudio de los huesos se llama osteología. Al seccionar un hueso, es posible observar tres partes bien diferenciadas: en el exterior una membrana fibrosa de tejido conectivo llamada periósteo, un anillo sólido e intermedio que es propiamente el hueso, y finalmente un núcleo blando en el interior que se llama médula. Tanto el hueso propiamente dicho como la médula son de estructura porosa, pero los poros medulares tienen un diámetro mayor que el diámetro de los poros del hueso. Se encuentran nervios y venas tanto en el periósteo como en la médula y a partir de ambos, los nervios y venas se introducen por entre los poros del hueso. El periósteo es una parte esencial del hueso; un hueso del que se ha raspado el periósteo no puede sobrevivir: por el contrario. si se rompe el hueso o parte del mismo sin destruir el periósteo, entonces un proceso de regeneración osteológica tiene lugar.

Una estructura que con frecuencia suplementa, complementa o sustituye al hueso es la estructura cartilaginosa; el cartílago es diferente del hueso o tejido óseo y no presenta la solidez del mismo, debido principalmente a la carencia de sales de calcio. El número de huesos es diferente para cada clase de vertebrados, pero es normalmente el mismo dentro de cada clase. Solamente en casos raros se encuentran anomalías a esta regla general. El esqueleto del cuerpo humano está compuesto por doscientos huesos diferentes a los que deben añadirse los huesecillos del oído medio. así como los cartílagos y los tejidos conectivos. Los huesecillos del oído medio reciben los nombres de martillo, yunque, lenticular y estribo debido a las formas curiosas de los mismos. En edades avanzadas es frecuente el fenómeno de fusión de algunos huesos y en los niños no todos los huesos están siempre completamente diferenciados; esto explica que el número actual de huesos pueda parecer diferente según la edad de un individuo.

1. El esqueleto:
   A. Es una parte constituitiva de todos los animales.
   B. Está formado solamente por los huesos.
   C. Es una parte constituitiva de muchos animales.
   D. A veces sirve para dar solidez al cuerpo.
   E. Es solamente una parte de los cuadrúpedos.

   1 A B C D E

2. Todas las afirmaciones siguientes son verdaderas, excepto:
   A. Un hueso tiene tres partes bien diferenciadas.
   B. La médula tiene poros.
   C. El periósteo es fibroso y de tejido conectivo.
   D. Solamente la médula tiene poros.
   E. La médula es más blanda que el hueso propiamente dicho.

   2 A B C D E

3. Regeneración osteológica quiere decir:
   A. Que el hueso deja de crecer.
   B. Que el hueso crece otra vez si no se ha destruido el periósteo.
   C. Que los huesos se fusionan en ciertas circunstancias.
   D. Que los huesos son substituidos por los cartílagos.
   E. Que la médula y el periósteo desaparecen.

   3 A B C D E

4. El nombre de los huesecillos del oído medio se debe a:
   A. Que el que los descubrió era aficionado a poner nombres raros.
   B. Que no encontraron otro nombre mejor.
   C. Que su descubridor era carpintero.
   D. La forma sugerida por dichos huesecillos.
   E. Ninguna A-D.

   4 A B C D E

5. El cartílago no es tan sólido como el hueso propiamente dicho:
   A. Debido a la carencia de sales de calcio.
   B. A causa de que la sangre no circula por el cartílago.
   C. Para poder crecer más rápidamente.
   D. Porque no es poroso.
   E. Porque sus poros son muy pequeños.

   5 A B C D E

PASAJE 15

El Zirconio en polvo explota con más violencia y más facilidad que el Magnesio en polvo que se usó para las bombas incendiarias en la pasada guerra. En ciertas condiciones, se puede encender con una cerilla, y no se puede apagar con agua. Las fábricas de explosivos pensaron por algún tiempo usarlo, pero decidieron no hacerlo por lo peligroso que resulta en estado de fabricación.

Este extraño metal en estado sólido en barras, láminas o tubos brillantes como la plata, cambia su comportamiento. Es tan dócil e inofensivo que lo usan los doctores en forma de láminas para cubrir delicadas partes del cerebro. Es casi tan fuerte como el acero, y el ácido clorhídrico y nítrico no lo atacan.

El Zirconio en estado natural en combinación con otros minerales también es inofensivo y estable. Hay depósitos abundantes de este mineral compuesto, en Norteamérica y Suramérica, en la India y en Australia. Aunque está clasificado como metal raro es más abundante en la corteza terrestre que el níquel, el cobre, el tungsteno, el estaño o el plomo. Hasta hace muy pocos años apenas una docena de hombres habían visto Zirconio en estado metálico puro, pero hoy día es el metal ideal de muchas nuevas industrias y es vital para componentes de la televisión, radar, y aparatos de radio: así como insustituible en equipos de química, cohetes y reactores de avión, y fundamental en pilas atómicas.

1 A B C D E

1. El título que mejor expresa la idea central de estos párrafos es:
   A. Un componente vital.
   B. Una sustancia dócil e inofensiva.
   C. Usos del zirconio en cirujía.
   D. Formación de compuestos minerales.
   E. Propiedades del zirconio.

2 A B C D E

2. El zirconio es peligroso cuando aparece en:
   A. Estado dócil.
   B. Láminas brillantes.
   C. Polvo.
   D. Tubos.
   E. Barras.

3 A B C D E

3. Estos párrafos nos dicen que el zirconio:
   A. Es un metal.
   B. No es incendiable.
   C. Es soluble en agua.
   D. Es más fuerte que el acero.
   E. Es conocido por menos de una docena de científicos.

4 A B C D E

4. Estos párrafos muestran que:
   A. El zirconio se oxida fácilmente.
   B. Los químicos están encontrando usos para el zirconio.
   C. Las radios se hacen de zirconio.
   D. El zirconio es menos abundante en la corteza terrestre que el plomo.
   E. Los fabricantes de explosivos están investigando usos para el zirconio.

5 A B C D E

5. El zirconio puede ser usado en todos estos campos menos en:
   A. Cirugía
   B. Televisión.

   C. Investigación atómica.
   D. Fuegos artificiales.
   E. Fabricación de reactores.

PASAJE 16

La palabra "átomo" ha capturado la imaginación del hombre. Además de bombas atómicas y energía atómica, vemos anuncios que hacen propaganda de productos como "Gasolina con fuerza atómica". ¿Quién inventó la palabra átomo y qué significa?

El inventor fue un filósofo griego llamado Demócrito, que vivió por los años 400 antes de Jesucristo. Ya entonces los físicos se preocupaban por la estructura de la materia. Demócrito sugirió que la materia no es como aparece, una masa continua. El creía que la materia se podía dividir en partes cada vez más pequeñas hasta llegar a partículas irrompibles. A estas partículas irrompibles él las llamó átomos.

Es evidente que la idea de Demócrito fue muy buena. Cuando ponemos una cucharadita de azúcar en una taza de café —o agua— el azúcar se disuelve y desaparece. Si el café o el agua fueran sólidos o una masa continua, no habría lugar para el azúcar. Pero como el azúcar desaparece, resulta claro que el agua y el azúcar tienen que estar formadas por partículas pequeñísimas, con espacios entre ellas. Las partículas de azúcar se meten entre los espacios que dejan las partículas del agua.

En un punto no estamos de acuerdo con Demócrito. Siguiendo su idea, por muchos años los científicos pensaron que los átomos eran partículas sólidas de materia. Newton dijo de ellas que "eran tan fuertes que nunca se desgastaban o se rompían". Juan Dalton, un químico inglés, en 1807 llamó al átomo "indivisible, eterno e indestructible".

Hoy sabemos que los átomos no son sólidos ni indestructibles. Ahora pensamos que el átomo es como un sistema solar en miniatura con un núcleo central o "sol" con partículas pequeñísimas dando vueltas a su alrededor.

  1. La palabra "átomo" la usó primero:
    A. Un químico inglés.
    B. Un filósofo griego.
    C. Un científico americano.
    D. Un escritor de anuncios.
    E. Un médico griego.

1 A B C D E

  2. El autor indica que la teoría del átomo de Demócrito era:
    A. Correcta en parte.
    B. Completamente errónea.
    C. Nunca aceptada por otros.
    D. Demasiado imaginativa.
    E. Opuesta a la teoría de Dalton.

2 A B C D E

  3. El azúcar se disuelve en el agua porque:
    A. El agua es sólida y continua.
    B. El azúcar es sólida y continua.
    C. Las dos son sólidas y continuas.
    D. Sólo se usa una cucharadita.
    E. Hay lugar para las partículas de azúcar entre las partículas de agua.

3 A B C D E

4 A B C D E **4.** Por muchos años se creyó que los átomos:
    A. Eran destructibles.
    B. Tenían partes dando vueltas a su alrededor.
    C. No tenían importancia.
    D. No podían dividirse.
    E. Eran como partículas de azúcar.

5 A B C D E **5.** Un átomo puede ser comparado con el sistema solar porque:
    A. Es redondo.
    B. Es irrompible.
    C. Tiene partículas a su alrededor.
    D. Es indivisible, eterno e indestructible.
    E. Es un material continuo.

PASAJE 17

La leche es una suspensión de materias nutritivas en agua que constituye el 86 por 100 del peso total. El otro 14 por 100 de nutritivos sólidos está constituido por azúcar láctea en un 5 por 100, grasas en un 4 por 100, proteínas en cantidad un poco menor a las grasas, y finalmente minerales y vitaminas.

Es evidente que la leche es un alimento natural que combina la mayor parte de los elementos necesarios para la salud y crecimiento del cuerpo. Una cualidad única de la leche es su riqueza en minerales y vitaminas. Grasas, azúcar y proteínas se encuentran en otros alimentos, pero la vitamina A y los minerales son más raros en otros alimentos. También es rica la leche en el grupo de vitaminas B, tan necesarias para la salud. Calcio y fósforo son dos minerales de suma importancia en la leche. Estos minerales son esenciales para el desarrollo normal y la conservación de los dientes y huesos. La leche no sólo es rica en estos componentes de los huesos, calcio y fósforo, sino que los contiene en forma mucho más asimilable que como se encuentran en los vegetales. Con todo, afortunadamente no nos es necesario subsistir sólo con leche. La leche no provee al cuerpo el hierro necesario para evitar la anemia. Tampoco tiene vitamina D, aunque la luz del sol suple esta falta. Los preparados de leche hechos por el hombre tampoco tienen vitamina C antiescorbútica, presente en frutos y vegetales. Las natillas y la mantequilla contienen las grasas de la leche, y el queso contiene proteína sólida más algunas grasas, vitamina A y algunos minerales. También hay otras formas de leche condensada y en polvo. Estas son formas de leche con menos agua o sin ella.

1 A B C D E **1.** El título que mejor expresa la idea central de estos párrafos es:
    A. Historia de la leche.
    B. Orígenes de la leche.
    C. La leche, alimento perfecto.
    D. Valor nutritivo de la leche.
    E. Productos populares de la leche.

2 A B C D E **2.** La leche es su mayor parte es:
    A. Grasas.
    B. Azúcar.
    C. Agua.

   D. Minerales.
   E. Vitaminas.

3. La leche es un alimento importante especialmente porque: 3 A   B   C   D   E
   A. Es barata.   ‖   ‖   ‖   ‖   ‖
   B. Es abundante.
   C. Contiene tantas proteínas.
   D. Contiene tantas grasas.
   E. Sus minerales no son fáciles de conseguir.

4. La leche es deficiente en: 4 A   B   C   D   E
   A. Fósforo.   ‖   ‖   ‖   ‖   ‖
   B. Hierro.
   C. Grasas.
   D. Proteínas.
   E. Vitamina A.

5. Para tener buenos dientes se ha de ingerir cantidad suficiente de: 5 A   B   C   D   E
   A. Calcio.   ‖   ‖   ‖   ‖   ‖
   B. Hierro.
   C. Proteínas.
   D. Azúcar.
   E. Queso.

6. La luz del sol provee: 6 A   B   C   D   E
   A. Vitamina A.   ‖   ‖   ‖   ‖   ‖
   B. Vitamina C.
   C. Vitamina D.
   D. Fósforo.
   E. Calcio.

PARTE IV

LITERATURA

GLOSARIO DE ALGUNOS TÉRMINOS LITERARIOS

Acto: Cada una de las partes principales en que se divide una obra teatral.

Antagonista: Personaje que se opone al protagonista*.

Antítesis: Figura que consiste en contraponer dos ideas opuestas o dos expresiones que se contradicen. *Ej.:* "¡Ay amor, dulce veneno!" (Mariano Melgar); "Yo no puedo tenerte ni dejarte". (Sor Juana Inés de la Cruz.)

Desenlace: La parte final de una composición literaria, especialmente de una obra de teatro. En ella la acción acaba por la continuación lógica de la situación planteada o por un suceso inesperado.

Dramática: Designación para todas aquellas obras que pueden ser montadas sobre un escenario, por poseer acción y diálogo representables.

Ensayo: Obra que tiene el propósito de exponer ideas originales, o bien una forma original de explicar éstas. A menudo saca a luz un problema, sea político, social, científico, literario, etc. A diferencia del tratado científico, el ensayo se caracteriza por el estilo personal del autor y también por los recursos literarios de los cuales éste hace uso.

Estilo: Una manera característica de expresión en prosa o verso. Es como el escritor se expresa. Entran en el estilo la selección de palabras, el uso de lenguaje figurado (metáforas *, comparaciones *, personificación *, etc.), el uso de períodos cortos o largos, etc.

Formal: Lo que pertenece a la forma de una obra.

Género literario: Cada uno de los grupos en que se puede clasificar toda obra literaria. Así, la Dramática *, la Novela *, la Lírica *, la Epica, el Ensayo * constituyen algunos de los géneros más importantes.

Ironía: Encontramos a menudo en el texto literario la ironía. El escritor deja ver su verdadera actitud (rabia, angustia, dolor,

---

* La definición de estas palabras se encuentra en este o el siguiente glosario.

indiferencia, etc.), pero sus palabras poseen un segundo sentido, y habitualmente dicen lo contrario de lo que siente. La ironía es frecuentemente un vehículo por medio del cual el autor critica a una persona o situación en forma burlona. *Ej.:* Al recibir a un amigo que llega con una hora de retraso a la cita: "¡Oh, llegaste temprano, hombre!"

Neologismo: Una nueva forma de expresar algo. Puede ser algo ya existente expresado a través de una nueva palabra, o puede ser una cosa nueva que da origen al neologismo (habitualmente descubrimientos científicos al que se le asigna su nombre).

Novela: Obra ficticiosa en prosa, de cierta extensión, que describe sucesos humanos. Estos sucesos pueden ser externos, es decir, acciones, peripecias; o pueden constar de problemas interiores, sicológicos. Generalmente se emplean el diálogo y la narración.

Protagonista: Personaje principal de una obra dramática. Es el personaje con quien identificamos.

Sátira: Obra que ataca los defectos de alguien o de algo, ordinariamente en una forma burlona.

Tono: El ambiente emocional de una pieza. Las actitudes del autor hacia la obra y hacia el público reveladas mediante la selección de palabras. Se podría caracterizar el tono de un pasaje, por ejemplo, como formal o íntimo, solemne o juguetón.

Tragedia: Obra dramática en la cual el espectador asiste a las aventuras y desventuras de personajes que habitualmente tienen un final desafortunado. Este final, llamado *catarsis*, puede ser el resultado de los errores del individuo (o individuos) o de la acción del destino, que destruye finalmente al protagonista, y a menudo, a los que lo rodean.

GLOSARIO DE ALGUNOS TÉRMINOS POÉTICOS

Aliteración: Repetición de un mismo sonido varias veces, para lograr un efecto musical o intensificador.
Ejemplo: "¡El Toquí, el Toquí!", clama la conmovida casta.
(Rubén Darío).

Apóstrofe: La invocación a un ser real o imaginario. *Ej.:* "Oh ciudad bella, pueblo cortesano, / primor del mundo, troza peregrina".
(Bernardo de Balbuena)

Comparación: Figura que consiste en intensificar una o más características de un objeto o una idea, mostrando cierta semejanza con algo que encarna estas características. *Ej.:* "Sus dientes son como perlas". Aquí, la blancura y la forma perfecta de los dientes quedan realzadas por la comparación con perlas, que son, por definición, blancas y redondas. Nótese la diferencia entre la comparación y la metáfora *. Suele haber, en la comparación, las palabras "como", "parece(n) ser", o algo parecido. En la metáfora, no las hay.

Égloga: Poema en que hablan dos o más pastores. Generalmente elogian la belleza de sus damas, o, rechazados en el amor, se lamentan.

Elegía: Poema en que se expresan profundos sentimientos de dolor ante la contemplación de una circunstancia penosa: la muerte de un ser querido, el decaimiento de un pueblo, la fugacidad del tiempo, el sentido del vivir humano, etc.

Encabalgamiento: Recurso con el cual el autor deja incompleto el sentido de un verso para obligar al lector a efectuar una lectura sin pausas, hasta tanto la idea quede completa en el próximo (o los próximos) verso(s).

> *Ejemplo:*   Luego un rumor confuso y grande estruendo
> entre el parlero vulgo se levanta
> de ver estos dos juntos, conociendo
> en uno y otro esfuerzo y fuerza tanta.   (Ercilla)

Épico: Poema escrito con intenciones de glorificación nacional, o de alcance filosófico-religioso. También, poema renacentista de tema heroico: *Orlando furioso,* de Ariosto; *La araucana,* de Ercilla, etc.

Hipérbaton: Alteración del orden lógico de las palabras o frases. Este recurso tuvo su máxima boga en la literatura barroca (del Siglo de Oro), y se va desapareciendo en la poesía moderna.

> *Ejemplo:*   "Si alguno mis quejas oye / más a decirlas me obliga"
> (Sor Juana Inés de la Cruz)

Imagen: Representación de una cosa determinada con detalles fiales y evocativos. No es necesario que sea metafórica o visual; puede tener carácter sensual, y también dar lugar a interpretaciones simbólicas.

Lírica: Poema corto en que el poeta expresa sus propios sentimientos, su actitud íntima.

Metáfora: Figura, que, como la comparación *, intensifica las características de un objeto por identificación con otro objeto, en virtud de una semejanza entre ellos. Su fórmula más fácil a entender es A = B. ("Los ojos son espejos de amor".) La metáfora pura es B en lugar de A. ("Los espejos de amor" en lugar de "Los ojos...").

Oda: Poema lírico que sirve para cantar y realzar los diferentes aspectos de la vida, que pueden ser materiales o espirituales: el vino y las mujeres, el amor, la guerra, el heroísmo, la alegría, etcétera.

Personificación: La atribución a un objeto o concepto abstracto de las cualidades, los poderes o los sentimientos humanos.

> *Ejemplo:*   "y para ti el maíz, jefe altanero / de la espigada tribu,
> hinche su grano;" (Andrés Bello).

Verso: Se llama verso a cada una de las líneas constitutivas de un poema.

NOCIONES DE VERSIFICACIÓN CASTELLANA

Verso es una frase que tiene medida y ritmo. Sus elementos constitutivos son la sílaba y el acento.

VERSO

Verso llano (o grave) termina con una palabra llana como "pluma".
Verso agudo termina con una palabra aguda como "farol".
Verso esdrújulo termina con una palabra esdrújula como "pájaro".

Regla para contar las sílabas de un verso: siempre contar una sílaba después del acento final. *Ejemplo:* todos los siguientes versos son pentasílabos, es decir, tienen cinco sílabas.

Y dice cántamelo	7 — 2
su acento lúgubre	6 — 1
y entona el himno	5 + 0
su dulce voz	4 + 1

Número de sílabas

1.	monosílabo	Fui
2.	bisílabo	Duerme
3.	trisílabo	Suspira
4.	tetrasílabo	De ese brío
*5.	pentasílabo	Que enfermo y malo
6.	hexasílabo	Todos bendigamos
*7.	heptasílabo	Siendo yo niño tierno
*8.	octosílabo	De Dios madre muy amada
9.	eneasílabo	Juventud, divino tesoro,
10.	decasílabo	Quieres decirme, zagal querido
*11.	endecasílabo	Un manto del color del claro cielo
12.	dodecasílabo:	de 6 + 6 ó de 7 + 5 (verso de arte mayor)
14.	alejandrino:	de 7 + 7 (mester de clerecía)
15.	tripentasílabo:	de 5 + 5 + 5
16.	octonario:	de 8 + 8 (metros de los cantares de gesta, y romances)

Versos sueltos (blancos, libres) tienen, normalmente, 11 sílabas.

RIMAS

Rimas son *femeninas* si la palabra final termina con una vocal, o con una "n" o "s"; son *masculinas* si la palabra final termina con una consonante.

Hay dos tipos de rima: *consonante* y *asonante*.

Rima consonante: Igualdad de los sonidos finales de dos (o más) palabras desde la vocal acentuada, inclusive.

Ejemplos:

feliz	diestro	América	estaba
matiz	maestro	esférica	octava

Rima asonante: Semejanza del sonido que hay entre dos (o más) palabras que tienen de común la vocal acentuada y la terminal.

Ejemplos:

asonancia en a	asonancia en a-o	asonancia en e-o
será	rayo	cielo
labial	diario	régulo
verdad	pálido	Venus
limpiáis	tráigamelo	

---

* Estos son los versos más característicos de la poesía castellana.

ESTROFAS

La redondilla: Estrofa de cuatro versos octosílabos, así: ABBA, ABBA, ABBA, etcétera.

    8 A Por necesidad batallo,
    8 B y una vez puesto en mi silla
    8 B se va ensanchando Castilla
    8 A delante de mi caballo.   (Manuel Fernández)

La octava real: Ocho versos endecasílabos, así: ABABABCC, ABABABCC, etc.

    11 A Hay una voz secreta, un dulce canto,
    11 B que el alma sólo recogida entiende,
    11 A un sentimiento misterioso y santo
    11 B que del barro al espíritu desprende;
    11 A agreste, vago y solitario encanto
    11 B que en inefable amor el alma enciende,
    11 C volando tras la imagen peregrina
    11 C el corazón de su ilusión divina.   (José de Espronceda.)

El soneto: Catorce versos endecasílabos, así: ABBA, ABBA, CDC, DCD o así: ABBA, ABBA, CDC, CDC.

    11 A Y un soneto me manda hacer Violante,
    11 B y en mi vida me he visto en tal aprieto;
    11 B catorce versos dicen que es soneto:
    11 A burla, burlando, van los tres delante.

    11 A Yo pensé que no hallara consonante,
    11 B y estoy en la mitad de otro cuarteto;
    11 B como me vea en el primer terceto,
    11 A no hay cosa en los sonetos que me espante.

    11 C Por el primer terceto voy entrando…
    11 D y aún parece que entré con pie derecho,
    11 C pues fin con este verso le voy dando.

    11 D Ya estoy en el segundo, y aún sospecho
    11 C que estoy los trece versos acabando;
    11 D contad si son catorce, y ya está hecho.   (Lope de Vega.)

La silva: Versos de 11 y 7 alternando caprichosamente, con algunos versos sueltos en cuanto a la rima.

    7 - Tus umbrales ignora
    7 a la adulación, sirena
    11 A de reales palacios, cuya arena
    7 b besó, y a tanto leno
    11 B trofeos dulces de un canoro sueño,
    11 C no a la soberbia está aquí la mentira
    11 C dorándole los pies en cuanto gira
    7 d la esfera de sus plumas,
    11 D ni de los rayos baja a las espumas
    7 - favor de cera alado.   (Luis de Góngora.)

El romance: Octosílabos, con los versos impares libres en cuanto a rima y los versos pares asonantados. (Si los versos son endecasílabos, se llama "romance heroico".)

    8 - Ya están las zarzas floridas
    8 a y los ciruelos blanquean;
    8 - ya las abejas doradas

8 a liban para sus colmenas.
8 – y en los nidos que coronan
8 a las torres de las iglesias
8 – asoman los garabatos
8 a ganchudos de las cigüeñas.   (Antonio Machado.)

PASAJE 1

Primer Nivel

Elena Quiroga, "La sangre"

Sería medianoche cuando vi subir por delante de la fuente a una clase de perro desconocida para mí. Perro parecía, aunque según fue aproximándose, algo en su cauteloso andar, en sus ojos fosforescentes, me desveló un instinto que el perro no tiene. Se inclinó y bebió agua de la fuente.

La Toula, que andaba por allí con dos de sus cachorros ya crecidos, debió de olerle el rastro, porque apareció corriendo por delante de los cipreses. Quedó clavada en tierra y con ella los perros. Vi cómo el pelo se les erizaba, y fue cuando comprendí que no era perro el animal aquel, sino lobo. El lobo les había visto. Se paró también y enseñó los colmillos. No gruñó, ni perdió el tiempo en ladrar. Enseñó los dientes, que brillaron largos y afilados, fieros. Yo estaba estremecido, sin poder avisar a los hombres. Y eso que yo esperaba que los hombres podrían hacerle frente.

La Toula quiso hacerse atrás, pero los cachorros corrían ya hacia el lobo, impulsados por su sangre joven y luchadora. Y el lobo se adelantó. Era hermoso verle, tan cruel, brillandole los dientes, erguido. Los perros quisieron imitarle y enseñaron los dientes también. Gruñían. El lobo no perdió el tiempo: de un zarpazo violento sujetó a uno en tierra, y sus fauces abiertas apretaron en la garganta al otro. Le dio dos dentelladas certeras con aquellos colmillos agudísimos, y el perro quedó en el suelo, desangrándose. Bajó el morro y rasgó con sus dientes carniceros el cuerpo que tenía bajo sus pezuñas. La Toula se abalanzó.

1 A B C D E

1. El tono general de esta selección es:
A. Sombrío y misterioso.
B. Una simple descripción.
C. Una fina sátira.
D. Humorístico.
E. Sentencioso.

2 A B C D E

2. De los títulos dados a continuación el que mejor contiene las ideas de esta selección es:
A. La fiereza del lobo.
B. Inexperiencia de los seres jóvenes.
C. El valor de la Toula.
D. Lucha de fieras.
E. Un encuentro desigual.

3 A B C D E

3. De acuerdo con la narración, la Toula al enfrentarse al principio con el lobo:
A. Trató de proteger a sus cachorros.
B. Se abalanzó sobre él.
C. Se le erizaron los pelos.
D. Quedó clavada en tierra.
E. Quiso echarse atrás.

4. Todas las afirmaciones siguientes son ciertas, excepto:
   A. El lobo subió cauteloso por delante de la fuente.
   B. La Toula había olido el rastro del lobo.
   C. El lobo ni gruñó, ni perdió el tiempo en ladrar.
   D. De un zarpazo violento el lobo sujetó a la Toula al suelo.
   E. De dos dentelladas certeras ultimó al primer perro.

4 A B C D E
  ∥ ∥ ∥ ∥ ∥

5. En el último párrafo la actitud del narrador expresa:
   A. Indiferencia.
   B. Admiración por la crueldad del lobo.
   C. Pena por el cruel fin de los cachorros.
   D. Orgullo por el valor de la Toula.
   E. Interés en la acción.

5 A B C D E
  ∥ ∥ ∥ ∥ ∥

PASAJE 2

Primer Nivel

José María Gironella, Todos somos fugitivos

De hecho, la muerte avanzaba lenta, pero a los vecinos les parecía vertiginosa. A las diez todo el mundo esperaba el último estertor, el definitivo. Se produjo a las diez y media y fue presenciado por todos. De un extremo al otro de la bahía se levantó una ola agonizante, que semejó un alarido. Hasta que se desplomó y desplegó en la arena, donde quedó rígida, como un lagarto hipnotizado. El labio de espuma se convirtió en orla de cal, sólida y cortante.

El vecindario temió que a este fenómeno le sucederían otros en la tierra y en el cielo, y la gente que rodeaba al cura se santiguaba. La fuga masiva de las gaviotas hacia las montañas pareció justificar el temor; sin embargo, pronto se vio que lo más doloroso serían los pensamientos. En efecto, cada cerebro era un dolor y cada dolor era distinto. El pueblo sin el mar perdía la vida, pero he ahí que cada hombre y cada mujer notaba a su manera la amputación. Los pescadores pensaban en millares de noches en la mar libre, que ya no tendrían repetición, y en el final patético y absurdo de su oficio y sustento. Las mujeres que remendaban redes, se sentían anonadadas. El encargado del Salvamento de Náufragos lloriqueaba su sarcástica inutilidad. Los ancianos iban llegando, rezagados, y preguntaban a unos y otros qué ocurría. El médico comprendió de una vez para siempre su limitación. Los enamorados, para los que el mar fue punto de mira y matriz de sueños y hermosas palabras, sufrían de indecible soledad y duda. La muerte iba salpicando las cabezas, bautizándolas de uno u otro modo. El hombre de los "fuegos artificiales", gran madrugador, sostenía en la mano un petardo a medio hacer, como si fuese una vela. Los pescadores de caña se mordían las uñas como si fuesen anzuelos. Los niños se acercaban al agua muerta como si quisieran tocarla.

1. El título que mejor conviene al anterior pasaje es:
   A. La muerte del mar.
   B. El fin del mundo.
   C. La fuga de las gaviotas.
   D. Un pueblo sin vida.
   E. Los pescadores.

1 A B C D E
  ∥ ∥ ∥ ∥ ∥

2 A B C D E
  ‖ ‖ ‖ ‖ ‖

2. Al final del párrafo primero tenemos ejemplos de:
   A. Metáfora e hipérbole.
   B. Comparación y metáfora.
   C. Antítesis y personificación.
   D. Personificación y metáfora.
   E. Aliteración y comparación.

3 A B C D E
  ‖ ‖ ‖ ‖ ‖

3. Tenemos un ejemplo de lenguaje figurado en:
   A. "esperaba el último estertor".
   B. "semejó un alarido".
   C. "el labio de espuma".
   D. "la fuga masiva de las gaviotas".
   E. "millares de noches en la mar libre".

4 A B C D E
  ‖ ‖ ‖ ‖ ‖

4. El tono general del pasaje es:
   A. Absurdo.
   B. Jocoso.
   C. Científico.
   D. Serio.
   E. Indagador.

5 A B C D E
  ‖ ‖ ‖ ‖ ‖

5. Podemos clasificar el pasaje anterior como:
   A. Una anécdota.
   B. Un cuento.
   C. Un ensayo.
   D. Un relato fantástico.
   E. Una descripción de la naturaleza.

PASAJE 3
Primer Nivel

Renée Méndez Capote, Memorias de una cubanita que nació con el siglo

Los cinco hombres nadan juntos. El padre va callado. Él conoce los peligros del litoral habanero, sabe que la Boca es traicionera. Pepe nada alegremente, aunque comprende que la pérdida de la embarcación los sume en la miseria, que el año será malo y tendrán que volver a emtramparse. Los tres muchachos mayores no articulan palabra. Bracean furiosamente, masticando la desgracia.

Por el costado izquierdo del grupo surge de pronto una aleta negra y por detrás otra. Se acercan silenciosamente, inexorables. Los náufragos están ya a unas brazadas nada más de la orilla. Su casa está ahí mismo. No es posible que les pase nada.

El viejo es el primero en ver las dos aletas que se van arrimando velozmente. Siente un frío intenso en las entrañas y como si el corazón se le paralizara en el pecho.

"Esto es miedo, piensa, esto es terror."

Pero en seguida reacciona desesperadamente. Raúl las ha visto también. Y ha sentido el mismo frío de muerte en las entrañas. Mira para el padre y ve que sin decir palabra va quedándose el último, ofreciéndose a la fiera más cercana. El hijo mayor toma el mando. Les grita a los otros tres que naden con toda la fuerza de sus brazos y se acerca a la segunda aleta.

Los muchachos se han dado cuenta de la horrenda amenaza y sienten el terror invadiéndoles los miembros, paralizándoles piernas y brazos.

Oyen sus propios corazones atronando como desatados tambores gigantescos.

Pepe se pone a gritar, no como un ser humano, sino como un animal al que estuvieran desollando vivo. La tierra se le va, la orilla sube hasta llegar al cielo. Le parece que su casa se pone a correr loma arriba, fuera del alcance de sus ojos. El muchachito sigue lanzando alaridos y nadando con la desesperación de quedar con vida, de que las picúas no lo toquen a él.

1. Este fragmento puede describirse mejor como:
   A. Un ensayo.
   B. Una anécdota.
   C. Un relato trágico.
   D. Una descripción de la naturaleza.
   E. Un drama.

1 A B C D E

2. El padre se queda el último porque:
   A. Estaba cansado de nadar.
   B. Quería luchar contra los tiburones.
   C. Quería salvarse.
   D. Quería sacrificarse por sus hijos.
   E. Raúl así lo quería.

2 A B C D E

3. En la frase "sus propios corazones atronando como desatados tambores gigantescos" tenemos un ejemplo de:
   A. Comparación e hipérbole.
   B. Apóstrofe y personificación.
   C. Apóstrofe y metáfora.
   D. Personificación y comparación.
   E. Comparación y metáfora.

3 A B C D E

4. El sentimiento más destacado en el fragmento es:
   A. El amor.
   B. El sacrificio.
   C. El valor.
   D. El miedo.
   E. El odio.

4 A B C D E

5. Todas las afirmaciones siguientes son ciertas menos:
   A. Los náufragos eran un padre con sus cuatro hijos.
   B. El padre fue el primero en ver las aletas.
   C. Pepe gritaba tratando de salvar a sus hermanos.
   D. El terror paralizó los brazos y piernas de los más jóvenes.
   E. El hijo mayor se acercó al segundo tiburón.

5 A B C D E

PASAJE 4

Primer Nivel

Leopoldo Alas («Clarín»), ¡Adiós, Cordera!

Pasaron muchos años, Pinín se hizo mozo y se lo llevó el Rey. Ardía la guerra carlista, Antón de Chinta era casero de un cacique de los vencidos; no hubo influencia para declarar inútil a Pinín, que, por ser, era como un roble.

Y una tarde triste de octubre, Rosa, en el prado Somonte sola, esperaba el paso del tren correo de Gijón, que le llevaba a sus únicos amores, su hermano. Silbó a lo lejos la máquina, apareció el tren en la trinchera, pasó como un relámpago. Rosa, casi metida por las ruedas, pudo ver un instante en un coche de tercera multitud de cabezas de pobres quintos que agitaban, gesticulaban, saludando a los árboles, al suelo, a los campos, a toda la patria familiar, a la pequeña, que dejaban para ir a morir en las luchas fratricidas de la patria grande, al servicio de un rey y de unas ideas que no conocían.

Pinín, con medio cuerpo fuera de una ventanilla, tendió los brazos a su hermana; casi se tocaron. Y Rosa pudo oír entre el estrépito de las ruedas y la gritería de los reclutas la voz distinta de su hermano, que sollozaba, exclamando, como inspirado por un recuerdo de dolor lejano:
—Adiós, Rosa...! ¡Adiós, Cordera!

1 A B C D E
  || || || || ||

1. De acuerdo con el pasaje anterior, Pinín iba a la ciudad:
A. En busca de trabajo.
B. En busca de la correspondencia.
C. De paseo.
D. Para escapar de su casa.
E. Porque lo llevaban a la guerra.

2 A B C D E
  || || || || ||

2. El tono y lenguaje del pasaje dan indicios de que el autor:
A. Está de acuerdo con lo que ocurre.
B. Denuncia veladamente los acontecimientos.
C. Trata de ridiculizar las costumbres.
D. Expone simplemente los hechos.
E. Trata de exaltar el patriotismo.

3 A B C D E
  || || || || ||

3. La expresión: "Pinín era como un roble" significa:
A. Que era muy alto.
B. Que era débil.
C. Que tenía ideas firmes.
D. Que era fuerte.
E. Que no cambiaba de opinión.

4 A B C D E
  || || || || ||

4. De acuerdo con el primer párrafo podemos afirmar que Antón de Chinta es:
A. El casero de los jóvenes.
B. El cacique del pueblo.
C. El padre de los muchachos.
D. El comandante del batallón.
E. Ninguna 1-4.

5 A B C D E
  || || || || ||

5. La palabra "fratricida" significa:
A. Enemigo.
B. Que mata a su hermano.
C. Que lucha con encono.
D. Que es fiel.
E. Que ama a la patria.

PASAJE 5
Primer Nivel

Rómulo Gallegos, Doña Bárbara

Pero, además de producirle las incomparables satisfacciones de toda obra lograda, Marisela le alegraba la casa y le llenaba una necesidad de orden personal. Cuando ella entró en la de Altamira, ya ésta no era aquella inmunda madriguera de murciélagos donde días antes se metiera él, pues ya había hecho blanquear las paredes manchadas por las horruras de las asquerosas bestias, y fregar los pisos, cubiertos por una capa de barro endurecido, que durante quién sabe cuántos años habían depositado en ellos las plantas de los peones; pero era todavía la casa sin mujer. En lo material, la aguja que no se sabe manejar para zurcir la ropa, la comida servida por un peón; en lo espiritual —que para Santos Luzardo era lo más importante—, la casa sin respeto: el poder estar dentro de ella de cualquier modo, el no importar que en su silencio retumbara la palabra obscena del peón, el descuido de la persona y el endurecimiento de las costumbres.

Ahora, por el contrario, después de las rudas faenas de ojeos y carreras, era necesario regresar con un ramo de flores sabaneras para la niña de la casa, cambiarse, quitarse el áspero olor a caballo y de toro que traía adherido a la piel y sentarse a la mesa dando ejemplo de buenos modales y manteniendo una conversación agradable y escogida.

1. La historia anterior se desarrolla en:
   A. Una populosa ciudad.
   B. Una inmunda cueva.
   C. Una rústica casa de campo.
   D. Una madriguera de murciélagos.
   E. Una elegante hacienda.

   1 A B C D E

2. Todo lo siguiente con respecto a la presencia de Marisela es cierto menos:
   A. Aumentaba las necesidades de orden material.
   B. Alegraba la casa.
   C. Infundía respeto.
   D. Estimulaba la necesidad de aseo y buenos modales.
   E. Obligaba al mantenimiento de una conversación agradable y escogida.

   2 A B C D E

3. El propósito principal del pasaje es destacar:
   A. La satisfacción del deber cumplido.
   B. La influencia positiva de la presencia femenina en el hogar.
   C. La importancia de los buenos modales.
   D. Una escena primitiva.
   E. Las rudas faenas sabaneras.

   3 A B C D E

4. El tono general de este pasaje es:
   A. Irritado.
   B. Cómico.
   C. Muy serio.
   D. Fantástico.
   E. Formal.

   4 A B C D E

5. El pasaje es parte de:
   A. Un ensayo.
   B. Un drama.
   C. Una carta.
   D. Una novela.
   E. Una denuncia social.

   5 A B C D E

PASAJE 6

Nivel Medio

José María Heredia, «Muerte del Toro»

Suena el clarín, y del sangriento drama	1
se abre el acto final, cuando a la arena	2
desciende el matador, y al fiero bruto	3

osado llama, y su furor provoca.   4
Él, arrojando espuma por la boca,   5
con la vista devórale, y el suelo   6
hiere con duro pie; su ardiente cola   7
azota los ijares, y bramando   8
se precipita...   El matador, sereno,   9
ágil se esquiva, y el agudo estoque   10
le esconde hasta la cruz dentro del seno.   11

    Párase el toro, y su bramido expresa   12
dolor, profunda rabia y agonía.   13
En vana lucha con la muerte impía,   14
quiere vengarse aún; pero la fuerza   15
con la caliente sangre, que derrama   16
en gruesos borbotones, le abandona,   17
y entre el dolor frenético y la ira,   18
vacila, cae, y rebramando expira.   19

1 A B C D E   **1.** El tema principal del fragmento es:
  ‖ ‖ ‖ ‖ ‖   A. La muerte del toro.
           B. El valor del matador.
           C. El colorido de la corrida.
           D. La fiereza del toro.
           E. La crueldad de la fiesta brava.

2 A B C D E   **2.** En el verso 11, la palabra "esconde" significa:
  ‖ ‖ ‖ ‖ ‖   A. Guarda. B. Esquiva.   C. Clava.   D. Disimula.   E. Oculta.

3 A B C D E   **3.** El tono general del poema es:
  ‖ ‖ ‖ ‖ ‖   A. Jocoso.   B. Medroso.   C. Esperanzado.
           D. Fantástico.   E. Dramático.

4 A B C D E   **4.** El poeta apresura la acción del poema por el uso efectivo del encabalgamiento
  ‖ ‖ ‖ ‖ ‖   en todos los versos siguientes, menos:
           A. 1-2.   B. 2-3.   C. 3-4.
           D. 4-5.   E. 6-7.

5 A B C D E   **5.** El verso 11 tiene un ejemplo de:
  ‖ ‖ ‖ ‖ ‖   A. Apóstrofe.   B. Hipérbole.   C. Metáfora.
           D. Antítesis.   E. Comparación.

PASAJE 7

Nivel Medio

Manuel Martínez de Navarrete, «La mañana»

Alegre la feraz Naturaleza   1
se levanta risueña y agradable;   2
parece, cuando empieza su ejercicio,   3
que una mano invisible la despierta.   4
Retumban los collados con las voces   5
de las cantoras inocentes aves;   6
susurran las frondosas arboledas,   7
y el arroyuelo brinca y mueve un tronco   8
pero alegre murmullo entre las piedras.   9

¡Qué horas tan saludables en el campo	10
son éstas de la luz madrugadora,	11
que los lánguidos miembros vigorizan,	12
y que malogran en mullidos lechos	13
los pálidos y entecos ciudadanos!	14
Todo excita en el alma un placer vivo	15
que con secreto impulso se levanta	16
a grandes y sublimes pensamientos.	17
Todo lleva el carácter estampado	18
de su Hacedor eterno. Allá a su modo	19
parecen alabar todos los entes	20
la mano liberal que los produce.	21

1. La emoción principal de este poema es:
   A. El entusiasmo.
   B. El remordimiento.
   C. El coraje.
   D. La nostalgia.
   E. La serenidad.

2. En el yerso segundo el autor emplea:
   A. La comparación.
   B. La metáfora.
   C. El juego de palabras.
   D. La personificación.
   E. La hipérbole.

3. La palabra "enteco" en el verso 13 significa:
   A. Fuerte.   B. Tranquilo.   C. Fatigado.
   D. Enfermizo.   E. Triste.

4. La parte del día a la que el poema puede mejor referirse es a:
   A. El anochecer   B. El mediodía.   C. La tarde.
   D. La noche.   E. La mañana.

5. La composición poética corresponde a:
   A. El soneto.   B. La silva.   C. El verso.
   D. La épica.   E. Ninguna 1–4.

6. Podemos deducir a través del poema que el poeta:
   A. Prefiere la vida de la ciudad.
   B. No siente las bellezas del campo.
   C. Gusta de trasnochar.
   D. Es pesimista.
   E. Es un amante de la naturaleza.

7. Evidencia de que el autor es una persona creyente la encontramos en el verso:
   A. 4.   B. 10.   C. 14.   D. 19.   E. 20.

1 A B C D E
2 A B C D E
3 A B C D E
4 A B C D E
5 A B C D E
6 A B C D E
7 A B C D E

PASAJE 8
Nivel Medio

Jacinto Benavente, La Malquerida

Acacia. Mira estos pendientes; me los ha regalao... Bueno, Esteban...,
ahora no está mi madre; mi madre quiere que le llame padre
siempre.

Milagros. Y él bien te quiere.

Acacia. Eso sí; pero padre y madre no hay más que unos... Estos pañuelos también me los trajo él de Toledo; las letras las han bordado las monjas...· Éstas son tarjetas postales; mira qué preciosas.

Milagros. ¡Qué señoras tan guapetonas!

Acacia. Son cómicas de Madrid y de París de Francia... Mira estos niños qué ricos... Esta caja me la trajo él también llena de dulces.

Milagros. Luego dirás...

Acacia. Si no digo nada. Si yo bien veo que me quiere; pero yo hubiera querido mejor y estar yo sola con mi madre.

Milagros. Tu madre no te ha querido menos por eso.

Acacia. ¡Qué sé yo! Está muy ciega por él. No sé yo si tuviera que elegir entre mí y ese hombre...

Milagros. ¡Qué cosas dices! Ya ves, tú ahora te casas, y si tu madre hubiera seguido viuda, bien sola la dejabas.

Acacia. Pero ¿tú crees que yo me hubiera casao si yo hubiera estao sola con mi madre?

Milagros. ¡Anda! No te habías de haber casao. Lo mismo que ahora.

Acacia. No lo creas. ¿Ande iba yo haber estao más ricamente que con mi madre en esta casa?

Milagros. Pues no tienen razón. Todos dicen que tu padrastro ha sido muy bueno para ti y con tu madre. Si no hubiera sido así, ya tú ves, con lo que se habla en los pueblos...

Acacia. Sí ha sido bueno; no diré yo otra cosa. Pero no me hubiera casao si mi madre no vuelve a casarse.

1 A B C D E

1. El propósito de este trozo es destacar:
   A. El carácter amable de Acacia.
   B. El comportamiento malvado de Esteban.
   C. Lo mucho que Acacia agradece las atenciones de Esteban.
   D. La naturaleza celosa de Acacia.
   E. La indiferencia de Milagros.

2 A B C D E

2. El autor nos presenta un conflicto:
   A. Entre dos amigas.
   B. Entre marido y mujer.
   C. Entre Acacia y su padrastro.
   D. Entre el bien y el mal.
   E. Entre opiniones opuestas del pueblo.

3 A B C D E

3. De acuerdo con la opinión de Milagros, Esteban:
   A. Es un mal hombre.
   B. Es egoísta.
   C. Siempre ha sido bueno con Acacia.
   D. Es un marido celoso.
   E. Actúa hipócritamente.

4 A B C D E

4. De acuerdo con la conversación del pasaje anterior, podemos inferir que las jóvenes son:
   A. Dos campesinas.
   B. Dos señoritas de sociedad.

C. Dos criadas.
D. Dos chicas de ciudad.
E. Ninguna A-D.

5. El final del diálogo sugiere que Acacia:
   A. Se casa por obedecer a su madre.
   B. Se casa enamorada.
   C. No desea casarse de inmediato.
   D. No sabe si casarse o no.
   E. Se casa por alejarse de su hogar.

5 A B C D E

PASAJE 9

Nivel Medio

Pedro Calderón de la Barca, El Alcalde de Zalamea

Don Lope. Los cielos me den paciencia.
          Sentaos, Crespo.

  Crespo.   Yo estoy bien.

Don Lope. Sentaos.

  Crespo.   Pues me dais licencia,
          digo, señor, que obedezco,
          aunque excusarlo pudierais.   (Siéntase.)

Don Lope. ¿No sabéis qué he reparado?
          Que ayer la cólera vuestra
          os debió de enajenar
          de vos.

  Crespo.   Nunca me enajena
          a mí de mí nada.

Don Lope.   Pues
          ¿cómo ayer, sin que os dijera
          que os sentarais, o sentasteis,
          y aun en la silla primera?

  Crespo. Porque no me lo dijisteis;
          y hoy, que lo decís, quisiera
          no hacerlo: la cortesía,
          tenerla con quien la tenga.

Don Lope. Ayer todo erais reniegos,
          porvidas, votos y pesias;
          y hoy estáis más apacible,
          con más gusto y más prudencia.

  Crespo. Yo, señor, respondo siempre
          en el tono y en la letra
          que me hablan.   Ayer vos
          así hablabais, y era fuerza
          que fueran de un mismo tono
          la pregunta y la respuesta.
          Demás de que yo he tomado

por política discreta
jurar con aquel que jura,
rezar con aquel que reza.
A todo hago compañía;
y es aquesto de manera,
que en toda la noche pude
dormir, en la pierna vuestra
pensando, y amanecí
con dolor en ambas piernas;
que por no errar la que os duele,
si es la izquierda o la derecha,
me dolieron a mí entrambas.
Decidme por vida vuestra
cuál es, y sépalo yo,
porque una sola me duela.

1 A　B　C　D　E

1. De acuerdo con el pasaje podemos asegurar que los dos personajes son:
A. Muy pacientes.
B. Igualmente porfiados.
C. Muy religiosos.
D. Mentirosos.
E. Muy amigos.

2 A　B　C　D　E

2. Con respecto a la cortesía Crespo afirma que:
A. Él siempre es cortés.
B. El rango determina la cortesía.
C. Sólo merece cortesía el que es cortés.
D. La cortesía es un estorbo.
E. Los inferiores no merecen cortesía.

3 A　B　C　D　E

3. La estructura poética de esta escena es la de:
A. El romance.
B. El soneto.
C. La silva.
D. La redondilla.
E. El terceto.

4 A　B　C　D　E

4. La actitud de Crespo con respecto a don Lope es:
A. Temerosa.
B. Resentida.
C. Indiferente.
D. Violenta.
E. Digna.

5 A　B　C　D　E

5. El autor logra efectos humorísticos:
A. Creando confusión.
B. Por medio de situaciones.
C. Poniendo en ridículo a los personajes.
D. Dando nombres cómicos a los personajes.
E. Por medio de palabras cargadas de intención.

6 A　B　C　D　E

6. Podemos asegurar que Crespo:
A. Es respetuoso por naturaleza.
B. Es un hombre de carácter violento.
C. Es indeciso.
D. No se considera inferior a persona alguna.
E. No se atreve a decir la verdad.

PASAJE 10

Nivel Medio

Francisco de Quevedo, "A S. M. El Rey Don Felipe IV"

Al labrador triste le venden su arado,	1
Y os labran de hierro un balcón sobrado.	2
Y con lo que cuesta la tela de caza,	3
pudieran enviar socorro a una plaza.	4
Es lícito a un rey holgarse y gastar:	5
pero es de justicia medirse y pagar.	6
Piedras excusadas con tantas labores,	7
os preparan templos de eternos honores.	8
Nunca tales gastos son migajas pocas,	9
porque se las quitan muchos de sus bocas.	10
Ni es bien que en mil piezas la púrpura sobre,	11
si todo se tiñe con sangre del pobre.	12
Ni en provecho os entran ni son agradables,	13
grandezas que lloran tantos miserables.	14
¿Qué honor, qué edificios, qué fiesta, qué sala,	15
como un reino alegre que os cante la gala?	16
Más adorna a un rey su pueblo abundante,	17
que vestirse al tope de fino diamante.	18
Si el rey es cabeza del reino, mal pudo	19
lucir la cabeza de un cuerpo desnudo.	20

1. El tema central de este poema es:
   A. Una protesta social.
   B. Cantar las grandezas del reino.
   C. La adulación al rey.
   D. Los azares de la guerra.
   E. Las miserias del pueblo.

   1 A B C D E

2. La estructura del poema es la de:
   A. El soneto.
   B. La silva.
   C. La octava real.
   D. El terceto.
   E. Ninguna A-D.

   2 A B C D E

3. El "cuerpo desnudo" del último verso alude:
   A. Al rey.
   B. Al labrador.
   C. Al honor.
   D. Al pueblo infeliz.
   E. A la justicia.

   3 A B C D E

4. En el verso 18 el autor usa:
   A. Una comparación.
   B. Una metáfora.
   C. Personificación.
   D. La sinécdoque.
   E. El apóstrofe.

   4 A B C D E

5. El autor del poema:
- A. Está de acuerdo con la situación que describe.
- B. Señala los males que deben corregirse.
- C. Canta las grandezas del reino.
- D. Incita a la rebelión.
- E. Hace planes para un futuro mejor.

PASAJE 11

Nivel Medio

Miguel Delibes, "El camino"

Si llovía, el valle transformaba ostensiblemente su fisonomía. Las montañas asumían unos tonos sombríos y opacos, desleídos entre la bruma, mientras los prados restallaban en una reluciente y verde y casi dolorosa estridencia. El jadeo de los trenes se oía a mayor distancia y las montañas se peloteaban con sus silbidos hasta que éstos desaparecían, diluyéndose en ecos cada vez más lejanos, para terminar en una resonancia tenue e imperceptible. A veces, las nubes se agarraban a las montañas y las crestas de éstas emergían como islotes solitarios en un revuelto y caótico océano gris.

En el verano, las tormentas no acertaban a escapar del cerco de los montes y, en ocasiones, no cesaba de tronar en tres días consecutivos.

Pero el pueblo ya estaba preparado para estos accesos. Con las primeras gotas salían a relucir las almadreñas y su "cluac-cluac", rítmico y monótono, se escuchaba a toda hora en todo el valle, mientras persistía el temporal. A juicio de Daniel, el Mochuelo, era en estos días, o durante las grandes nevadas de Navidad, cuando el valle encontraba su adecuada fisonomía. Era el suyo un valle de precipitaciones, húmedo y triste, melancólico, y su languidez y apatía características desaparecían con el sol y con los horizontes dilatados y azules.

1 A B C D E
1. El tema principal de este pasaje se refiere a:
- A. Los trenes que atraviesan el valle.
- B. Los días lluviosos en el valle.
- C. Los recuerdos de los tres amigos.
- D. La apatía del valle.
- E. Los tristes días invernales.

2 A B C D E
2. La frase "las montañas se peloteaban con sus silbidos" significa que:
- A. El eco de los silbidos del tren rebotaba en las montañas.
- B. Los amigos jugaban a la pelota.
- C. Los amigos silbaban llamándose unos a otros.
- D. El ruido de los truenos entre las montañas.
- E. El ruido de las olas.

3 A B C D E
3. El tono general de la narración es:
- A. Jocoso.
- B. Tranquilo.
- C. Evocador.
- D. Indignado.
- E. Quejoso.

4. Todos los calificativos siguientes describen al valle, menos:
A. Lluvioso.
B. Húmedo.
C. Árido.
D. Melancólico.
E. Lánguido.

4 A B C D E

5. En el primer párrafo el autor hace uso principalmente del recurso de la:
A. Descripción.
B. Hipérbole.
C. Metáfora.
D. Personificación.
E. Ninguna de las respuestas A-D.

5 A B C D E

PASAJE 12

Nivel Medio

Jesús Fernández Santos, "Los bravos"

Antes, cuando había cura en el pueblo, se le veía subir desde su casa, hoy en ruinas, a decir misa. Mandaba a un monaguillo (entonces los había) a tocar, y en tanto él se vestía, tañían las campanas, dando tiempo a que los vecinos llegasen. Venían primero las mujeres con sus almohadones en la mano, bordados con abalorios y hebras de colores, y se arrodillaban tras las velas de los difuntos, que luego habrían de ser bendecidas, en espera de que los cánticos empezasen. Los hombres llegaban tarde, excepto los viejos o alguno muy piadoso. Se reunían a la puerta hasta estar todos y con la misa empezada entraban por grupos, santiguándose para sentarse luego en el coro.

Ahora, nada de esto existía. La iglesia estaba vacía, desnudas las paredes, brotaba de helechos y cardos y sólo alguna vez se hacía subir al cura de otro pueblo, veinte kilómetros más abajo, para celebrar alguna boda, como la de Antonio el lunes, o un bautizo o la misa del santo, como recuerdo de un tiempo en que los hombres aún no esperaban todo de sí mismos.

Un día al año subía ese mismo sacerdote a oír los pecados que las mujeres le iban volcando precipitadamente en la penumbra de la iglesia, tras una rejilla de tablas; luego repartía la comunión y bautizaba a los niños que hubiesen nacido en aquella semana. También bendecía las velas de las ánimas que en las terribles tormentas del verano eran encendidas en las ventanas para alejar el rayo de los pajares y las casas. Sólo quedaba del tiempo antiguo, como un rito, la costumbre de cambiarse de ropa, desprovista ya de un fin concreto, y el respeto de los más viejos por los nombres de los santos y un vago temor de todos a las ruinas de la iglesia, y la vivienda del párroco, como si al igual que el cementerio tuvieran sus piedras un poder entre mágico y ancestral ligado, más que a la vida, a la muerte.

1. El propósito principal de este pasaje es el de:
A. Criticar la religión.
B. Describir la celebración de bodas y bautizos.
C. Ofrecer un recuento del estado de la iglesia del pueblo.
D. Destacar las supersticiones.
E. Comparar la religiosidad de jóvenes y viejos.

1 A B C D E

2 A B C D E **2.** De las siguientes afirmaciones sólo es cierta:
A. El cura del pueblo subía a decir misa todos los domingos.
B. Las mujeres llegan antes que los hombres a la iglesia.
C. Los viejos siempre llegaban tarde.
D. Los hombres ya no se visten de limpio los domingos.
E. El sacerdote sube ahora una vez al año.

3 A B C D E **3.** Todas las palabras siguientes se definen correctamente, menos:
A. Abalorios – cuentas de vidrio.
B. Esquivamente – amorosamente.
C. Penumbra – oscuridad.
D. Ancestral – antepasado.
E. Concreto – real.

4 A B C D E **4.** El primer párrafo sirve para destacar:
A. Cómo se celebraba la misa antaño.
B. Cómo asistían todos a la misa.
C. La devoción de los fieles.
D. Que cualquier tiempo pasado fue mejor.
E. Los adornos de la iglesia.

5 A B C D E **5.** El segundo párrafo:
A. Describe el estado actual de la iglesia.
B. Refuerza por medio del contraste las ideas del primero.
C. Nos dice que los hombres ya no son creyentes.
D. No guarda relación con el primero.
E. Aclara que ya no se celebran bodas religiosas.

PASAJE 13

Nivel Medio

Juan Ramón Jiménez, "Soledad"

En ti estás todo mar, y sin embargo,	1
¡qué sin ti estás, qué solo,	2
qué lejos siempre, de ti mismo!	3
Abierto en mil heridas, cada instante,	4
cual mi frente,	5
tus olas van, como mis pensamientos,	6
y vienen, van y vienen,	7
besándose, apartándose,	8
en un eterno conocerse,	9
mar, y desconocerse.	10
Eres tú, y no lo sabes,	11
tu corazón te late, y no lo sientes...	12
¡Qué plenitud de soledad, mar solo!	13

1 A B C D E **1.** El tema principal de este poema es:
A. La soledad del mar.
B. El mar lo posee todo.
C. Las olas hieren al mar.
D. Las olas se conocen y desconocen.
E. El mar está lejos de sí mismo.

2 A B C D E **2.** Tenemos una comparación en el verso:
A. 1 B. 6. C. 13. D. 10. E. 2.

3. El tono de este poema es:

A. Optimista. B. Pesimista. C. Nostálgico.

D. Enérgico. E. Tranquilo.

4. El verso cuatro hace referencia a:

A. La constante movilidad del mar.

B. El dolor que cuesta vivir.

C. La intranquilidad del pensamiento.

D. Los dolorosos pensamientos del poeta.

E. Que cada instante causa una herida.

5. Hay personificación en los versos:

A. 4– 8– 9– 10– 11– 12. B. Ninguno.

C. 1– 2– 3. D. 6– 7. E. 13.

PASAJE 14
Nivel Medio

Gustavo Adolfo Bécquer, "Rima LXXV"

¿Será verdad que cuando toca el sueño	1
con sus dedos de rosa nuestros ojos,	2
de la cárcel que habita huye el espíritu	3
en vuelo presuroso?	4
¿Será verdad que, huésped de las nieblas,	5
de la brisa noctura, al tenue soplo,	6
alado sube a la región vacía	7
a encontrarse con otros?	8
¿Y allí, desnudo de la humana forma;	9
allí, los lazos terrenales rotos,	10
breves horas habita de la idea	11
el mundo silencioso?	12
¿Y ríe y llora, y aborrece y ama,	13
y guarda un rastro del dolor y el gozo,	14
semejante al que deja cuando cruza	15
el cielo un meteoro?	16
¡Yo no sé si ese mundo de visiones	17
vive fuera o va dentro de nosotros;	18
pero sé que conozco a muchas gentes	19
a quienes no conozco!	20

1. El tema principal del fragmento es:

A. El temor a la muerte.

B. El mundo de los sueños.

C. El silencio nocturno.

D. El ansia de vivir.

E. La soledad.

2. El tono general del poema es:

A. Excitado. B. Irritado. C. Angustiado.

D. Reprimido. E. Indagador.

3. Tenemos un ejemplo de comparación en los versos:

A. 6 y 7. B. 10 y 11. C. 14–16.

D. 17 y 18. E. 19 y 20.

4 A B C D E   **4.** La metáfora del verso 3: "de la cárcel que habita huye el espíritu" significa que:

         A. El hombre va detrás de sus deseos.

         B. El espíritu se libera del cuerpo.

         C. El tiempo vuela presuroso.

         D. Los ojos quieren ver más allá.

         E. El hombre ansía ser libre.

5 A B C D E   **5.** En el verso 9 lo que está "desnudo de la humana forma" es:

         A. La brisa nocturna.

         B. El sueño.

         C. La idea.

         D. El dolor.

         E. El espíritu.

PASAJE 15

Nivel Medio

Don Pedro Calderón de la Barca, del Príncipe constante

Estas que fueran pompa y alegría	1
Despertando el albor, de la mañana,	2
A la tarde serán lástima vana	3
Durmiendo en brazos de la noche fría.	4
Este matiz que al cielo desafía,	5
Iris listado de oro, nieve y grana,	6
Será escarmiento de la vida humana.	7
¡Tanto se aprende en término de un día!	8
A florecer las rosas madrugaron,	9
Y para envejecerse florecieron;	10
Cuna y sepulcro en un botón hallaron.	11
Tales los hombres sus fortunas vieron;	12
En un día nacieron y expiraron;	13
Que, pasados los siglos, horas fueron.	14

1 A B C D E   **1.** Esta forma poética se conoce como:

         A. Oda.   B. Soneto.   C. Verso.

         D. Silva.   E. Canción.

2 A B C D E   **2.** El propósito principal de este poema es demostrar que:

         A. Un poema perdura a través del tiempo.

         B. La belleza es inmortal.

         C. La vida es efímera.

         D. Las rosas son bellas.

         E. Las cosas bellas son duraderas.

3 A B C D E   **3.** La metáfora del verso 4 se refiere a:

         A. La muerte.

         B. La frialdad nocturna.

         C. La brevedad de la vida.

         D. El desengaño.

         E. El silencio nocturno.

4 A B C D E   **4.** En todos los versos siguientes hay antítesis (oposición), menos:

         A. 1 y 3.   B. 2 y 4.   C. 11.   D. 13.   E. 8.

5 A B C D E   **5.** Este poema puede considerarse como:

         A. La descripción de una imagen momentánea.

B. Un mensaje filosófico o espiritual.
C. Una opinión personal.
D. Una crítica a la vida.
E. Una queja dramática.

PASAJE 16
Nivel Medio
Manuel Tamayo y Baus, "La locura de amor"

Reina. Ni penséis vosotros romper de nuevo el freno de las leyes, con que os sujetó la mano poderosa de la católica Isabel. Temblad ante la hija, como temblabais ante la madre. Vuelvan al reino los bienes que le arrebató vuesta codicia; vuelva la fuerza que es suya a la Corona; deponed del todo vuestros cetros usurpados. Ya vosotros no sois Castilla: Castilla es el pueblo; Castilla es el monarca.

Rey. Salid de aquí. No me obliguéis a emplear la violencia.

Reina. ¿Quién se atreverá a tocarme?

Almirante. Conteneos, señor, si no queréis encender oprobiosa guerra.

Don Álvar. No hagáis que la sangre española corra por mano española vertida.

Rey. La rebelión estalla dentro de mi propio palacio.

Marqués. ¡Viva el Rey!

Nobles. ¡Viva!

Rey. ¿Oís, señora, cómo la Grandeza de Castilla aclama al Rey?

Pueblo. ¡Viva la Reina! ¡Viva la Reina! (Dentro.)

Reina. Oye tú cómo el pueblo español aclama a su Reina.

Rey. ¡Oh rabia!

Almirante. La justicia prevalece.

Don Álvar. ¡La Reina triunfa!

Reina. Parece que esos gritos no os suenan bien: pues yo quiero oírlos más de cerca. (Asómase al balcón.)

Pueblo. ¡Viva la Reina! ¡Viva la Reina! (Dentro.)

Reina. Gracias, hijos míos. Nada temáis; no saldré de Burgos. Fío en vuestra constancia. (Desde el balcón.)

Pueblo. ¡Viva la Reina! ¡Mueran los flamencos!

Reina. ¿Qué queréis, Felipe? Mi pueblo ha perdido el juicio como yo. (Volviendo al lado del Rey.)

Rey. Soldados, dispersad esa turba.

Capitán. Si la Reina lo manda.

Reina. Calla, ¿éstos también? Con razón asegura el refrán que un loco hace ciento. Ya lo veis: los locos abundamos en Burgos que es una maravilla. Réstame advertiros que no es cordura jugar con ellos. Felipe, señores, adiós quedad. La Reina loca os saluda. (Hace una reverencia y se va.)

1 A B C D E   **1.** La actitud de la Reina con respecto al Rey es:
  || || || || ||
                 A. Amistosa.
                 B. Indiferente.
                 C. Temerosa.
                 D. Desdeñosa.
                 E. Violenta.

2 A B C D E   **2.** El pasaje está tomado probablemente de:
  || || || || ||
                 A. Una tragedia en la España moderna.
                 B. Una comedia en la América del siglo XIX.
                 C. Una tragedia en España alrededor del siglo XVI.
                 D. Una tragedia en América alrededor del siglo XVIII.
                 E. Una comedia en España alrededor del 1800.

3 A B C D E   **3.** La principal causa del conflicto entre los reyes parece ser:
  || || || || ||
                 A. Por celos.
                 B. La lucha por el poder.
                  C. Diferencias de opinión.
                 D. La locura de la Reina.
                 E. La conducta del Rey.

4 A B C D E   **4.** La Reina revela todo lo siguiente, menos:
  || || || || ||
                 A. Su habilidad para amenazar burlándose.
                 B. La seguridad que tiene en su triunfo.
                 C. Su decisión de conservar la corona.
                 D. La aceptación de su locura.
                 E. Advertencia a los conspiradores.

5 A B C D E   **5.** El propósito de las acotaciones dentro de los paréntesis, es para:
  || || || || ||
                 A. Evitar que los otros personajes escuchen.
                 B. Dirigir la acción.
                 C. Dar al personaje oportunidad de descansar.
                 D. Dar explicaciones a los espectadores.
                 E. Romper la monotonía del diálogo.

PASAJE 17

Nivel Avanzado

José Ortega y Gasset, "La deshumanización del arte"

Se habla a menudo de la eternidad de la obra de arte. Si con ello se quiere decir que crearla y gozarla incluye la aspiración a que su valor sea eterno, no habría reparo que poner. Pero el hecho es que la obra de arte envejece y se pudre antes como valor estético que como realidad material. Acontece lo mismo que en los amores. Todo amor jura en un cierto momento su propia eternidad. Pero ese momento, con su eternidad aspirada, transcurre: le vemos caer en el torrente del tiempo, agitar sus manos de náufrago, ahogarse en el pasado. Porque esto es el pasado: un naufragio, una sumersión en lo profundo. Los chinos al morir le llaman "correr al río". El presente es un haz sin espesor apenas. Lo hondo es el pasado hecho con presentes innumerables. Unos sobre otros, comprimidos. Delicadamente, los griegos al morir llamaban "irse con los más".

Si una obra de arte, un cuadro, por ejemplo, consistiese sólo en lo que el lienzo presenta, es posible que llegase a ser eterno aunque no se asegurase su perduración material. Pero ahí está: el cuadro no termina en su marco. Más todavía: del organismo completo de un cuadro sólo hay en el lienzo una mínima parte. Y cosa análoga podríamos decir de una poesía.

1. La palabra "estética" que se usa al principio del párrafo primero significa lo relativo a:
   A. La humanidad.
   B. El arte.
   C. La belleza.
   D. El amor.
   E. La realidad.

1 A B C D E
|| || || || ||

2. Al final del párrafo primero la frase, "El presente es un haz sin espesor apenas", significa que el presente:
   A. Es difícil de asir.
   B. No tiene importancia.
   C. Surge del pasado.
   D. Mira al futuro.
   E. Debe vivirse plenamente.

2 A B C D E
|| || || || ||

3. El tema principal del pasaje anterior es:
   A. La eternidad indiscutible de todas las cosas.
   B. La eternidad relativa de la obra de arte.
   C. La poca importancia que tiene el pasado.
   D. Cómo los años todo lo mejoran.
   E. La belleza del amor.

3 A B C D E
|| || || || ||

4. Cuando en el primer párrafo el autor trata de destacar la fugacidad del amor el recurso que emplea es:
   A. La metáfora.
   B. La comparación.
   C. La hipérbole.
   D. La personificación.
   E. La aliteración.

4 A B C D E
|| || || || ||

5. Un ejemplo de lenguaje figurado lo tenemos en la frase:
   A. La obra de arte envejece.
   B. Lo vemos caer en el torrente del tiempo.
   C. El cuadro no termina en el marco.
   D. La aspiración a que su valor sea eterno.
   E. Lo hondo es el pasado.

5 A B C D E
|| || || || ||

PASAJE 18

Nivel Avanzado

José Ortega y Gasset, "Ideas sobre la novela"

Hace más de diez años que en las *Meditaciones del Quijote* atribuía yo a la novela moderna, como su misión esencial, describir una atmósfera a diferencia de otras formas épicas —la epopeya, el cuento, la novela de aventuras, el melodrama y el folletín— que refieren una acción concreta, de línea y curso muy definidos. Frente a la acción concreta, que es un movimiento el más rápido posible hacia una conclusión, lo atmosférico significa algo difuso y quieto. La acción nos arrebata en su dramática carrera; lo atmosférico, en cambio, nos invita simplemente a su contemplación. En la pintura representa el paisaje un tema atmosférico, donde "no pasa nada", mientras el cuadro de historia narra una hazaña perfilada, un suceso de forma escueta. No es un azar que con motivo del paisaje se inventase la técnica del "plein air", es decir, de la atmósfera.

Posteriormente sólo he tenido ocasión de afirmarme en aquel primer pensamiento, porque el gusto del público mejor y los intentos más gloriosos de los autores recientes acusaban cada vez con mayor claridad ese destino de la novela como género difuso.   La última creación de alto estilo, que es la obra de Proust, lleva el problema a su máxima evidencia: en ella se extrema hasta la más superlativa exageración el carácter no dramático de la novela.   Proust renuncia del todo a arrebatar al lector mediante el dinamismo de una acción y le deja en una actitud puramente contemplativa. Ahora bien, este radicalismo es causa de las dificultades y la insatisfacción que el lector encuentra en la lectura de Proust.   Al pie de cada página pediríamos al autor un poco de interés dramático, aun reconociendo que no es éste, sino lo que el autor nos ofrece con tan excesiva abundancia, el manjar más delicioso.   Lo que el autor nos ofrece es un análisis microscópico de almas humanas.

1 A B C D E

1. De los títulos dados abajo el que mejor expresa la idea principal de este fragmento es:
    A. La atmósfera en la novela moderna.
    B. Papel que juega la acción en la novela.
    C. El carácter dramático en la novela.
    D. Misión esencial de la novela moderna.
    E. El estilo en la obra de Proust.

2 A B C D E

2. De acuerdo con este autor, la acción concreta:
    A. Es propia de la novela moderna.
    B. Es un movimiento rápido hacia la conclusión.
    C. Nos invita a la contemplación.
    D. Representa lo que el paisaje en la pintura.
    E. Es lo que más preocupa a Proust.

3 A B C D E

3. El autor afirma que en las obras de Proust:
    A. No se nos ofrece un análisis de almas humanas.
    B. Se extrema el carácter dramático de la novela.
    C. La acción arrebata por su dinamismo.
    D. El lector queda completamente satisfecho.
    E. El lector adopta una actitud contemplativa.

4 A B C D E

4. En este pasaje el autor usa la palabra "difuso" varias veces.   Esta palabra significa:
    A. Oscuro.
    B. Ancho, dilatado.
    C. Tranquilo.
    D. Dinámico.
    E. Claro.

5 A B C D E

5. Podemos deducir que este fragmento sirve de introducción a un ensayo sobre:
    A. Drama moderno.
    B. Un cuento.
    C. La atmósfera en la pintura.
    D. Novela moderna.
    E. Formas épicas.

PASAJE 19
Nivel Avanzado

José Martí, "Poetas españoles contemporáneos"
Además, el progreso no puede ser cantado en el lenguaje de la poesía. La historia del progreso humano se cuenta en los puertos llenos de buques,

en las fábricas pobladas de obreros, en las ciudades ennegrecidas con el humo de las fraguas, en las calles obstruidas por los carros, en las escuelas llenas de niños y en los árboles cargados de frutos. La poesía es el lenguaje de la belleza; la industria es el lenguaje de la fuerza. El pueblo canta a mañana y tarde, cuando raya el alba y cuando se retira a descansar; pero durante el día es preciso trabajar. El trabajo es una poesía dura y difícil, y los españoles todavía la detestan.

España es el país de los sueños, porque en su rico suelo es natural la ociosidad. El Sur es un cementerio adecuado para los hombres tiznados con el humo de la fragua. Visto en otra luz, es el Olimpo mismo: todos sus hombres no son dioses, es verdad; pero sus mujeres sí son diosas, y de ellas se saca la inspiración para el canto. España ha tenido en todo tiempo dos grandes escuelas de poesía: la una, característica de su sociedad monárquica, religiosa, inquisitorial, enamorada, leal y guerrera; la otra, característica de su suelo siempre verde y de su cielo siempre azul. Las esparcidas y humeantes ruinas de la vieja sociedad todavía no se han transformado en los nuevos elementos de la época democrática. La poesía de la Naturaleza no puede, sin embargo, mover sola los corazones de una sociedad que tiene empeñadas las más amargas cuestiones en los más oscuros campos de batalla.

1. El tema principal de este pasaje es: 1 A B C D E
    A. El progreso.
    B. La laboriosidad del pueblo español.
    C. El alma poética del pueblo español.
    D. Características de la sociedad española.
    E. Una comparación entre el trabajo y la poesía.

2. El estilo de este pasaje es: 2 A B C D E
    A. Desafiante.
    B. Un contraste de ideas.
    C. Persuasivo.
    D. Lógico, es decir, toma en cuenta los hechos para formar conclusiones.
    E. Una mezcla de las respuestas A-D.

3. El autor asegura que: 3 A B C D E
    A. El lenguaje poético es apto para cantar el progreso humano.
    B. El pueblo debe cantar de la mañana a la noche.
    C. El trabajo es una poesía dura y difícil.
    D. El Sur es el clima adecuado para el trabajo rudo.
    E. La poesía de la Naturaleza mueve el corazón de la sociedad.

4. El autor prevé un cambio y su actitud hacia este cambio es: 4 A B C D E
    A. Entusiasta.   B. Favorable.   C. Desfavorable.
    D. Indiferente.   E. Hostil.

5. El comentario "Dos gigantes, el pasado y el porvenir, lidian actualmente" significa: 5 A B C D E
    A. Que el pasado debe mantenerse.
    B. La tradición y el progreso se encuentran en pugna.
    C. Los hombres se odian unos a otros.
    D. Los soldados de uno y otro bando no saben por qué luchan.
    E. Que la poesía sólo florece en tiempo de paz.

PASAJE 20

Nivel Avanzado

José de Espronceda, "Himno al sol", fragmento

Goza tu juventud y tu hermosura	1
¡oh, sol!, que cuando el pavoroso día	2
llegue que el orbe estalle y se desprenda	3
de la potente mano	4
del Padre soberano,	5
y allá a la eternidad también descienda	6
deshecho en mil pedazos, destrozado,	7
y en piélagos de fuego	8
envuelto para siempre, y sepultado,	9
de cien tormentas al horrible estruendo,	10
en tinieblas sin fin, tu llama pura	11
entonces morirá: noche sombría	12
cubrirá eterna la celeste cumbre.	13
¡Ni aun quedará reliquia de tu lumbre!	14

1 A B C D E

1. El consejo que el poeta da al Sol es:
   A. Prepárate para el futuro.
   B. Goza el presente.
   C. Acuérdate de que eres joven.
   D. Desciende a la eternidad.
   E. Mira que vas a envejecer.

2 A B C D E

2. El tono que mejor describe este poema es:
   A. Sarcástico.   B. Formal.   C. Desafiante.
   D. Sombrío.   E. Irónico.

3 A B C D E

3. La forma poética empleada es:
   A. Soneto.   B. Silva.   C. Verso.
   D. Égloga.   E. Épica.

4 A B C D E

4. En los versos 8–10 hay un ejemplo de:
   A. Metáfora.
   B. Personificación.
   C. Hipérbole.
   D. Apóstrofe.
   E. Hipérbaton.

5 A B C D E

5. En el verso 8 "y en piélagos de fuego" significa:
   A. Y en montañas de fuego.
   B. Y en ríos de fuego.
   C. Y en lagos de fuego.
   D. Y en mares de fuego.
   E. Y en nubes de fuego.

PASAJE 21

Nivel Avanzado

Salvador Díaz Mirón, "Ejemplo"

En la rama el expuesto cadáver se pudría,	1
como un horrible fruto colgante junto al tallo,	2

rindiendo testimonio de inverosímil fallo   3
y con ritmo de péndola oscilando en la vía.   4

La desnudez impúdica, la lengua que salía,   5
y alto mechón en forma de una cresta de gallo,   6
dábanle aspecto bufo; y al pie de mi caballo   7
un grupo de arrapiezos holgábase y reía.   8

Y el fúnebre despojo, con la cabeza gacha,   9
escandaloso y túmido en el verde patíbulo,   10
desparramaba hedores en brisa como racha,   11

mecido con solemnes compases de turíbulo.   12
Y el Sol iba en ascenso por un azul sin tacha,   13
y el campo era figura de una canción de Tíbulo.   14

1. El tema principal de este poema es:
   A. Una crítica a la justicia.
   B. La descripción de un ahorcado.
   C. La indiferencia del mundo ante el dolor ajeno.
   D. Ensalzar la justicia.
   E. Exponer el horror del escarmiento público.

2. Los versos 9–11 hacen referencia a:
   A. La brisa que movía los árboles.
   B. El ruido de la brisa en el ramaje.
   C. El hedor desparramado por la brisa.
   D. La descomposición del desnudo y yerto cadáver.
   E. El patíbulo pintado de verde.

3. La frase "el verde patíbulo" hace referencia a:
   A. El árbol.
   B. El castigo.
   C. Las rachas de brisa.
   D. El fúnebre despojo.
   E. El tallo.

4. Los versos 5–8 sugieren:
   A. La inocencia de la infancia.
   B. La fealdad de la muerte.
   C. La burla del poeta ante el espectáculo.
   D. Indiferencia ante la muerte.
   E. La intención crítica del poeta.

5. Esta estructura poética se conoce como:
   A. Elegía.   B. Verso.   C. Soneto.
   D. Romance.   E. Oda.

PASAJE 22
Nivel Avanzado

Andrés Bello, "Oda a la agricultura", fragmento

El corazón lozano   1
que una feliz oscuridad desdeña,   2
que en el azar sangriento del combate   3
alborozado late,   4

y codicioso de poder o fama,   5
nobles peligros ama;   6
baldón estime sólo y vituperio   7
el prez que de la patria no reciba,   8
la libertad más dulce que el imperio   9
y más hermosa que el laurel la oliva.   10
Ciudadano el soldado,   11
deponga de la guerra la librea: 12
el ramo de victoria   13
colgado el ara de la Patria sea,   14
y sola adorne al mérito la gloria.   15
De su triunfo entonces, Patria mía,   16
verá la Paz el suspirado día;   17
la Paz, a cuya vista el mundo llena   18
alma, serenidad y regocijo: 19
vuelve alentado el hombre a la faena,   20
alza el ancla la nave, a las amigas   21
auras encomendándose animosa,   22
enjámbrase el taller, hierve el cortijo   23
y no basta la hoz a las espigas.   24

1. El tema general de este fragmento es:
   A. Un llamado a la guerra.
   B. Una loa al trabajo.
   C. Una crítica al militarismo.
   D. Un canto a la paz.
   E. Un himno a la Patria.

2. De acuerdo con el fragmento, la Paz:
   A. Llena la vista del mundo.
   B. Es más hermosa que la gloria.
   C. Alienta el hombre a la faena.
   D. Es más dulce que el imperio.
   E. Adorna al mérito.

3. Los cinco últimos versos hacen referencia a:
   A. Las faenas del agricultor.
   B. La inadecuada labor de la hoz.
   C. La prosperidad que trae aparejada la paz.
   D. Las naves amigas.
   E. El aliento creador del hombre.

4. Tenemos encabalgamiento en todos los versos siguientes, menos:
   A. 7–8.   B. 12–13.   C. 18–19.
   D. 21–22.   E. 23–24.

5. El tono general del poema es:
   A. Pesimista.   B. Optimista.   C. Vigoroso.
   D. Esperanzado.   E. Indignado.

PARTE V

MATEMÁTICAS

La parte de Matemáticas se divide en cinco campos principales: fracciones, decimales, porcentajes, álgebra y geometría. Cada sección empieza con explicaciones y ejemplos de los conceptos que se deben aprender, y luego se ofrecen al alumno ejercicios para que practique, en ejemplos concretos, lo que acaba de estudiar.

Es de suma importancia que el alumno domine, antes de emprender los estudios de este texto, las operaciones básicas con números enteros, es decir: suma, resta, multiplicación y división.

Debemos recordar, además, que la parte de matemáticas del Examen de Equivalencia pone énfasis en medir la habilidad del candidato al aplicar sus conocimientos de matemáticas a *situaciones prácticas*.

NOTA A LA PARTE DE MATEMÁTICAS

En este texto, como en la Parte de Matemáticas del Examen de Equivalencia del Diploma, se emplean los puntos y las comas según el uso actual en los Estados Unidos y en Puerto Rico. Es decir, un punto (.) equivale al punto decimal:

$$1.205 = \text{uno con doscientos cinco milésimos;}$$

y la coma se usa en cifras largas para separar grupos de tres dígitos:

$$1{,}205 = \text{mil doscientos cinco.}$$

Fracciones

Las fracciones representan una división. Por ejemplo, si dividimos $12 entre 4 personas, cada persona recibe $3. Esto se puede escribir como

$$\frac{\$12}{4} = \$3.$$

FRACCIONES COMUNES

Pero si dividimos $1 entre 4 personas, cada persona recibe $\frac{\$1}{4}$, que se lee como un cuarto de dólar (o 25 centavos).

La parte de arriba de la fracción
(el dividendo) se le llama NUMERADOR

$$\frac{1}{4} \quad \text{numerador} \atop \text{denominador}$$

y la parte de abajo (el divisor)
se le llama DENOMINADOR.

Fracciones propias

Fracciones propias son aquéllas en cuales el numerador es menor que el denominador.

Ejemplos: $\frac{2}{3}, \frac{5}{6}, \frac{4}{5}, \frac{1}{2}, \frac{2}{7}, \frac{11}{13}$, etc.

Fracciones impropias

Francciones impropias son aquéllas en cuales el numerador es menor o igual al denominador.

Ejemplos: $\frac{5}{3}, \frac{6}{6}, \frac{8}{5}, \frac{10}{2}, \frac{9}{7}, \frac{13}{13}, \frac{1}{1}$, etc.

Números mixtos

Un número mixto es un número entero con una fracción.

Ejemplos: $2\frac{1}{3}, 3\frac{5}{7}, 4\frac{8}{5}, 6\frac{3}{3}$, etc.

Note: El número mixto 2 representa una suma de $2 + \frac{1}{3}$.

Comparación de números

Ejemplo 1: ¿1 es qué parte de 3?

Cuando se comparan dos números de esta forma, la respuesta es una fracción cuyo denominador es siempre el número que sigue la palabra "de".

$$\textit{Respuesta: } \frac{1}{3}$$

Ejemplo 2: ¿Qué parte de 3 es 2?   *Respuesta:* $\frac{2}{3}$

Ejemplo 3: ¿Qué parte es 4 de 3?   *Respuesta:* $\frac{4}{3}$

EJERCICIOS

Ejercicio I

Identifique fracciones propias, impropias y mixtas entre las siguientes fracciones comunes:

1. $\frac{3}{5}$ _____

2. $\frac{7}{8}$ _____

3. $\frac{9}{4}$ _____

4. $\frac{10}{7}$ _____

5. $\frac{5}{7}$ _____

6. $\frac{4}{4}$ _____

7. $\frac{3}{7}$ _____

8. $\frac{13}{15}$ _____

9. $1\frac{2}{3}$ _____

10. $\frac{15}{13}$ _____

11. $\frac{1}{3}$ _____

12. $\frac{5}{8}$ _____

13. $3\frac{1}{3}$ _____

14. $\frac{10}{3}$ _____

15. $5\frac{2}{5}$ _____

Ejercicio II

A. ¿5 es qué parte de…? (Cambie su respuesta a una fracción mixta en caso de ser posible.)

4 _____ 8 _____ 9 _____

7 _____ 1 _____ 2 _____

6 _____ 5 _____ 3 _____

B. ¿7 es qué parte de…?

3 _____ 2 _____ 9 _____

1 _____ 13 _____ 15 _____

4 _____ 5 _____ 6 _____

17 _____

Fracciones impropias y Números mixtos y enteros

Como la fracción representa una división, si la fracción es impropia, podemos hacer la división.

Ejemplo 1: Cambie $\frac{6}{2}$ a número mixto o entero.

Método: $2\overline{\smash{\big)}6}^{\,3}$ Dividimos 6 entre 2 y nos da la respuesta 3.

Ejemplo 2: Cambie $\frac{9}{7}$ a número mixto o entero.

Método: $7\overline{\smash{\big)}9}^{\,1}$ Cuando dividimos nos damos cuenta que hay un residuo
$\phantom{7\overline{)}}\underline{7}$ de 2 que no se puede dividir exactamente entre 7, pero se
$\phantom{7\overline{)}}2$ puede escribir la división resultante como $\frac{2}{7}$

La respuesta es, entonces 1 con $\frac{2}{7}$ o $1\frac{2}{7}$ que es un número mixto.

C. Escriba las fracciones mixtas equivalentes a las siguientes fracciones impropias:

1. $\dfrac{7}{5}$ _____   4. $\dfrac{8}{5}$ _____   7. $\dfrac{28}{15}$ _____

2. $\dfrac{10}{3}$ _____   5. $\dfrac{13}{12}$ _____   8. $\dfrac{64}{33}$ _____

3. $\dfrac{7}{4}$ _____   6. $\dfrac{30}{17}$ _____

Ejercicio III: Situaciones prácticas

1. En una clase hay 17 niños y 13 niñas. ¿Qué parte de la clase representan las

niñas?_____.

¿Qué parte de la clase representan los niños? _____.

2. Un cuadro mide 15 pulgadas de longitud y 13 pulgadas de ancho.

¿Qué parte de la longitud es el ancho?   _____.

¿Qué parte del ancho es la longitud?   _____.

3. En un partido de pelota, un equipo ganó 28 puntos en la primera parte y 19

puntos en la segunda.

¿Qué parte del puntaje total ganó el equipo en la primera parte?   _____.

¿en la segunda? _____.

Reducir fracciones propias

Ejemplo 1:   Reduzca las siguientes fracciones propias a sus términos más simples.

$$\frac{4}{6}, \frac{9}{12}, \frac{15}{18}, \frac{25}{35}, \frac{49}{63}, \frac{64}{128}$$

Método: Encuentre el número más alto por el cual se divide tanto el numerador como el denominador en forma exacta (con residuo de cero). Luego divida el numerador y el denominador por ese número.

Aplicación del método:

$\dfrac{4}{6}$ El número mayor por el que se divide tanto el 4 como el 6 es 2.   2 es, por lo tanto, el máximo común divisor.

$\dfrac{4}{6}$ se reduce a $\dfrac{2}{3}$ cuando dividimos ambas partes de la fracción por el máximo común divisor.

$\dfrac{9}{12}$ El número mayor por el que se divide tanto el 9 como el 12 es 3.   3 es, por lo tanto, el máximo común divisor.

$\dfrac{9}{12}$ se reduce a $\dfrac{3}{4}$

$\dfrac{15}{18}$ 3 es el máximo común divisor.

$\dfrac{15}{18}$ se reduce a $\dfrac{5}{6}$.

$\dfrac{25}{35}$ 5 es el máximo común divisor.

$\dfrac{25}{35}$ se reduce a $\dfrac{5}{7}$

$\dfrac{49}{63}$ 7 es el máximo común divisor.

$\dfrac{49}{63}$ se reduce a 7/9.

$\dfrac{64}{128}$ 64 es el máximo común divisor.

$\dfrac{64}{128}$ se reduce a 1/2.

Ejercicio IV

Reduzca las siguientes fracciones propias:

1. $\dfrac{14}{35}$ _____

2. $\dfrac{21}{49}$ _____

3. $\dfrac{5}{10}$ _____

4. $\dfrac{12}{15}$ _____

5. $\dfrac{20}{28}$ _____

6. $\dfrac{20}{30}$ _____

7. $\dfrac{22}{55}$ _____

8. $\dfrac{36}{42}$ _____

9. $\dfrac{64}{72}$ _____

10. $\dfrac{14}{56}$ _____

11. $\dfrac{64}{120}$ _____

12. $\dfrac{14}{196}$ _____

13. $\dfrac{75}{225}$ _____

14. $\dfrac{80}{140}$ _____

15. $\dfrac{36}{64}$ _____

16. $\dfrac{36}{63}$ _____

17. $\dfrac{45}{54}$ _____

18. $\dfrac{48}{64}$ _____

19. $\dfrac{144}{192}$ _____

20. $\dfrac{39}{78}$ _____

21. $\dfrac{24}{128}$ _____

22. $\dfrac{32}{264}$ _____

23. $\dfrac{27}{108}$ _____

24. $\dfrac{35}{161}$ _____

25. $\dfrac{121}{132}$ _____

Fracciones equivalentes

Cambiar una fracción propia dada a una fracción equivalente con un denominador especificado.

Ejemplo: Cambie $\dfrac{4}{9}$ a fracciones equivalentes con los denominadores 27, 45 y 81.

Método: Divida estos denominadores por el denominador de la fracción dada. El cociente que resulta sirve para encontrar el numerador de la fracción equivalente, si se multiplica el numerador de la fracción dada por el cociente.

Aplicación del método:

$$\frac{4}{9} = \frac{\text{numerador}}{27\ \text{denominador}}$$

$$\frac{3\ \text{(cociente)}}{9\ /\ 27}\ \text{(denominador nuevo)}$$

$$3\ \text{(cociente)} \times 4\ \text{(numerador)} = 12$$

Respuesta: $\dfrac{4}{9} = \dfrac{12}{27}$

$$\frac{4}{9} = \frac{}{45}$$

$$\frac{5}{9\ /\ 45}$$

$$5 \times 4 = 20$$

Respuesta: $\dfrac{4}{9} = \dfrac{20}{45}$

$$\frac{4}{9} = \frac{}{81}$$

$$\frac{9}{9\ /\ 81}$$

$$9 \times 4 = 36$$

Respuesta: $\dfrac{4}{9} = \dfrac{36}{81}$

Ejercicio V

Cambie la fracción propia dada a una fracción equivalente con el denominador especificado.

1. $\dfrac{2}{3} = \dfrac{}{12}$ 2. $\dfrac{4}{5} = \dfrac{}{25}$ 3. $\dfrac{6}{7} = \dfrac{}{49}$

4. $\dfrac{8}{9} = \dfrac{}{108}$ 5. $\dfrac{4}{15} = \dfrac{}{45}$ 6. $\dfrac{8}{23} = \dfrac{}{46}$

7. $\dfrac{12}{17} = \dfrac{}{68}$ 8. $\dfrac{10}{12} = \dfrac{}{168}$ 9. $\dfrac{7}{14} = \dfrac{}{56}$

10. $\dfrac{4}{35} = \dfrac{}{280}$ 11. $\dfrac{12}{25} = \dfrac{}{625}$ 12. $\dfrac{13}{24} = \dfrac{}{192}$

13. $\dfrac{7}{48} = \dfrac{}{144}$ 14. $\dfrac{1}{17} = \dfrac{}{119}$ 15. $\dfrac{5}{16} = \dfrac{}{128}$

16. $\dfrac{3}{15} = \dfrac{}{60}$ 17. $\dfrac{8}{9} = \dfrac{}{63}$ 18. $\dfrac{12}{14} = \dfrac{}{168}$

Ejercicio VI

1. Cambie $\dfrac{2}{3}$ a 12avos _____ , 18avos _____ , 36avos _____ , 69avos _____ .

2. Cambie $\dfrac{4}{5}$ a 50avos _____ , 75avos _____ , 95avos _____ , 125avos _____ .

3. Cambie $\dfrac{3}{7}$ a 21avos _____ , 49avos _____ , 77avos _____ , 112avos _____ .

4. Cambie $\dfrac{5}{12}$ a 36avos _____ , 84avos _____ , 96avos _____ , 144avos _____ .

FRACCIONES IMPROPIAS Y NÚMEROS MIXTOS

Ejemplo: Cambie las siguientes fracciones impropias a números mixtos o números enteros:

$$\frac{4}{3}, \frac{12}{5}, \frac{36}{9}.$$

Método: **Divida el numerador por el denominador y represente el resto como una fracción del divisor. Reduzca la fracción a su forma más simple.**

Aplicación del método:

$$\frac{4}{3} = 3 \, \big/ \, \overline{4} \quad \begin{array}{c} 1\frac{1}{3} \\ \end{array}$$ *Respuesta:* $\dfrac{4}{3} = 1\frac{1}{3}$

$$\frac{3}{1}$$

$$\frac{12}{5} = 5 \, \big/ \, \overline{12} \quad \begin{array}{c} 2\frac{2}{5} \\ \end{array}$$ *Respuesta:* $\dfrac{12}{5} = 2\frac{2}{5}$

$$\frac{10}{2}$$

$$\frac{36}{9} = 9 \, \big/ \, \overline{36} \quad \begin{array}{c} 4 \\ \end{array}$$ *Respuesta:* $\dfrac{36}{9} = 4$

Ejercicio VII

Cambie las siguientes fracciones impropias a números mixtos o números enteros.

1. $\dfrac{15}{4} = $ _____   2. $\dfrac{20}{18} = $ _____

3. $\dfrac{45}{7} = $ _____   4. $\dfrac{36}{8} = $ _____

5. $\dfrac{42}{8} =$ _____

6. $\dfrac{120}{13} =$ _____

7. $\dfrac{225}{15} =$ _____

8. $\dfrac{636}{24} =$ _____

9. $\dfrac{576}{8} =$ _____

10. $\dfrac{642}{16} =$ _____

11. $\dfrac{57}{19} =$ _____

12. $\dfrac{63}{9} =$ _____

Ejemplo: Cambie las siguientes fracciones impropias a números mixtos o números enteros:

$$\frac{648}{64} \qquad \frac{625}{75}$$

Nota: En fracciones con grandes números, reduzca la fracción a la forma más simple a ser posible y divida luego.

$$\frac{648}{64} = \frac{81}{8} \qquad 8\,/\,\overline{\,81\,} \;\; 10\tfrac{1}{8} \qquad \textit{Respuesta: } \frac{648}{64} = 10\tfrac{1}{8}$$

$$\frac{80}{1}$$

$$\frac{625}{75} = \frac{125}{15} = \frac{25}{3} \qquad 3\,/\,\overline{\,25\,} \;\; 8\tfrac{1}{3} \qquad \textit{Respuesta: } \frac{625}{75} = 8\tfrac{1}{3}$$

$$\frac{24}{1}$$

Ejercicio VIII

Reduzca las siguientes fracciones a su forma más simple y cámbielas luego a números mixtos o números enteros.

1. $\dfrac{542}{32} =$ _____

2. $\dfrac{225}{45} =$ _____

3. $\dfrac{144}{24} =$ _____

4. $\dfrac{196}{28} =$ _____

5. $\dfrac{2000}{45} =$ _____

6. $\dfrac{396}{27} =$ _____

7. $\dfrac{169}{39} =$ _____

8. $\dfrac{1000}{35} =$ _____

9. $\dfrac{1250}{625} =$ _____

10. $\dfrac{240}{32} =$ _____

Ejemplo: Cambie las siguientes números mixtos a fracciones impropias:

$$2\tfrac{2}{5}, \quad 6\tfrac{1}{3}, \quad 12\tfrac{5}{8}.$$

Método: Multiplique el denominador por el número entero y sume luego el numerador al producto. El total es el numerador de la fracción impropia. El denominador queda igual.

Aplicación del método:

$$2\tfrac{3}{5} \; 2(\text{número entero}) \times 5(\text{denominador}) + 3(\text{numerador}) = 13$$

$13 =$ numerador de la fracción impropia $5 =$ denominador

$$2\,\tfrac{2}{5} = \dfrac{13}{5} \quad Respuesta \; \underline{\hspace{3cm}}$$

de la fracción impropia

$$6\tfrac{1}{3}; \; 6 \times 3 + 1 = 19$$

$$6\,\tfrac{1}{3} = \dfrac{19}{3} \quad Respuesta \; \underline{\hspace{3cm}}$$

$$12\tfrac{5}{8}; \; 12 \times 8 + 5 = 101$$

$$12\,\tfrac{5}{8} = \dfrac{101}{8} \quad Respuesta \; \underline{\hspace{3cm}}$$

Ejercicio IX

Cambie los siguientes números mixtos a fracciones impropias.

1. $3\tfrac{3}{4}$ _____   **2.** $4\tfrac{2}{7}$ _____

3. $8\tfrac{3}{5}$ _____   **4.** $12\tfrac{1}{3}$ _____

5. $14\tfrac{7}{8}$ _____   **6.** $24\tfrac{7}{9}$ _____

7. $38\tfrac{12}{13}$ _____   **8.** $75\tfrac{21}{25}$ _____

9. $81\tfrac{12}{17}$ _____   **10.** $112\tfrac{2}{3}$ _____

11. $248\tfrac{3}{4}$ _____   **12.** $500\tfrac{1}{10}$ _____

Ejemplo: Simplifique las fracciones siguientes:

1. $\dfrac{4}{12}$, **2.** $\dfrac{9}{4}$, **3.** $\dfrac{9}{3}$,

4. $1\frac{6}{3}$, **5.** $2\frac{4}{12}$, **6.** $3\frac{2}{2}$

Método:

1. $\dfrac{4}{12}$ es una fracción propia; para simplificar, redúzcala a su término más simple:

$$\frac{4}{12} = \frac{1}{3}.$$

2. $\dfrac{9}{4}$ es una fracción impropia; para simplificar, redúzcala a su término más simple:

$$\frac{9}{4} = 2\frac{1}{4}.$$

3. $1\frac{6}{3}$ es un número mixto que significa 1 más $\frac{6}{3}$; para simplificarlo, cambie la fracción impropia a un número entero:

$$\frac{6}{3} = 2, \text{ y sume ésta a } 1(2 + 1 = 3).$$

4. $\dfrac{9}{3} = 3$.

5. $2\frac{4}{12} = 2\frac{1}{3}$ (La fracción es propia y se ha reducido a su término más simple.)

6. $3\frac{2}{2} = 3$ y $\frac{2}{2}$ $3 + 1 = 4$.

ENCONTRAR EL MÍNIMO COMÚN DENOMINADOR

Métodos para encontrar el M.C.D.

1. El M.C.D. entre $\dfrac{3}{4}$ y $\dfrac{5}{6}$ es 12.   El M.C.D. entre $\dfrac{3}{8}$ y $\dfrac{5}{12}$ es 24.

Para encontrar el M.C.D. de dos números, encuentre los múltiplos del mayor de los dos números.

Ejemplo 1: $\dfrac{3}{4}$ y $\dfrac{5}{6}$ Los multiplos de 6 son 6, 12, 18, 24, 30, etc. Luego, decida cuál es el menor multiplo divisible por el otro número (4). Verá que 12 es entonces el M.C.D.

Ejemplo 2: $\dfrac{3}{8}$ y $\dfrac{5}{12}$ Los multiplos de 12 son 12, 24, 36, 30, etc. El menor divisible entre 8 es 24.

Ejemplos: $\dfrac{4}{15}$ y $\dfrac{5}{9}$ M.C.D. (45) $\dfrac{7}{10}$ y $\dfrac{4}{15}$ M.C.D. (30) $\dfrac{5}{14}$ y $\dfrac{6}{21}$ M.C.D. (42)

2. El M.C.D. entre $\frac{1}{3}$ y $\frac{1}{12}$ es 12.

Cuando un denominador es divisible por el otro, enconces ése es automáticamente el M.C.D.

Ejemplos: $\frac{3}{5}$ y $\frac{7}{20}$ M.C.D. (20) $\frac{2}{13}$ y $\frac{5}{26}$ M.C.D. (26) $\frac{3}{4}$ y $\frac{5}{16}$ M.C.D. (16)

3. El M.C.D. entre $\frac{1}{4}$ y $\frac{1}{5}$ es 20.   El M.C.D. entre $\frac{3}{7}$ y $\frac{5}{6}$ es 42.

En ocasiones, el M.C.D. es el producto de los denominadores. Esto pasa cuando los denominadores no tienen un divisor común excepto el 1.

Ejemplos: $\frac{2}{9}$ y $\frac{3}{4}$ M.C.D. (36) $\frac{6}{15}$ y $\frac{5}{8}$ M.C.D. (90) $\frac{5}{12}$ y $\frac{5}{7}$ M.C.D. (84)

Ejercicio X

Encuentre el M.C.D. de las fracciones siguientes y cambie estas fracciones a fracciones equivalentes con el M.C.D. como denominador.

1. $\frac{4}{5}$ y $\frac{7}{15}$ _____   **2.** $\frac{2}{3}$ y $\frac{1}{6}$ _____

3. $\frac{3}{8}$ y $\frac{21}{32}$ _____   **4.** $\frac{7}{24}$ y $\frac{5}{18}$ _____

5. $\frac{8}{15}$ y $\frac{3}{4}$ _____   **6.** $\frac{8}{9}$ y $\frac{1}{4}$ _____

7. $\frac{1}{2}$, $\frac{1}{3}$ y $\frac{1}{4}$ _____   **8.** $\frac{5}{8}$, $\frac{3}{10}$ y $\frac{5}{16}$ _____

9. $\frac{4}{5}$, $\frac{9}{10}$ y $\frac{13}{16}$ _____   **10.** $\frac{1}{8}$, $\frac{1}{6}$ y $\frac{1}{16}$ _____

11. $\frac{1}{13}$, $\frac{1}{52}$ y $\frac{1}{8}$ _____   **12.** $\frac{1}{4}$, $\frac{1}{8}$ y $\frac{1}{56}$ _____

13. $\frac{1}{24}$, $\frac{1}{32}$ y $\frac{1}{28}$ _____   **14.** $\frac{7}{15}$, $\frac{8}{25}$ y $\frac{11}{12}$ _____

Ejercicio XI

Ordene las fracciones siguientes según su valor decreciente:

1. $\frac{4}{5}$, $\frac{5}{6}$, $\frac{3}{4}$ _____

2. $\frac{5}{12}$, $\frac{7}{16}$, $\frac{11}{24}$ _____

3. $\frac{1}{9}$, $\frac{3}{18}$, $\frac{5}{36}$ _____

4. $\frac{7}{10}$, $\frac{5}{12}$, $\frac{8}{15}$ _____

5. $\dfrac{5}{32}, \dfrac{7}{28}, \dfrac{11}{60}$ _____

OPERACIONES CON FRACCIONES

a) Suma

Ejemplo: Suma $\dfrac{2}{3}$ y $\dfrac{3}{4}$.

Procedimiento: Busque el M.C.D. de 3 y 4, que es 12, y cambie las fracciones dadas a fracciones equivalentes con el M.C.D. como denominador:

$$\frac{2}{3} = \frac{8}{12} \qquad \frac{3}{4} = \frac{9}{12}$$

Sume los numeradores de las fracciones equivalentes:

$$8 + 9 = 17$$

Finalmente, coloque este número sobre el M.C.D. (12)

$$\textit{Respuesta:}\ \frac{8}{12} + \frac{9}{12} = \frac{17}{12} = 1\frac{5}{12}$$

Ejemplo: Sume $3\frac{1}{4}$ y $4\frac{5}{6}$.

Procedimiento:

Sume las fracciones según el ejemplo anterior y simplifique:

$$\frac{1}{4} + \frac{5}{6} = \frac{3}{12} + \frac{10}{12} = \frac{13}{12} = 1\frac{1}{12}$$

Sume este resultado $(1\frac{1}{12})$ a la suma de los números enteros:

$$3 + 4 + 1\frac{1}{12} = 8\frac{1}{12}$$

Ejercicio XII

Sume:

1. $\dfrac{2}{5} + \dfrac{3}{5}$ _____   **2.** $\dfrac{3}{4} + \dfrac{7}{4}$ _____

3. $\dfrac{1}{8} + \dfrac{5}{24}$ _____   **4.** $4 + 2\frac{2}{3}$ _____

5. $\dfrac{2}{3} + \dfrac{1}{4} + \dfrac{5}{6}$ _____   **6.** $\dfrac{7}{8} + \dfrac{17}{24} + \dfrac{19}{36}$ _____

7. $2\frac{1}{3} + 5 + 4\frac{2}{3}$ _____   **8.** $3\frac{1}{15} + 4\frac{5}{12} + 5\frac{9}{20}$ _____

9. $8\frac{3}{10} + \dfrac{4}{5}$ _____   **10.** $2\frac{5}{32} + 3\frac{7}{48}$ _____

11. $4\frac{19}{20} + 5\frac{21}{25}$ _____   **12.** $\dfrac{3}{12} + 6\frac{5}{20}$ _____

Situaciones prácticas

1. ¿Cuál es la longitud del perímetro de un triángulo cuyos lados miden $2\frac{3}{4}$, $3\frac{1}{2}$ y $4\frac{1}{4}$ pies? _____

2. Las dismensiones interiores de una habitación (longitud, anchura y altura) son $16\frac{2}{3}$, $12\frac{1}{3}$ y 10 pies. ¿Cuáles son las dimensiones exteriores de la habitación, si las paredes tienen un espesor de $\frac{5}{8}$ pies? _____

3. María gastó $\$15\frac{1}{2}$ en comida, $\$2\frac{1}{4}$ en transportación y $\$45\frac{1}{5}$ en vestidos en una de sus salidas de compras. ¿Cuánto gastó en total en esta salida? _____

4. El Sr. Montalvo, en plan de negocios, hizo 6 viajes que consistieron de $153\frac{1}{8}$, $204\frac{1}{4}$, $500\frac{3}{4}$, $50\frac{1}{2}$, $34\frac{2}{3}$ y $15\frac{1}{24}$ millas. ¿Qué distancia total recorrió el Sr. Montalvo en sus 6 viajes de negocios? _____

5. ¿Cuál es la longitud total de una tubería que está compuesta de tramos de $12\frac{1}{2}$, $10\frac{1}{6}$, $4\frac{3}{4}$ y $5\frac{1}{3}$ pies de longitud? _____

b) Resta

Ejemplo 1: Reste

$$\begin{array}{r} 4\frac{2}{3} \\ -3\phantom{\frac{2}{3}} \\ \hline 1\frac{2}{3} \end{array} \quad \textit{Respuesta}$$

Ejemplo 2: Reste

$$\begin{array}{r} 4\phantom{\frac{1}{3}} \\ -2\frac{1}{3} \\ \hline 1\frac{2}{3} \end{array} \quad \textit{Respuesta}$$

Nota para el Ejemplo 2: Del número 4 tome 1 y cámbielo a una fracción entera con el mismo denominador que la fracción que se ha de restar ($\frac{3}{3}$):

$$4 = 3\frac{3}{3} \quad 3\frac{3}{3} - 2\frac{1}{3} = 1\frac{2}{3}$$

Ejemplo 3: Reste

$$4\frac{2}{3}$$

$$-3\frac{1}{4}$$

Nota: Cambie las fracciones a fracciones equivalentes con el M.C.D. y reste luego los numeradores:

$$4\frac{2}{3} = 4\frac{8}{12}, \quad 3\frac{1}{4} = 3\frac{3}{12}$$

$$\begin{array}{r} 4\frac{8}{12} \\ -3\frac{3}{12} \\ \hline 1\frac{5}{12} \end{array} \quad \textit{Respuesta}$$

Ejercicio XIII

Reste:

1. $\dfrac{4}{5} - \dfrac{2}{5}$ _____   **2.** $\dfrac{3}{12} - \dfrac{1}{8}$ _____

3. $4\frac{2}{3} - 1\frac{5}{6}$ _____   **4.** $5 - 3\frac{7}{12}$ _____

5. $5\frac{7}{36} - 2\frac{1}{8}$ _____   **6.** $7\frac{1}{4} - 5$ _____

7. $12\frac{5}{16} - 7\frac{7}{36}$ _____   **8.** $\dfrac{13}{14} - \dfrac{3}{10}$ _____

9. $7 - 5\frac{4}{5}$ _____   **10.** $12\frac{8}{9} - 10\frac{20}{21}$ _____

11. $7\frac{5}{12} - 2\frac{5}{18}$ _____   **12.** $9\frac{5}{14} - 4\frac{5}{18}$ _____

Simplifique:

13. $\dfrac{3}{4} - \dfrac{1}{2}$ _____   **14.** $\dfrac{5}{6} - \dfrac{1}{3}$ _____

15. $4\frac{2}{3} - 1\frac{13}{15}$ _____   **16.** $5 - 4\frac{1}{4}$ _____

17. $7 - 6\frac{5}{6}$ _____   **18.** $8\frac{7}{8} - \frac{23}{24}$ _____

¿Cuál es la diferencia entre?

19. $3\frac{1}{3}$ y $5\frac{2}{3}$ _____   **20.** $15\frac{1}{7}$ y $12\frac{1}{21}$ _____

21. $\dfrac{11}{12}$ y $\dfrac{101}{108}$ _____   **22.** $4\frac{8}{15}$ y $7\frac{17}{20}$ _____

Situaciones prácticas

1. El Sr. Ramírez compró 100 acciones a $2\frac{1}{4}$ cada una, y cuando las vendió, cada una tenía un valor de $2\frac{1}{5}$. ¿Cuánto perdió el Sr. Ramírez por cada acción?_____

2. La Srta. León tenía 10 yardas de tela y usó $3\frac{1}{3}$ yardas para un vestido. ¿Cuántos vestidos similares a éste puede confeccionar de la tela restante?_____

3. El diámetro exterior de un tubo redondo es de 3 pies y 4 pulgadas. ¿Cuál es el diámetro interior del tubo, si su espesor es de 3/8 pie?_____

4. La longitud exterior de una caja es de $12\frac{1}{2}$ pies y la longitud interior de $11\frac{3}{4}$ pies. ¿Cuál es el espesor de la caja en pies? _____

5. ¿Cuál es la diferencia en velocidad de un tren que recorre 30 millas en 45 minutos y otro tren que recorre 26 millas en 40 minutos?_____

c) Multiplicación

Ejemplo 1: Multiplique

$$\frac{2}{3} \times \frac{1}{5} = \frac{2}{15}$$

(Se multiplican tanto los numeradores como los denominadores.)

Ejemplo 2: Multiplique

$$\frac{3}{4} \times \frac{5}{12} = \frac{15}{48} = \frac{5}{16}$$

(Es preferible reducir los números antes de multiplicarlos, como se hace aquí.)

El 3 y el 12 se redujeron dividiendo ambos por su máximo divisor común (3) como si fueran el numerador y denominador de una misma fracción.

$$\frac{\overset{1}{\cancel{3}}}{4} \times \frac{5}{\underset{4}{\cancel{12}}} = \frac{5}{16}$$

Ejemplo 3: Multiplique

$$1\frac{3}{4} \times \frac{5}{6}$$

(*Nota:* hay que transformar los números mixtos a fracciones impropias antes de multiplicarlos.)

$$1\frac{3}{4} = \frac{7}{4}, \quad \frac{7}{4} \times \frac{5}{6} = \frac{35}{24} = 1\frac{11}{24}$$

Encontrar la fracción de un número: Para encontrar la fracción de un número, se multiplica el número por la fracción.

Ejemplo 1: ¿Cuánto es $\frac{2}{3}$ de 96?

$$\frac{2}{3} \times \frac{\overset{32}{\cancel{96}}}{1} = \frac{64}{1} = 64$$

Ejemplo 2: ¿Cuánto es $\frac{2}{3}$ de $\frac{3}{4}$?

$$\frac{\overset{1}{\cancel{2}}}{\underset{1}{\cancel{3}}} \times \frac{\overset{1}{\cancel{3}}}{\underset{2}{\cancel{4}}} = \frac{1}{2}$$

Ejemplo 3: ¿Cuánto es $\frac{5}{6}$ de $4\frac{8}{15}$? $4\frac{8}{15} = \frac{68}{15}$

$$\frac{\overset{1}{\cancel{5}}}{\underset{3}{\cancel{6}}} \times \frac{\overset{34}{\cancel{68}}}{\underset{3}{\cancel{15}}} = \frac{34}{9} = 3\frac{7}{9}$$

Ejercicio XIV

Multiplique:

1. $\dfrac{4}{5} \times \dfrac{2}{3}$ _____

2. $\dfrac{3}{4} \times \dfrac{1}{5}$ _____

3. $\dfrac{5}{6} \times \dfrac{7}{8}$ _____

4. $\dfrac{9}{11} \times \dfrac{1}{15}$ _____

5. $5 \times 3\frac{1}{15}$ _____

6. $4\frac{7}{8} \times \dfrac{4}{13}$ _____

7. $2\frac{7}{8} \times 1\frac{3}{5}$ _____

8. $\dfrac{17}{8} \times \dfrac{6}{51}$ _____

9. $\dfrac{16}{12} \times \dfrac{3}{5}$ _____

10. $12\frac{2}{3} \times 1\frac{22}{19}$ _____

Busque el producto de:

11. $\dfrac{4}{9} \times \dfrac{27}{36}$ _____

12. $8 \times 3\frac{5}{6}$ _____

13. $4\frac{9}{10} \times \dfrac{5}{7}$ _____

14. $8\frac{2}{7} \times \dfrac{21}{29}$ _____

15. $9\frac{7}{9} \times \dfrac{3}{11}$ _____

16. $\dfrac{7}{15} \times 125$ _____

17. $\dfrac{2}{3} \times 1\frac{1}{3} \times \dfrac{9}{8}$ _____

18. $5 \times \dfrac{9}{10} \times \dfrac{2}{5}$ _____

19. $3\frac{1}{3} \times 3\frac{1}{4} \times \dfrac{9}{20}$ _____

20. $12 \times \dfrac{7}{15} \times 1\frac{1}{4}$ _____

Busque el valor de:

21. $\dfrac{2}{3}$ de 27 _____

22. $\dfrac{7}{8}$ de 56 _____

23. $\dfrac{4}{9}$ de 63 _____

24. $\dfrac{1}{4}$ de $5\frac{3}{5}$ _____

25. $\dfrac{1}{10}$ de 125 _____

26. $\dfrac{1}{10}$ de $\dfrac{1}{20}$ _____

27. $\dfrac{1}{4}$ de $\dfrac{2}{3}$ _____

28. $\dfrac{1}{12}$ de 84 _____

29. $1\frac{1}{2}$ de 56 _____

30. $\dfrac{7}{8}$ de $1\frac{1}{7}$ _____

Situaciones prácticas

1. Un avión voló a 150 millas por hora durante $2\frac{1}{2}$ horas, y a 200 millas por hora durante $1\frac{1}{2}$ hora.   ¿Cuál es la velocidad promedio del avión?_____

2. Si cada paquete pesa $1\frac{3}{4}$ libras, ¿cuál es el peso total de 20 paquetes como éste?

3. Un banco comercial da un interés de $\$5\frac{1}{4}$ por cada \$100 que se depositan por un año.   ¿Cuál es el interés que el banco tiene que pagar a un cliente que deposita \$300 por $2\frac{1}{4}$ años?_____

4. La depreciación de un coche nuevo después de un año es $\frac{1}{5}$ del valor a principio de año.   Si el valor del coche al principio del año es de \$3,600, ¿cuál es el precio del coche al final del año? _____

5. La propiedad de un hombre valorada en \$36,000. es dividida entre sus hijos y su mujer de la manera siguiente: $\frac{1}{3}$ para su mujer, $\frac{1}{4}$ del resto para su hijo y el resto dividido en partes iguales entre dos hijas.   ¿Qué fracción de la propiedad hereda el hijo y qué valor tiene la parte de cada hija?_____

6. La capacidad total del tanque de gas es de 480 galones, de los cuales se han gastado $\frac{3}{8}$ partes.   ¿Cuántos galones de gas se han gastado ya? _____

7. Un vestido que vale \$40.50 es reducido por $\frac{1}{5}$ de su valor.   ¿Cuál es el precio actual del vestido?_____

8. Un empleado ahorra $\frac{1}{20}$ de sus ingresos mensuales, para vacaciones e invierte $\frac{1}{8}$ de sus ingresos anuales en acciones.   Si su salario anual es de \$8,400. ¿cuánto ahorra por mes y cuánto invierte en acciones durante un período de 5 años?_____

9. Un teatro con 579 butacas está lleno a $\frac{2}{3}$ de su capacidad.   ¿Cuántas butacas hay libres?_____

d) División

Ejemplo 1:   Divida 4 por $\frac{2}{3}$.

$$\frac{4}{1} \div \frac{2}{3} = \frac{\overset{2}{\cancel{4}}}{1} \times \frac{3}{\underset{1}{\cancel{2}}} = \frac{6}{1} = 6$$

Nota: 1. Cambie el número entero a fracción colocando un "1" en el denominador. 2. Cambie el signo divisor por uno de multiplicación e invierta la fracción que sigue al signo. 3. Multiplique las fracciones reduciendo los números a ser posible.

Ejemplo 2:   Divida $4\frac{3}{8}$ por 5.

Nota: Cambie números mixtos a fracciones impropias.

$$4\frac{3}{8} = \frac{35}{8}$$

$$\frac{35}{8} \div \frac{5}{1} = \frac{\overset{7}{\cancel{35}}}{8} \times \frac{1}{\underset{1}{\cancel{5}}} = \frac{7}{8}$$

Ejercicio XV

Divida:

1. $\frac{2}{3} \div \frac{1}{3}$ _____

2. $\frac{3}{4} \div \frac{5}{12}$ _____

3. $\frac{5}{8} \div \frac{15}{32}$ _____

4. $\frac{7}{9} \div 14$ _____

5. $\frac{4}{5} \div \frac{15}{28}$ _____

6. $10 \div \frac{4}{5}$ _____

7. $\frac{3}{10} \div 3$ _____

8. $\frac{24}{25} \div 8$ _____

9. $9 \div \frac{27}{39}$ _____

10. $24 \div \frac{12}{7}$ _____

11. $3\frac{1}{3} \div 10$ _____

12. $5\frac{2}{3} \div \frac{17}{9}$ _____

13. $4\frac{4}{5} \div 2\frac{2}{15}$ _____

14. $4\frac{2}{3} \div 4\frac{4}{9}$ _____

15. $10\frac{2}{5} \div 2\frac{2}{15}$ _____

16. $48 \div 4\frac{4}{5}$ _____

17. $\frac{3}{10} \div 3\frac{3}{10}$ _____

18. $125 \div \frac{5}{48}$ _____

19. Divida $\frac{5}{12}$ por $\frac{3}{4}$ _____

20. Divida $\frac{8}{15}$ por $\frac{24}{25}$ _____

21. Divida $3\frac{5}{7}$ por $\frac{1}{7}$ _____

22. Divida $24\frac{1}{2}$ por 7 _____

23. Divida $6\frac{4}{5}$ por $4\frac{1}{4}$ _____

24. Divida 57 por $5\frac{2}{3}$ _____

25. Divida $\frac{49}{12}$ por $\frac{7}{48}$ _____

Ejemplo: $\frac{3}{4} \div 3\frac{3}{5} \div 1\frac{7}{8}$.

Nota: Empiece con las dos primeras fracciones. Use luego el resultado con la tercera fracción.

$$\left(\frac{3}{4} \div \frac{18}{5}\right) \div \frac{15}{8}, \quad \frac{1}{4} \times \frac{5}{6} = \frac{5}{24}, \quad \frac{5}{24} : \frac{15}{8} = \frac{\overset{1}{\cancel{5}}}{\underset{3}{\cancel{24}}} \times \frac{\overset{1}{\cancel{8}}}{\underset{3}{\cancel{15}}} = \frac{1}{9}$$

Simplifique:

26. $\dfrac{\frac{3}{4}}{\frac{5}{12}}$ _____

27. $\dfrac{\frac{1}{3}}{\frac{1}{9}}$ _____

28. $\dfrac{1\frac{3}{4}}{7}$ _____

29. $\dfrac{5\frac{2}{5}}{\frac{9}{35}}$ _____

30. $\dfrac{\frac{2}{15}}{\frac{8}{21}}$ _____

31. $\dfrac{2\frac{3}{2}}{\frac{9}{11}}$ _____

32. $\dfrac{33\frac{1}{3}}{100}$ _____

33. $\dfrac{2\frac{1}{8}}{10}$ _____

34. $\dfrac{1\frac{5}{6}}{3}$ _____

35. $\dfrac{12\frac{1}{2}}{100}$ _____

36. $\dfrac{3}{4} \div \dfrac{1}{4} \div \dfrac{2}{9}$ _____

37. $\dfrac{15}{21} \div \dfrac{45}{7} \div \dfrac{3}{8}$ _____

38. $3\frac{1}{5} \div 8 \div \dfrac{15}{28}$ _____

39. $8\frac{1}{3} \div \dfrac{12}{25} \div 12$ _____

40. $51 \div 4\frac{1}{4} \div 1\frac{5}{24}$ _____

41. $\dfrac{3}{4} \times \dfrac{16}{21} \div \dfrac{4}{7}$ _____

42. $\dfrac{1}{2} \div \dfrac{3}{4} \times 1\frac{2}{7}$ _____

43. $\dfrac{2}{3} \div \dfrac{15}{16} \times \dfrac{27}{32}$ _____

44. $3 \div \dfrac{1}{2} \times \dfrac{1}{6}$ _____

45. $\dfrac{\frac{3}{4} - \frac{1}{4}}{\frac{3}{4} + \frac{1}{4}}$ _____

46. $\dfrac{1\frac{3}{5} - \frac{2}{5}}{\frac{5}{12} + \frac{3}{4}}$ _____

Encontrar un número cuando se conoce una parte fraccional del mismo.

Ejemplo: ¿De qué número es 15 una quinta parte?

Método: Para encontrar el número que falta, divida 15 por $\dfrac{1}{5}$.

$$15 \div \frac{1}{5} = \frac{15}{1} \times \frac{5}{1} = \frac{75}{1} = 75$$

Comprueba: $\dfrac{1}{5}$ de 75 es 15.

$$\frac{1}{\cancel{5}} \times \frac{\cancel{75}^{\,15}}{1} = \frac{15}{1} = 15.$$

Ejercicio XVI

1. ¿24 es $\frac{1}{6}$ de qué número? _____

2. ¿23 es $\frac{1}{3}$ de qué número? _____

3. ¿20 es $\frac{1}{5}$ de qué número? _____

4. ¿12 es $\frac{2}{3}$ de qué número? _____

5. ¿35 es $\frac{5}{6}$ de qué número? _____

6. ¿44 es $\frac{11}{12}$ de qué número? _____

7. ¿56 es $\frac{7}{8}$ de qué número? _____

8. ¿60 es $\frac{3}{4}$ de qué número? _____

9. ¿50 es $3\frac{1}{3}$ de qué número? _____

10. ¿64 es $5\frac{1}{3}$ de qué número? _____

11. ¿15 es $\frac{3}{8}$ de qué número? _____

12. ¿12 es $\frac{4}{5}$ de qué número? _____

13. ¿25 es $\frac{5}{7}$ de qué número? _____

14. ¿24 es $\frac{1}{6}$ de qué número? _____

15. ¿8 es $\frac{2}{11}$ de qué número? _____

Situaciones prácticas

1. ¿Cuánto vale cada lata de cerveza, si una docena cuesta $1.44? _____

2. Si una póliza anual de seguros asciende a $120. y hay que pagarla cuatrimestralmente, ¿cuánto hay que pagar por cuatrimestre? _____

3. Una tabla que tiene 30 pies de longitud es cortada en pedazos de $3\frac{1}{3}$ pies. ¿Cuántos trozos se sacan de la tabla? _____

4. En un mapa de carretera la escala es de 1 pulgada = 15 millas. ¿Cuál es la distancia entre dos ciudades en el mapa, si la distancia real es de 225 millas?

_____

5. Un avión que vuela a una velocidad constante recorrió 1,500 millas en $2\frac{1}{2}$ horas. ¿Cuál es la velocidad del avión? (Velocidad = millas recorridas por hora). _____

6. El precio total de un automóvil es de $4,720, y se paga en 8 plazos iguales. ¿Cuánto se paga en cada plazo? _____

7. Según el deseo del Sr. García, $\frac{1}{6}$ de su propiedad total va a su esposa, $\frac{1}{3}$ a su hija, y el resto a su hijo. Si el hijo recibe $25,000., ¿cuál es el valor de la posesión total del Sr. García? _____

8. Las 400 butacas que están ocupadas en una sala representan sólo $\frac{2}{3}$ de la capacidad total. ¿Cuál es la capacidad total del auditorio? _____

9. Si una distancia de 100 millas es representada por $2\frac{1}{2}$ pulgadas en un mapa, ¿cuál es la escala del mapa? _____

10. Se recaudaron $5,000. vendiendo boletos por valor de $2.50 cada uno. ¿Cuántos boletos se vendieron? _____

FRACCIONES DECIMALES

INTRODUCCION

a) Leer y escribir decimales

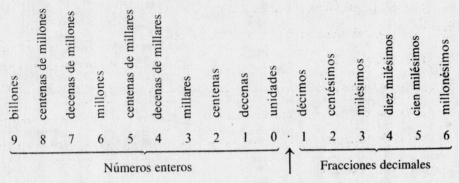

billones	centenas de millones	decenas de millones	millones	centenas de millares	decenas de millares	millares	centenas	decenas	unidades	décimos	centésimos	milésimos	diez milésimos	cien milésimos	millonésimos
9	8	7	6	5	4	3	2	1	0 ·	1	2	3	4	5	6

Números enteros   Fracciones decimales

Punto decimal

Ejemplo 1:   Número decimal   Se lee así:

Número decimal	Se lee así:
.2	dos décimos
.25	veinticinco centésimos
.03	tres centésimos
.005	cinco milésimos
.032	treinta y dos milésimos
.520	quinientos veinte milésimos
21.5	veintiuno con cinco décimos
125.06	ciento veinticinco con seis centésimos
3,421.004	tres mil cuatrocientos veintiuno con cuatro milésimos

Ejercicio I

Escriba las siguientes expresiones en números decimales (o fracciones decimales).

1. siete décimos:

2. cuarenta y un centésimos:

3. tres centésimos:

4. cinco con trescientos cuarenta y dos milésimos:

5. tres diez milésimos:

6. ocho con mil quinientos treinta y cuatro diez milésimos:

7. dos con dosciento diez milésimos:

8. diez y un millonésimo:

9. ochocientos cuarenta y dos cien milésimos:

10. quinientos cuarenta y tres billonésimos:

Ejercicio II

Lea los siguientes números decimales y escríbalos en palabras:

1.   .9 _____

2.   .03 _____

3.   .13 _____

4.   1.250 _____

5.   3.005 _____

6.   15.051 _____

7.   18.437 _____

8.   112.0007 _____

9.   243.0507 _____

10.   356.9203 _____

11.   1,343.003 _____

12.   10,543.5 _____

13.   .006 _____

14.   .50 _____

15.   .540 _____

16.   1,352.09 _____

17.   128.0004 _____

18.   .987 _____

19.   256.20 _____

20.   1,341.5000 _____

Ejercicio III

Escriba las siguientes expresiones en forma de números decimales:

1. un décimo _____   2. nueve centésimos _____

3. dieciséis centésimos _____   4. tres milésimos _____

5. cuarenta millonésimos _____   6. un diezmillonésimo _____

7. un diezbillonésimo _____   8. trescientos dos milésimos _____

9. cuarenta y ocho diezmilésimos _____

10. cincuenta y dos cienmilésimos _____

11. dos mil trescientas dos cienmilésimos _____

12. quinientos treinta y cuatro billonésimos _____

13. cuatrocientos mil sesenta y tres con ciento veintidós milésimos _____

14. doscientos millones con cincuenta mil millonésimos _____

15. un millón dos cientos con mil cuatrocientos cincuenta y dos diezmi-

lésimos _____

b) Redondear decimales

Para redondear un número a la posición deseada, considere el número que sigue a él de la posición deseada. Si aquél es menor que cinco (5), reemplácelo por cero (0).

Ejemplo: 3.8<u>4</u> sería 3.80 ó 3.8 redondeado a décimos.

Si es cinco (5) o más, añada uno (1) al número precedido.
Ejemplo: 3.8<u>5</u> sería 3.90 ó 3.9, redondeado a décimos.

Ejemplo 1: Corrija al décimo y centésimo más cercano.

	Número	Décimo	Centésimo
1.	.356	.4	.36
2.	7.153	7.2	7.15
3.	12.237	12.2	12.24
4.	1.5174	1.5	1.52
5.	2.4925	2.5	2.49

Ejemplo 2: Redondee los números decimales siguientes al más próximo milésimo, decena de milésimo, centena de milésimo y millonésimo.

	Número	Milésimo	Diezmilésimo	Cienmilésimo	Millonésimo
1.	.4325673	.433	.4326	.43257	.432567
2.	10.5314678	10.531	10.5315	10.53147	10.531468
3.	7.1358631	7.136	7.1359	7.13586	7.135863

Ejemplo 3: Corrija al centavo más cercano. (Nota: para redondear al centavo más cercano, busque el valor al centésimo más cercano).

1. $10.132 $10.13

2. $ 5.677 $ 5.68

3. $ 2.1351 $ 2.14

Ejercicio IV

Redondee los siguientes números al décimo y céntésimo más cercanos:

GRUPO A

1. .345 _____ _____   **2.** 2.136 _____ _____

3. 12.2467 _____ _____   **4.** .349 _____ _____

5. .599 _____ _____ **6.** .134 _____ _____

7. .172 _____ _____ **8.** 8.731 _____ _____

9. 15.130 _____ _____ **10.** .219 _____ _____

GRUPO B

Redondee los siguientes números al más próximo milésimo, diezmilésimo y centena de milésimo:

1. .132468 _____ _____ _____

2. 4.345613 _____ _____ _____

3. 8.132569 _____ _____ _____

4. .998912 _____ _____ _____

5. .125986 _____ _____ _____

GRUPO C

Redondee al centavo más cercano:

1. $30.456 _____ **2.** $15.513 _____

3. $ 5.146 _____ **4.** $12.995 _____

5. $10.499 _____

GRUPO D

Redondee los siguientes números al millonésimo más cercano:

1. .13567893 _____ **2.** .24678982 _____

3. .1356784 _____ **4.** .9999999 _____

5. .14567813 _____

c) Comparar decimales

Ejemplo 1:   Encuadre la fracción mayor en las parejas de números siguientes:

1. .35   .343   **2.** .9   .19

Método: Cuando se comparan fracciones decimales, el número de cifras después del punto decimal tiene que ser igual en los números comparados.   Hay que añadir ceros para que el número de cifras en las dos fracciones sea igual.

Aplicación del método:

1. .35 se cambia a .350 para compararlo con .343.

 .350 es más grande que .343; por lo tanto, .35 es mayor que .343.

2. .9 se cambia a .90 para compararlo con .19.

 .90 es más grande que .19; por lo tanto, .9 es mayor que .19.

Ejemplo 2:   Ordene los siguientes números en orden ascendente:

.07,   .631,   .535,   .1001,   .0002

Método: El máximo número de cifras después del punto decimal en el ejemplo dado es 4. Lleve todos los números a 4 dígitos, añadiendo ceros si es necesario, y ordénelos luego en orden ascendente.

Aplicación del método:

Sumando ceros tenemos,	En orden ascendente, son:
.0700	.0002
.6310	.0700
.5350	.1001
.1001	.5350
.0002	.6310

Ejemplo 3:   Ordene los números siguientes en orden descendente:

1.34,   1.293,   5.01,   13.001,   .7453

Números dados	Añadir ceros para obtener un número igual de cifras después punto decimal	Ordenar los números en orden descendente
1.34	1.3400	13.0010
1.293	1.2930	5.0100
5.01	5.0100	1.3400
13.001	13.0010	1.2930
.7453	.7453	.7453

Ejercicio V

GRUPO A

Ordene los números en orden ascendente:

1.   .3,   .33,   .303,   .003,   .3124,   .030

_____   _____   _____   _____   _____   _____

2.   1.345,   1.43,   2.1,   2.01,   1.052,   10.1

_____   _____   _____   _____   _____   _____

3.   15.00,   .4350,   1.2124,   .5125,   15.1

_____   _____   _____   _____   _____

GRUPO B

Ordene los números siguientes en orden descendente:

1.   .9,   .99,   9.99,   .099,   .009,   9.9

_____   _____   _____   _____   _____   _____

2.   .05,   1.0,   5.05,   1.005,   .5520

_____   _____   _____   _____   _____

3.   100.0,   100.05,   1.005,   1.5532,   .1502

_____   _____   _____   _____   _____

OPERACIONES CON NÚMEROS DECIMALES

a) Suma de decimales

Ejemplo: Sume 2, .01, 1.24, 12.135, .1451.

Método: Coloque los números de tal manera que los puntos decimales estén en una línea y los números en la columna de décimos y la columna de centésimos, etc. estén en una línea también. Añada ceros para completar los espacios sin número y así eludir confusiones. Después sume los números, teniendo cuidado de colocar el punto decimal en la respuesta.

Aplicación del método:

$$
\begin{array}{r}
2.0000 \\
.0100 \\
1.2400 \\
12.1350 \\
+.1451 \\
\hline
\end{array}
$$

Respuesta: 15.5301

Ejercicio VI

GRUPO A

Sume:

1. 3 + 4.56 _____

2. 7.3 + .015_____

3. 10 + .01_____

4. 15.5 + 1.36 _____

5. 245.13 + 3.0051 _____

6. 4.1372 + 13.73 _____

7. 0.0005 + 5 _____

8. 1.003 + 3.0003_____

9. 1000 + .0007 _____

10. 12.1354 + .135_____

GRUPO B

¿Cuál es la suma de...?   _____

1. 10, 2.002, 4.53, .003   _____

2. .001, .53, 7.1, 102.5312   _____

3. $1.05, $100.10, $0.75, $2.25, $1.50 _____

4. .99, .9909, .103, 109.9, 20009.29   _____

Situaciones prácticas

1. El promedio de lluvia por mes que se registró durante un año fue el siguiente: (en pulgadas):

enero	febrero	marzo	abril	mayo	junio	julio	agosto
.5	1.03	4.3	5.08	6.4	7.3	7.51	5.3

septiembre	octubre	noviembre	diciembre
1.31	1.31	.7	.5

¿Cuánta lluvia cayó durante el año?_____

2. Los gastos promedios por mes para una familia de dos fue el siguiente:

comida	vestir	alquiler	transportes	misceláneos
$120.75	$60.50	$183.35	$45.15	$100.95

¿Cuál es el total de estos promedios de gastos?_____

3. Se usa una calculadora para sumar los números siguientes:

.135, .1451, 102.13, 100.1, .13523, .124567, 10000 y .01

Si la calculadora sólo puede dar respuestas hasta 8 dígitos, ¿cuál es la respuesta que dará la calculadora para la suma de estos números. (La calculadora toma el punto decimal y ceros como dígitos)._____

¿Cuál es la suma exacta de los números dados?_____

4. Un reloj adelanta un milésimo de segundo por hora. ¿Cuánto se adelantará después de 6 horas? (Dé la respuesta en un número decimal)_____

5. ¿Cuál es mayor: 1 ó .5345?_____

¿Cuál es la fracción decimal que se necesita para completar .5345 a 1?_____

b) Resta de decimales

Ejemplo: Reste .443 de 7.0.

Método: Siguiendo el método para la suma de decimales, se colocan los números de tal manera que los puntos decimales estén en una línea:

$$
\begin{array}{r}
7.0 \\
\underline{.443}
\end{array}
$$

Entonces, se añaden ceros para completar los espacios sin número:

$$
\begin{array}{r}
7.000 \\
\underline{.443}
\end{array}
$$

y se resta:

$$
\begin{array}{r}
7.000 \\
- \;\; .443 \\
\hline
6.557 \quad \textit{Respuesta}
\end{array}
$$

Ejercicio VII

GRUPO A

Reste:

1. .9 $-$ .5	**2.** 1.3 $-$ .9	**3.** 24.53 $-$ 4.
4. 24.59 $-$ 1.82	**5.** .95 $-$ .356	**6.** 10.00 2.54
7. 3.543 $-$ 1.12	**8.** .582 $-$ .008	**9.** 3.579 $-$ 2.8
10. \$10. $-$ \$ 3.18	**11.** \$0.75 $-$ .68	**12.** \$10.56 $-$ 9.78

GRUPO B

¿Cuál es el valor de...?

1. $8 - 3.5$ _____   **2.** $7.3 - 6.4$ _____

3. $.53 - .01$ _____   **4.** $7.53 - 4$ _____

5. $7.5 - 6.8$ _____   **6.** $25 - .25$ _____

7. 4 − 3.48 _____   **8.** 0.73 − .04 _____

9. 12.5 − .39 _____   **10.** 100 − .538 _____

GRUPO C

1. Reste 4.75 de 5.25 _____   **2.** Reste 7.3 de 10.78 _____

3. Reste 23 de 25.342 _____   **4.** De $10 reste $3.78 _____

5. De $15.79 reste $5.99 _____

Situaciones prácticas

1. ¿Qué fracción decimal hay que sumar a .582 para llegar a 1? _____

2. El presupuesto total de una familia es de $400, la señora gasta $278.68. ¿Cuánto más puede ella gastar del presupuesto? _____

3. ¿Cuánto queda de $10. después de haber pagado una cuenta de $7.84? _____

4. Los números siguientes son extraídos de una cuenta de banco:

Balance anterior: $100.35

Depósitos:		Extracciones:	
$ 10.75		$ 17.34	
$100.		$ 10.	
$ 25.13		$ 75.14	
$273.10		$300.	
$500.		$516.	
$ 5.05		$ 18.72	

¿Cuál es el balance actual? _____

5. Una balanza química marcaba .0023 gramos sin peso alguno. Se pesa una pequeña cantidad de una substancia química en dicha balanza. El peso marcó 2.135 gramos. ¿Cuál es el peso correcto de la substancia química que se pesó? _____

c) Multiplicación de decimales

Ejemplo 1: Multiplique 25.12 por 3.5. Multiplique 25 por 3.4.

Método:

1. Multiplique como si fueran números enteros.

2. Cuente el número de cifras después del punto decimal en el multiplicador y en el multiplicando.

3. Coloque el punto decimal en el producto contando el mismo número de cifras, empezando por la derecha.

Aplicación del método:

$$
\begin{array}{rl}
25.12 & \\
\times 3.5 & \text{(3 cifras)} \\
\hline
12560 & \\
7536 & \\
\hline
87.920 & \textit{Respuesta}
\end{array}
\qquad
\begin{array}{rl}
25 & \\
\times 3.4 & \text{(1 cifra)} \\
\hline
100 & \\
75 & \\
\hline
85.0 & \textit{Respuesta}
\end{array}
$$

Ejemplo 2:   Multiplique .3 por .04.

$$\begin{array}{r} .3 \\ \times\,.04 \\ \hline 12 \\ 0 \\ \hline .012 \end{array}$$

Nota: Si contamos las cifras después del punto decimal en el multiplicador y en el multiplicando vemos que hay tres.   Pero en el producto, tenemos sólo dos cifras. En casos como éste, en que no hay en el producto el número necesario de cifras, se añade el número necesario de ceros en la izquierda:

.012 *Respuesta*

Ejemplo 3:   ¿Cuánto es $3\frac{1}{3}$ de 9.6?

Método 1:

$$3\frac{1}{3} \times \frac{\overset{3.2}{\cancel{9.6}}}{1} = \frac{10}{\cancel{3}} \times \frac{\cancel{9.6}}{1} = 10 \times 3.2 = 32.0 \quad \text{ó} \quad 32.$$

Método 2: Primero multiplique por el número entero.   Encuentre luego el producto fraccional, multiplicando la fracción y el multiplicando.   Luego sume los dos productos parciales.

(multiplicando
por el número entero)   (multiplicando por la fracción)

$$\begin{array}{r} 9.6 \\ \times 3 \\ \hline 28.8 \end{array} \qquad\qquad 9.6 \times \frac{1}{3} = \frac{\overset{3.2}{\cancel{9.6}}}{1} \times \frac{1}{\cancel{3}} = 3.2$$

$$\begin{array}{r} 28.8 \\ +3.2 \\ \hline \end{array}$$

Respuesta: $\overline{32.0}$ ó 32.

Ejercicio VIII

GRUPO A

Multiplique:

1. $\begin{array}{r} 3.2 \\ \times .4 \\ \hline \end{array}$	**2.** $\begin{array}{r} 7.68 \\ \times 4 \\ \hline \end{array}$	**3.** $\begin{array}{r} .78 \\ \times 22 \\ \hline \end{array}$	**4.** $\begin{array}{r} 7.5 \\ \times 2.5 \\ \hline \end{array}$	**5.** $\begin{array}{r} 13.5 \\ \times .004 \\ \hline \end{array}$
6. $\begin{array}{r} .3 \\ \times .04 \\ \hline \end{array}$	**7.** $\begin{array}{r} 7.835 \\ \times .5 \\ \hline \end{array}$	**8.** $\begin{array}{r} .013 \\ \times .3 \\ \hline \end{array}$	**9.** $\begin{array}{r} .045 \\ \times .12 \\ \hline \end{array}$	**10.** $\begin{array}{r} 10.25 \\ \times .122 \\ \hline \end{array}$

GRUPO B

Busque:

1. $\frac{1}{3}$ de .24 _____

2. $\frac{3}{10}$ de 2.30 _____

3. $\frac{2}{3}$ de 3.6 _____

4. $\frac{3}{10}$ de .230 _____

5. $\frac{5}{8}$ de .56 _____

GRUPO C

Multiplique:

1. $2.5 \times .32\frac{1}{2}$ _____   **2.** $1.12\frac{1}{2} \times .41$ _____

3. $5.2 \times .25\frac{1}{4}$ _____   **4.** $45 \times .33\frac{1}{3}$ _____

5. $1.2\frac{1}{4} \times .65$ _____

GRUPO D

¿Cuál es el producto al centavo más cercano?

1. $\$7.25 \times 5.13$ _____   **2.** $\$10.05 \times 1.25$ _____

3. $\$102.75 \times 5.35$ _____   **4.** $\$72.16 \times 1.12\frac{1}{2}$ _____

5. $\$7.45 \times 2.21\frac{1}{5}$ _____   **6.** $\$4.50 \times .33\frac{1}{3}$ _____

GRUPO E

¿Cuál es el producto al más cercano décimo?

1.	.345	**2.**	5.82	**3.**	12.24
	$\times .15$		$\times 7.4$		$\times .36$

4.	2.52	**5.**	4.68	**6.**	4.68
	$\times .342$		$\times .3\frac{1}{3}$		$\times .3\frac{2}{3}$

Multiplicación por el método rápido.

Ejemplo: Multiplique los números siguientes por 10, 100 y 1000:

       1. 3.5   **2.** .075

Método: Si el multiplicador es 10, mueva el punto decimal un lugar a la derecha; si el multiplicador es 100, mueva el punto decimal dos lugares a la derecha; si el multiplicador es 1000, mueva el punto decimal tres lugares a la derecha, etc.

Nota: En el caso de que no haya el número de cifras necesario para mover el punto decimal a la derecha, llene los espacios con ceros.

Aplicación del método:

	Número	Por 10	Por 100	Por 1000
1.	3.5	35.	350. (se ha añadido un cero)	3500. (se han añadido dos ceros)
2.	.075	.75	7.5	75.

Ejercicio IX

Multiplique los siguientes números por 10, 100 y 1000:

	Número	Por 10	Por 100	Por 1000
1.	.25	_____	_____	_____
2.	1.34	_____	_____	_____

Número	Por 10	Por 100	Por 1000
3. .082	_____	_____	_____
4. .0015	_____	_____	_____
5. .1	_____	_____	_____
6. .01	_____	_____	_____
7. 7.5	_____	_____	_____
8. 10.001	_____	_____	_____
9. .333$\frac{1}{3}$	_____	_____	_____
10. .51$\frac{1}{4}$	_____	_____	_____

d) División de decimales

Ejemplo 1:   Divida los números siguientes por 8:

1. 8.32   2. .0432   3. .35

1.
$$\begin{array}{r} 1.04 \\ \hline 8)\ 8.32 \\ 8 \\ \hline 32 \\ 32 \\ \hline \end{array}$$

(Note que se coloca el punto decimal en el cociente en una línea con el del dividendo).

Respuesta: 1.04

2.
$$\begin{array}{r} .0054 \\ \hline 8)\ .0432 \\ 40 \\ \hline 32 \\ 32 \\ \hline \end{array}$$

(Note que en el cociente se llena los espacios a la derecha del punto decimal con ceros cuando no hay otras cifras para llenar este espacio).

Respuesta: .0054

3.
$$\begin{array}{r} .04\frac{3}{8} \\ \hline 8)\ .35 \\ 32 \\ \hline 3 \\ \end{array}$$

Respuesta: .04 $\frac{3}{8}$

Ejemplo 2:   ¿Cuál es el cociente al centésimo más próximo?

1.9 ÷ 9

$$\begin{array}{r} .21\frac{1}{9} \\ \hline 9)\ 1.90 \\ 1\ 8 \\ \hline 10 \\ 9 \\ \hline 1 \\ \end{array}$$

Nota: Si el resíduo es menos que la mitad del divisor, la fracción no cuenta en la respuesta.

Respuesta: .21

Ejemplo 3: ¿Cuál es el cociente al milésimo más próximo?

$$\frac{2}{3} \quad \text{ó} \quad 2 \div 3$$

$$\begin{array}{r} .666\frac{2}{3} \\ 3)\overline{\,2.000} \end{array}$$

Nota: Añada ceros al dividendo si no hay el número de lugares requerido.

Respuesta: .667

Ejemplo 4: .345 ÷ .3.

$$.3)\overline{\,.345}$$

Nota: Cuando el divisor es un número decimal, mueva el punto decimal en el divisor a la derecha de su última cifra. Mueva luego el punto decimal en el dividendo un igual número de lugares.

$$\begin{array}{r} 1.15 \\ 3)\overline{\,3.45} \\ \underline{3} \\ 4 \\ \underline{3} \\ 15 \\ \underline{15} \end{array}$$

Respuesta: 1.15

Ejemplo 5: Divida $8.50 por 6, y dé la respuesta al centavo más próximo.

$$\begin{array}{r} 1.41\frac{4}{6} \\ 6)\overline{\,8.50} \\ \underline{6} \\ 2\,5 \\ \underline{2\,4} \\ 10 \\ \underline{6} \\ 4 \end{array}$$

Respuesta: 1.42

Ejercicio X

GRUPO A
Divida:

1. $\dfrac{3.4}{8}$ _____   2. $\dfrac{4}{5}$ _____   3. $\dfrac{16.2}{4}$ _____   4. $\dfrac{\$10.75}{5}$ _____

5. $\dfrac{.134}{3}$ _____   6. $\dfrac{1}{8}$ _____   7. $\dfrac{.025}{15}$ _____   8. $\dfrac{3}{4}$ _____

GRUPO B
Divida:

1. 4.2 ÷ 1.2 _____   2. .24 ÷ 12 _____   3. 13.92 ÷ .24 _____

4. 12 ÷ .03 _____   5. 16 ÷ 1.6 _____

174   Matemáticas

GRUPO C
¿Cuál es el cociente al décimo más cercano?

1. 8) 3.3 _____ **4.** 3) 1.1 _____ **7.** 16) 3.5 _____

2. 1.2) 45 _____ **5.** .05) 24.3 _____ **8.** .001) .03524 _____

3. 3) 20 _____ **6.** .45) .07 _____

GRUPO D
Dé el resultado al centavo más cercano:

1. $15 ÷ 8 _____ **4.** $24.18 ÷ 3.2 _____ **7.** $10 ÷ 2.5 _____

2. $3.25 ÷ 4 _____ **5.** $14.75 ÷ 5 _____ **8.** $1.25 ÷ .03 _____

3. $.24 ÷ .3 _____ **6.** .48 ÷ 3 _____

GRUPO E
Dé el resultado al milésimo más cercano:

1. $\frac{2}{.03}$ ___ **2.** $\frac{22}{.7}$ ___ **3.** $\frac{.5}{.08}$ ___ **4.** $\frac{.007}{.8}$ ___ **5.** $\frac{11}{9}$ ___

6. $\frac{23}{.3}$ ___ **7.** $\frac{22}{7}$ ___ **8.** $\frac{10}{3}$ ___ **9.** $\frac{66}{2.1}$ ___ **10.** $\frac{285}{7}$ ___

División por el método rápido.

Ejemplo: Divida los números siguientes por 10, 100, y 1000, usando el método rápido:

　　　　　　1) 4.312　　　2) 3

Método: Mueva el punto decimal a la izquierda tantos lugares como ceros tenga el divisor, sumando ceros al cociente según sea necesario.

Nota: Para el número entero (3), se supone que el punto decimal esté al final a la derecha de la última cifra.

Aplicación del método:

Número	Por 10	Por 100	Por 1000
4.312	.4312	.04312	.004312
3	.3	.03	.003

Ejercicio XI

Divida los números siguientes por 10, 100 y 1000, usando el método rápido:

Número	Por 10	Por 100	Por 1000
1. 21.5	___	___	___
2. .09	___	___	___
3. .12	___	___	___
4. 3.6	___	___	___
5. 8	___	___	___
6. 15	___	___	___
7. 14.7	___	___	___
8. .75	___	___	___

Situaciones prácticas

1. Si el kilo equivale a 2.2 libras, ¿cuál es el número de libras en 25 kilos?____

2. Un trozo de carne que pesa 8 libras cuesta $9.12.   ¿Cuál es el precio por libra?

_____

3. Un motorista recorrió 500 millas en. 3.25 horas.   Si hubiera mantenido una velocidad constante durante la carrera, ¿cuál hubiera sido su velocidad en millas por hora? (**Dé** el resultado al décimo más cercano.)_____

4. Una (1) milla equivale aproximadamente 1.6 kilómetros.   ¿Cuántos kilómetros son 100 millas?_____¿Cuántas millas son 320 kilómetros?_____

5. La altura del monte Everest es de 29,000 pies.   ¿Qué altura tiene en metros, si 1 metro = 3.28 pies? (Dé el resultado al centésima más cercano.)

6. Con Edison Electric Company cobró a un cliente $23.75 por el consumo de 487 kilovatios horas de electricidad.   ¿Cuál es el precio por kilovatio hora de electricidad que Con Edison cobra?_____(**Dé** la respuesta al milésimo más próximo.)

7. A un practicante se le pagó $90. por semana de 35 horas de trabajo.   ¿Cuál es el pago por hora que recibe el practicante? _____

8. Un coche gasta 1 galón de gasolina por 28 millas.   ¿Cuánto gastará dicho coche en· una distancia de 878 millas? (Dé la respuesta al décimo más próximo.)_____

9. El largo de una pieza es 1.8 veces mayor que el ancho.   Si el ancho es de 16 pies, ¿cuál es el largo de la pieza? _____

CAMBIAR FRACCIONES COMUNES A FRACCIONES DECIMALES

Ejemplo 1.   Cambie $\frac{5}{4}$ a una fracción decimal.

Método: Divida el numerador por el denominador.

Aplicación del método:

$$
\begin{array}{r}
1.25 \\
4)\overline{5.00} \\
\underline{4} \\
1\ 0 \\
\underline{8} \\
20 \\
\underline{20}
\end{array}
$$

Respuesta: $\dfrac{5}{4} = 1.25$

Ejemplo 2: Cambie $\frac{2}{3}$ a una fracción decimal.

$$\begin{array}{r} .66\frac{2}{3} \\ 3)\overline{2.00} \\ 1\,8 \\ \hline 20 \\ 18 \\ \hline 2 \end{array}$$

Nota: Si el resto se repite, siga la división hasta el centésimo y ponga el resto como fracción del divisor.

Respuesta: $.66\frac{2}{3}$.

Ejemplo 3: Cambie $1\frac{2}{3}$ a un número decimal.

$$\begin{array}{r} .66\frac{2}{3} \\ 3)\overline{2.00} \\ 1 \\ \hline 20 \\ 18 \\ \hline 2 \end{array}$$

Nota: En un número mixto cambie la parte fraccional a decimal y póngala a la derecha del número entero para obtener el decimal mixto.

$.66\frac{2}{3}$ representa la parte fraccional transformada a decimal.

Respuesta: $1 + .66\frac{2}{3}$ ó $1.66\frac{2}{3}$.

Ejemplo 4: Cambie $\frac{13}{100}$ a una fracción decimal.

Nota: Use el método rápido de división.

$$\frac{13}{100} = .13 \quad Respuesta$$

Ejercicio XII

Cambie las siguientes fracciones comunes y números mixtos a decimales:

1. $\frac{1}{4}$ _____ 2. $\frac{1}{5}$ _____ 3. $\frac{1}{3}$ _____ 4. $\frac{4}{5}$ _____ 5. $\frac{5}{6}$ _____

6. $\frac{7}{8}$ _____ 7. $\frac{2}{3}$ _____ 8. $\frac{3}{5}$ _____ 9. $\frac{3}{8}$ _____ 10. $1\frac{1}{3}$ _____

11. $2\frac{3}{4}$ _____ 12. $3\frac{1}{4}$ _____ 13. $4\frac{1}{8}$ _____ 14. $5\frac{1}{6}$ _____ 15. $\frac{8}{5}$ _____

16. $\frac{13}{100}$ _____ 17. $\frac{121}{100}$ _____ 18. $\frac{32\frac{1}{2}}{100}$ _____ 19. $\frac{62\frac{1}{2}}{100}$ _____ 20. $\frac{33\frac{1}{3}}{100}$ _____

21. $\frac{5\frac{3}{4}}{100}$ _____ 22. $\frac{17}{1000}$ _____ 23. $\frac{66\frac{2}{3}}{1000}$ _____ 24. $\frac{4\frac{3}{4}}{100}$ _____ 25. $\frac{63\frac{1}{2}}{1000}$ _____

CAMBIAR FRACCIONES DECIMALES A FRACCIONES COMUNES

Ejemplo 1: Cambie las siguientes fracciones decimales a fracciones comunes:

$$.3, \quad .8, \quad .19, \quad .25, \quad 1.5, \quad .125$$

Nota: El número de cifras detrás del punto decimal determina el número de ceros en el denominador de la fracción común.

Fracción decimal		Fracción común (Respuesta)
.3	=	$\dfrac{3}{10}$
.8	=	$\dfrac{8}{10} = \dfrac{4}{5}$
.19	=	$\dfrac{19}{100}$
.25	=	$\dfrac{25}{100} = \dfrac{1}{4}$
1.5	=	$1\dfrac{5}{10} = 1\dfrac{1}{2}$
.125	=	$\dfrac{125}{1000} = \dfrac{5}{40} = \dfrac{1}{8}$

Ejemplo 2:   Cambie $.32\frac{1}{2}$, $.33\frac{1}{3}$ y $.83\frac{1}{3}$ a fracciones comunes, respectivamente.

a) $.32\dfrac{1}{2} = \dfrac{32\frac{1}{2}}{100}$

Nota: Para facilitar la simplificación de la fracción, hay que convertir el número mixto del numerador $(32\frac{1}{2})$ en un número entero.   Esto se logra mediante lo siguiente: Multiplique tanto el denominador (100) como el numerador $(32\frac{1}{2})$ por el denominador en la parte fraccional de éste (2):

$$\frac{2 \times 32\frac{1}{2}}{2 \times 100} = \frac{\overset{1}{\cancel{2}} \times \frac{65}{\cancel{2}}}{2 \times 100} 1 = \frac{65}{200}$$

$\dfrac{65}{200}$ se simplifica en $\dfrac{13}{40}$.   *Respuesta:* $\dfrac{13}{40}$

b) Cambie $.33\dfrac{1}{3}$ a una fracción común.

Nota: Emplee el método usado en el ejemplo inmediatamente anterior.

$$.33\frac{1}{3} = \frac{33\frac{1}{3}}{100} = \frac{3 \times 33\frac{1}{3}}{3 \times 100} = \frac{\overset{1}{\cancel{3}} \times \frac{100}{\cancel{3}1}}{3 \times 100} = \frac{100}{300} = \frac{1}{3}$$

Respuesta: $\dfrac{1}{3}$

c) Cambie $.83\frac{1}{3}$ a una fracción común.

$$.83\frac{1}{3} = \frac{83\frac{1}{3}}{100} = \frac{3 \times 83\frac{1}{3}}{3 \times 100} = \frac{\overset{1}{\cancel{3}} \times \frac{250}{\cancel{3}1}}{3 \times 100} = \frac{250}{300} = \frac{50}{60} = \frac{5}{6}$$

Respuesta: $\dfrac{5}{6}$

Ejemplo 3:   Cambie los siguientes decimales mixtos a números mixtos:

$$1.25, \quad 8.13\tfrac{1}{3}$$

Nota: En un decimal mixto, cambie la parte decimal a fracción y póngala detrás de.
número entero para obtener el número mixto.

$$1.25 = 1 \text{ y } \frac{25}{100}, \quad \frac{25}{100} = \frac{1}{4}$$

Respuesta: $1 \text{ y } \frac{1}{4} \text{ ó } 1\frac{1}{4}$

$$8.13\frac{1}{3} = 8 \text{ y } \frac{13\frac{1}{3}}{100}, \quad \frac{3 \times 13\frac{1}{3}}{3 \times 100} = \frac{\overset{1}{\cancel{3}} \times \overset{40}{\cancel{\frac{40}{3}}}_{1}}{300} = \frac{40}{300} = \frac{2}{15}$$

Respuesta: $8 \text{ y } \frac{2}{15} \text{ ó } 8\frac{2}{15}$

Ejercicio XIII

Cambie los siguientes decimales a fracciones o números mixtos:

1. .7 _____ **2.** .6 _____ **3.** .28 _____ **4.** .64 _____

5. .175 _____ **6.** .15 _____ **7.** .12 $\frac{1}{2}$ _____ **8.** .18$\frac{3}{4}$ _____

9. .33$\frac{1}{3}$ _____ **10.** .66$\frac{2}{3}$ _____ **11.** 1.5 _____ **12.** 1.25 _____

13. 1.125 _____ **14.** 12.01 _____ **15.** 4.2 _____ **16.** 1.725 _____

17. 2.625 _____ **18.** 1.83$\frac{1}{3}$ _____ **19.** 1.005 _____ **20.** 12.87$\frac{1}{2}$ _____

Tabla de fracciones comunes y sus correspondientes números decimales que se usan frecuentemente.

Fracciones comunes	Fracciones decimales
1/4	.25
1/2	.5 ó .50
3/4	.75
1/5	.2 ó .20
1/8	.125 ó .12$\frac{1}{2}$
3/8	.375 ó .37$\frac{1}{2}$
5/8	.625 ó .62$\frac{1}{2}$
7/8	.875 ó .87$\frac{1}{2}$
1/6	.167 ó .16$\frac{2}{3}$
1/3	.333 ó .33$\frac{1}{3}$
5/6	.833 ó .83$\frac{1}{3}$
1/10	.10
1/100	.01
1/1000	.001

OPERACIONES CON FRACCIONES COMUNES Y DECIMALES

Cambie las fracciones comunes a sus equivalentes decimales y simplifique:

Ejemplo 1: $\frac{1}{4} + 1.15$

$$\frac{1}{4} = 4)\overline{1.00}^{\,.25}$$

$$\begin{array}{r} .15 \\ + 1.25 \\ \hline 1.40 \end{array}$$

$$\begin{array}{r} \underline{8} \\ 20 \\ \underline{20} \end{array}$$

Respuesta: 1.40

Ejemplo 2: $4 - \dfrac{1}{8}$

$$\frac{1}{8} = \begin{array}{r} .125 \\ 8\overline{)1.000} \\ 8 \\ \overline{20} \\ 16 \\ \overline{40} \\ 40 \\ \overline{} \end{array}$$

$$\begin{array}{r} 4.000 \\ -.125 \\ \overline{3.875} \end{array}$$ *Respuesta:* 3.875

Ejemplo 3: $.3\left(2 + \tfrac{5}{6}\right)$

$$\frac{5}{6} = \begin{array}{r} .83\tfrac{1}{3} \\ 6\overline{)5.00} \\ 4\,8 \\ \overline{20} \\ 18 \\ \overline{2} \end{array}$$

$.3\left(2 + .83\tfrac{1}{3}\right) = 2.83\tfrac{1}{3}$

$$\begin{array}{r} \times .3 \\ \overline{.849} \\ +.001 \\ \overline{.850} \end{array}$$ *Respuesta:* .850

Ejemplo 4. $12 \div \tfrac{3}{4}$

$$\frac{3}{4} = \begin{array}{r} .75 \\ 4\overline{)3.00} \\ 2\,8 \\ \overline{20} \\ 20 \\ \overline{} \end{array}$$

$12 \div .75 = \begin{array}{r} 16. \\ 75.\overline{)1200.} \\ 75 \\ \overline{450} \\ 450 \\ \overline{} \end{array}$ *Respuesta:* 16

Ejemplo 5: $\dfrac{\left(\tfrac{1}{5} + 4.6\right)}{\left(2.4 + 2\tfrac{2}{5}\right)}$

$$\frac{1}{5} = \begin{array}{r} .2 \\ 5\overline{)1.0} \\ 1\,0 \\ \overline{} \end{array} \qquad \frac{2}{5} = \begin{array}{r} .4 \\ 5\overline{)2.0} \\ 2\,0 \\ \overline{} \end{array}$$

$\dfrac{1}{5} + 4.6 = .2 + 4.6 = 4.8,$ $2.4 + 2\tfrac{2}{5} = 2.4 + 2.4 = 4.8$

$$\begin{array}{r} .2 \\ +4.6 \\ \overline{4.8} \end{array} \qquad\qquad \begin{array}{r} 2.4 \\ +2.4 \\ \overline{4.8} \end{array}$$

$$\frac{4.8}{4.8} = 1 \qquad \textit{Respuesta: } 1$$

Ejercicio XIV

Cambie las fracciones comunes a equivalentes decimales.   Luego efectúe las operaciones indicadas. Aproxime la respuesta a la milésima.

1. $.625 + \tfrac{4}{5}$ _____   **2.** $\tfrac{2}{3} + 1\tfrac{1}{3} + 1.25$ _____

3. $.75 - \frac{3}{8}$ _____

4. $\frac{1}{2} - .05$ _____

5. $\dfrac{\frac{2}{5} + \frac{1}{8}}{5}$ _____

6. $\dfrac{25}{5.5 - \frac{4}{8}}$ _____

7. $\frac{1}{4}$ de $.725$ _____

8. $\frac{3}{4} \times .62\frac{1}{2}$ _____

9. $.87\frac{1}{2} \div \frac{1}{2}$ _____

10. $.24 \div \frac{1}{5}$ _____

11. $\dfrac{49}{100} \div .7$ _____

12. $\dfrac{1}{200} \div .015$ _____

13. Divida 14 por $\frac{3}{5}$ _____

14. ¿Cuál es el producto de $(\frac{1}{5})(1.5 + \frac{1}{20})$? _____

15. $\frac{2}{5} + 1.6 - \frac{1}{2}$ _____

16. $.03\left(\frac{2}{3}\right) \div \frac{1}{5}$ _____

PORCENTAJES

INTRODUCCIÓN

La fracción $\frac{1}{4}$ representa una parte de cuatro. 0.25 partes de 100. También el número decimal representa veinticinco centésimas. Todavía existe otra forma de representar "veinticinco centésimas": en porcentaje de forma 25%.

La fracción $\frac{1}{10}$ ó el número decimal .1 puede ser:

a) 1 parte en un total de 10 partes iguales
b) 5 partes en un total de 50 partes iguales
c) 10 partes en un total de 100 partes iguales
d) 20 partes en un total de 200 partes iguales.

Todas las fracciones $\frac{20}{200}$, $\frac{10}{100}$, $\frac{5}{50}$ se pueden reducir a $\frac{1}{10}$.

La tabla siguiente resume las tres distintas formas de representar una misma cantidad.

FRACCIÓN	DECIMAL	PORCIENTO
$\frac{1}{10} = \frac{10}{100}$	.10 ó .1	10%
$\frac{4}{5} = \frac{80}{100}$	.80 ó .8	80%
$\frac{1}{2} = \frac{50}{100}$	.50 ó .5	50%
$1 = \frac{100}{100}$	1.00 ó 1.	100%
$\frac{3}{2} = \frac{300}{200} = \frac{150}{100}$	1.50 ó 1.5	150%
$2 = \frac{2}{1} = \frac{200}{100}$	2.00 ó 2.	200%

10% es diez centésimos.
80% es ochenta centésimos.
50% es cincuenta centésimos.
100% es cien centésimos.
150% es ciento cincuenta centésimos.
200% es doscientos centésimos.

Ejemplo 1: En la figura adjunta, ¿qué porcentaje del número total de cuadros representan los cuadros con cruces?

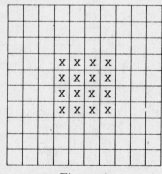

Figura 1

Respuesta:

Número total de cuadros   100
Número de cuadros con cruz   16
Los cuadros con cruces representan $\frac{16}{100}$ del total, o $\frac{16}{100}$ 16% del total.

Ejemplo 2:   ¿Qué porcentaje del círculo total representa el área oscura?

Respuesta: El área oscura representa $\frac{1}{4}$ del círculo total.

$\frac{1}{4} = \frac{25}{100} = 25\%$ del círculo total.

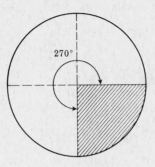

Figura 2

CAMBIAR PORCENTAJES A DECIMALES

Cambie los porcentajes siguientes a sus decimales equivalentes:

1. 15 % ——— **2.** 17 % ——— **3.** 4 % ——— **4.** $3\frac{1}{2}$ % ———

5. $3\frac{1}{3}$ % ——— **6.** $16\frac{2}{3}$ % ——— **7.** 35 % ——— **8.** 50 % ———

9. 112 % ——— **10.** 300 % ——— **11.** 350 % ——— **12.** 2.3 % ———

13. .13 % ——— **14.** $\frac{1}{2}$ % ——— **15.** .03 % ———

Método: Vuelva a escribir el número en porciento y coloque un punto después del último número entero (a la derecha).   Mueva luego el punto decimal dos lugares a la izquierda.   Si el número ya lleva un punto decimal, entonces simplemente mueva el punto decimal dos lugares a la izquierda.

Respuestas

	Porcentajes	Decimales equivalentes
1.	15 %	.15
2.	17 %	.17
3.	4 %	.04
4.	$3\frac{1}{2}$ %	$.03\frac{1}{2}$ ó .035
5.	$3\frac{1}{3}$ %	$.03\frac{1}{3}$
6.	$16\frac{2}{3}$ %	$.16\frac{2}{3}$
7.	35 %	.35
8.	50 %	.50 ó .5
9.	112 %	1.12
10.	300 %	3.00
11.	350 %	3.50
12.	2.3 %	.023
13.	.13 %	.0013
14.	$\frac{1}{2}$ %	$.00\frac{1}{2}$ ó .005
15.	.03 %	.0003

Ejercicio I

Cambie los porcentajes siguientes a sus equivalentes números decimales:

1. 5 % _____   **2.** 25 % _____

3. 14 % _____   **4.** 1 % _____

5. .9 % _____   **6.** 27 % _____

7. 123 % _____   **8.** $13\frac{1}{3}$ % _____

9. $15\frac{1}{2}$ % _____   **10.** $2\frac{1}{4}$ % _____

11. $\frac{1}{3}$ % _____   **12.** 250 % _____

13. 115 % _____   **14.** $83\frac{1}{3}$ % _____

15. 60 % _____   **16.** $7\frac{1}{2}$ _____

17. 2.7 % _____   **18.** .14 % _____

19. 45 % _____   **20.** 1.25 % _____

21. $\frac{1}{4}$ % _____   **22.** 75 % _____

23. $13\frac{1}{4}$ % _____   **24.** 100 % _____

25. 150 % _____   **26.** 35 % _____

27. .25 % _____   **28.** 115.5 % _____

29. $66\frac{2}{3}$ % _____   **30.** .1 % _____

31. 800 % _____   **32.** .02 % _____

CAMBIAR DECIMALES A PORCENTAJES

Ejemplo 1: Cambie los números siguientes a porcentajes:

1. .15 _____ **2.** .03 _____ **3.** $.04\frac{1}{2}$ _____ **4.** .255 _____

5. .2 _____ **6.** $.15\frac{3}{4}$ _____ **7.** .50 _____ **8.** 4 _____

9. $.00\frac{1}{2}$ _____ **10.** 1.5 _____ **11.** $.33\frac{1}{3}$ _____ **12.** .0425 _____

13. .001 _____ **14.** 1.15 _____ **15.** 1 _____ **16.** $.3\frac{1}{4}$ _____

17. $.5\frac{1}{2}$ _____ **18.** .6 _____ **19.** 2 _____ **20.** .45 _____

Método: Para cambiar un número decimal a porciento mueva el punto decimal dos lugares a la derecha y vuelva a escribir el número con el signo de porciento. En caso de números enteros añada dos ceros para obtener el porcentaje.

Respuestas

	Decimal o número entero	Porcentajes
1.	.15	15 %
2.	.03	3 %
3.	$.04\frac{1}{2}$	$4\frac{1}{2}$ % ó 4.5 %

	Decimal o número entero	Porcentajes
4.	.255	25.5%
5.	.2	20%
6.	$.15\frac{3}{4}$	$15\frac{3}{4}$ ó 15.75%
7.	.50	50%
8.	4	400%
9.	$.00\frac{1}{2}$	$\frac{1}{2}$% ó .5%
10.	1.5	150%
11.	$.33\frac{1}{3}$	$33\frac{1}{3}$%
12.	.0425	4.25%
13.	.001	.1%
14.	1.15	115%
15.	1	100%
16.	$.3\frac{1}{4}$	32.5 (convierta $.3\frac{1}{4}$ a .325)
17.	$.5\frac{1}{2}$	55%
18.	.6	60%
19.	2	200%
20.	.45	45%

Ejercicio II

Cambie los números siguientes a porcentajes:

1. .24 _____ **2.** .35 _____ **3.** .7 _____

4. .08 _____ **5.** $.4\frac{1}{4}$ _____ **6.** .525 _____

7. $.05\frac{1}{2}$ _____ **8.** $2\frac{1}{2}$ _____ **9.** 3.5 _____

10. $.17\frac{1}{3}$ _____ **11.** .225 _____ **12.** .4 _____

13. .01 _____ **14.** 1.75 _____ **15.** $.0\frac{3}{4}$ _____

16. .07 _____ **17.** .40 _____ **18.** $37\frac{1}{2}$ _____

19. 1.2 _____ **20.** 2 _____ **21.** $3\frac{1}{2}$ _____

22. 5 _____ **23.** $.00\frac{3}{4}$ _____ **24.** .008 _____

25. .8 _____

CAMBIAR PORCENTAJES A FRACCIONES

Ejemplo 1: Cambie las fracciones siguientes a porcentajes:

    1. $\frac{1}{4}$ **2.** $3\frac{1}{2}$ **3.** 9

Método 1: Divida el numerador por el denominador y mueva el punto decimal dos lugares a la derecha.

Método 2: Multiplique la fracción por 100 para obtener el porcentaje (hay que cambiar números mixtos a fracciones impropias).

Nota: Para cambiar los números enteros a porcentajes simplemente multiplique el número por 100.

Soluciones

Fracción	Método 1	Método 2	Respuesta

1. $\frac{1}{4}$

$$\begin{array}{r} .25 = 25\% \\ \hline 4)\overline{1.00} \\ 8 \\ \hline 20 \\ 20 \\ \hline \end{array}$$

$$\frac{1}{\cancel{4}_1} \times \frac{\cancel{100}^{25}}{1}$$

25%

2. $3\frac{1}{2}$

$$\frac{1}{2} = .50$$
$$3\frac{1}{2} = 3.50 = 350\%$$

$$\frac{7}{\cancel{2}_1} \times \frac{\cancel{100}^{50}}{1}$$

350%

3. 9

$9 \times 100 = 900\%$

900%

Ejercicio III

Cambie las fracciones siguientes, números mixtos y enteros, a porcentaje.

1. $\frac{1}{5}$ _____   **2.** $\frac{1}{10}$ _____   **3.** $\frac{2}{5}$ _____

4. $\frac{3}{8}$ _____   **5.** $\frac{7}{10}$ _____   **6.** $\frac{1}{3}$ _____

7. $\frac{5}{8}$ _____   **8.** $1\frac{2}{3}$ _____   **9.** $1\frac{3}{10}$ _____

10. 3 _____   **11.** $4\frac{1}{5}$ _____   **12.** $2\frac{1}{8}$ _____

13. 5 _____   **14.** 1 _____   **15.** $1\frac{4}{5}$ _____

16. $\frac{3}{20}$ _____   **17.** $\frac{1}{50}$ _____   **18.** $\frac{1}{400}$ _____

19. $\frac{1}{2}$ _____   **20.** $\frac{1}{100}$ _____   **21.** $1\frac{3}{4}$ _____

22. $3\frac{4}{5}$ _____   **23.** $\frac{9}{100}$ _____   **24.** $\frac{17}{100}$ _____

25. $\frac{23}{1000}$ _____

CAMBIAR PORCENTAJES A FRACCIONES

Ejemplo 1:   Cambie los porcentajes siguientes a fracciones y números mixtos:

    1. 45% **2.** $4\frac{1}{2}\%$ **3.** $\frac{1}{2}\%$

Método: Para cambiar los porcentajes a fracciones multiplique el número dado o fracción por $\frac{1}{100}$.   Cambie los números mixtos a fracciones impropias.

Simplifique cuando sea posible reduciendo a las expresiones más simples.

Soluciones

1. 45% **2.** $4\frac{1}{2}\%$ **3.** $\frac{1}{2}\%$

$$\frac{\cancel{45}^{9}}{1} \times \frac{1}{\cancel{100}_{20}} = \frac{9}{20}$$

$$\frac{9}{2} \times \frac{1}{100} = \frac{9}{200}$$

$$\frac{1}{2} \times \frac{1}{100} = \frac{1}{200}$$

Ejercicio IV

Cambie los porcentajes siguientes a sus decimales equivalentes:

1. 5 % _____   **2.** 7 % _____   **3.** 16 % _____

4. 19 % _____   **5.** 35 % _____   **6.** 50 % _____

7. 49 % _____   **8.** 80 % _____   **9.** 125 % _____

10. $3\frac{1}{2}$ % _____   **11.** $6\frac{1}{4}$ % _____   **12.** $16\frac{1}{2}$ % _____

13. 4.5 % _____   **14.** $\frac{1}{2}$ % _____   **15.** 6.3 % _____

16. 150 % _____   **17.** 200 % _____   **18.** $166\frac{2}{3}$ % _____

19. 100 % _____   **20.** 1 % _____

Algunos de los porcentajes que se usan más frecuentemente y sus equivalentes fraccionales y decimales.

Porciento	Decimal	Fracción
5%	.05	$\frac{1}{20}$
10%	.10 ó .1	$\frac{1}{10}$
25%	.25	$\frac{1}{4}$
50%	.50 ó .5	$\frac{1}{2}$
75%	.75	$\frac{3}{4}$
100%	1.00 ó 1	1
150%	1.50 ó 1.5	$1\frac{1}{2}$
500%	5.00 ó 5	5
$33\frac{1}{3}$%	$.33\frac{1}{3}$	$\frac{1}{3}$
$66\frac{2}{3}$%	$.66\frac{2}{3}$	$\frac{2}{3}$
$83\frac{1}{3}$%	$.83\frac{1}{3}$	$\frac{5}{6}$
$16\frac{2}{3}$%	$.16\frac{2}{3}$	$\frac{1}{6}$
$87\frac{1}{2}$%	$.87\frac{1}{2}$	$\frac{7}{8}$
20%	.20	$\frac{1}{5}$
1%	.01	$\frac{1}{100}$

CÓMO ENCONTRAR EL PORCENTAJE DE UN NÚMERO

Ejemplo 1: Encuentre 25 % de 58

Método 1. Cambie el porcentaje a su equivalente decimal y multiplique luego por el número dado.

$$25\% = .25$$

$$
\begin{array}{r}
58 \\
.25 \\
\hline
2\,90 \\
11\,6 \\
\hline
14.50
\end{array}
$$

Respuesta: 14.5 ó $14\frac{1}{2}$.

Método 2.   Cambie el porcentaje a fracción.   Multiplique luego la fracción por el número dado.

$$25\% = \frac{25}{100} = \frac{1}{4}$$

$$\frac{1}{4} \times \frac{58}{1} = \frac{29}{2} = 14\frac{1}{2} = Respuesta$$

Ejemplo 2:   Encuentre $4\frac{1}{2}\%$ de 18.

Método 1

$$4\frac{1}{2} = .04\frac{1}{2} \text{ ó } .045 \text{ (decimal)}$$

$$
\begin{array}{r}
18 \\
\times .045 \\
\hline
90 \\
72 \\
\hline
.810
\end{array}
\quad Respuesta = .81
$$

Método 2

$$4\frac{1}{2}\% = \frac{9}{2} \times \frac{1}{100} = \frac{9}{200} \text{ (fracción)}$$

$$\frac{\overset{9}{\cancel{9}}}{\underset{100}{\cancel{200}}} \times \frac{\overset{9}{\cancel{18}}}{1} = \frac{81}{100} = .81 \quad Respuesta$$

Ejemplo 3: $33\frac{1}{3}\%$ de 936.

Método 1

$$33\frac{1}{3}\% = .33\frac{1}{3} \text{ (decimal)}$$

$$
\begin{array}{r}
936 \\
\times .33\frac{1}{3} \\
\hline
2808 \\
2808 \\
\hline
30888 \\
+ 312 \\
\hline
31200
\end{array}
\quad Respuesta:\ 312
$$

Método 2

$$33\frac{1}{3}\% = \frac{100}{3} \times \frac{1}{100} = \frac{1}{3} \text{ (fracción)}$$

$$\frac{1}{3} \times \frac{936}{1} = 312 \quad Respuesta$$

Ejemplo 4: $\frac{1}{2}\%$ de 400.

Método 1

$$\frac{1}{2}\% = .00\frac{1}{2} \text{ ó } .005 \text{ (decimal)}$$

$$
\begin{array}{r}
400 \\
.005 \\
\hline
2.000
\end{array}
\quad Respuesta:\ 2
$$

Método 2

$$\frac{1}{2}\% = \frac{1}{2} \times \frac{1}{100} = \frac{1}{200} \text{ (fracción)}$$

$$\frac{1}{200} \times \frac{400}{1} = 2 \quad Respuesta$$

Ejemplo 5: Encuentre 200% de $35.86.

Método 1

$$200\% = 2.00 \text{ (decimal) ó } 2$$

$$\begin{array}{r} 35.86 \\ \times \quad 2 \\ \hline 71.72 \end{array} \quad Respuesta$$

Método 2

$$200\% = \frac{200}{100} = \frac{2}{1}$$

$$\frac{35.86}{1} \times \frac{2}{1} = 71.72 \quad Respuesta$$

ENCONTRAR QUÉ PORCIENTO ES UN NÚMERO DE OTRO

Ejemplo 1: ¿Qué porcentaje es 12 de 48?

Método 1

$$\overset{1}{\underset{\underset{1}{\cancel{4}}}{\cancel{\frac{\cancel{12}}{48}}}} \times \overset{25}{\underset{1}{\cancel{\frac{100}{1}}}} = 25\%$$

Nota: El número que sigue a la palabra "de" representa el denominador. No es necesariamente el número mayor. (Verifique el ejemplo 2).

Método 2

$$\frac{12}{48} = 48\overline{)\begin{array}{l} .25 \\ 12.00 \end{array}} = .25 \quad \text{ó} \quad 25\%$$
$$\begin{array}{r} 9\,6 \\ \hline 2\,4\,0 \\ 2\,4\,0 \\ \hline \end{array}$$

Ejemplo 2: ¿Qué porcentaje es 24 de 12?

$$\overset{2}{\underset{\underset{1}{\cancel{12}}}{\cancel{\frac{\cancel{24}}{12}}}} \times \frac{100}{1} = 200\%$$

Ejemplo 3:   ¿Qué porcentaje es 7 de 56?

$$\overset{1}{\underset{\underset{2}{\overset{\cancel{8}}{\cancel{56}}}}{\cancel{7}}} \times \frac{\overset{25}{\cancel{100}}}{1} = \frac{25}{2} = 12\tfrac{1}{2}\%$$

Ejemplo 4:   ¿Qué porcentaje es 120 de 80?

$$\frac{\overset{3}{\cancel{120}}}{\underset{\underset{1}{2}}{80}} \times \frac{\overset{50}{\cancel{100}}}{1} - 150\%$$

$$ó \quad \frac{120}{80} = \begin{array}{r} 1.50 \\ 80)\overline{120.00} \\ \underline{80} \\ 400 \\ \underline{400} \end{array} \quad 1.50 \quad ó \quad 150\%$$

Nota: Es más fácil usar el método 1.   (Compruebe el ejemplo 5).

Ejemplo 5:   ¿Qué porcentaje es $33\tfrac{1}{3}$ de 200?

$$\frac{33\tfrac{1}{3}}{\underset{2}{\cancel{200}}} \times \frac{\overset{1}{\cancel{100}}}{1} = \frac{33\tfrac{1}{3}}{2} = \frac{100}{3} \times \frac{1}{2} = \frac{100}{6} = \frac{50}{3} = 16\tfrac{2}{3}\%$$

Nota: En este ejemplo no se puede usar el método 2.   Trate siempre de usar el método 1.

Problemas prácticos

Ejemplo 6:   Una familia con ingresos mensuales de $500, gasta $125 en comida. ¿Qué porcentaje gasta la familia en comida?

Método

$$\text{Porciento} = \frac{\text{parte del total}}{\text{total}} \times \frac{100}{1}$$

$$\frac{\overset{25}{\underset{\underset{1}{\cancel{100}}}{\cancel{125}}}}{\cancel{500}} \times \frac{\overset{1}{\cancel{100}}}{1} = 25\%$$

La familia gasta 25 % de sus ingresos para comida.

Ejemplo 7:   En las ventas de primavera se redujo el precio de un vestido de $72 a $60.   ¿Cuál es el porcentaje de la reducción o el descuento?

Método

$$\text{Porcentaje de descuento o reducción} = \frac{\text{diferencia}}{\text{original}} \times \frac{100}{1}$$

$$\text{Por cien} = \frac{\overset{1}{\cancel{12}}}{\underset{\underset{3}{6}}{\cancel{72}}} \times \frac{\overset{50}{\cancel{100}}}{1} = 50 = 16\tfrac{2}{3}\%$$

El descuento o la reducción es de $16\tfrac{2}{3}\%$.

Ejemplo 8:   El alquiler de un apartamento fue aumentado de \$180 a \$210 por mes.   ¿Cuál es el porcentaje del aumento?

Método

$$\text{Porcentaje del aumento} = \frac{\text{Diferencia}}{\text{Original}} \times \frac{100}{1}$$

$$\frac{\overset{1}{\cancel{30}}}{\underset{\underset{3}{\cancel{6}}}{\cancel{180}}} \times \frac{\overset{50}{\cancel{100}}}{1} = \frac{50}{3} = 16\tfrac{2}{3}\%$$

El porcentaje del aumento $= 16\tfrac{2}{3}\%$.

Nota: Para encontrar el porcentaje de aumento (ejemplo 8) o el porcentaje de reducción (ejemplo 7) use la siguiente fórmula:

$$\frac{\text{Diferencia}}{\text{Original}} \times \frac{100}{1}$$

Ejemplo 9:   De 212 estudiantes que se presentaron al examen 180 aprobaron. ¿Qué porcentaje de estudiantes suspendieron?   (Encuentre el porcentaje del número entero más próximo).

$$
\begin{array}{r}
212 \\
-180 \\
\hline
\end{array}
$$

Número de estudiantes que suspendieron $\overline{\;\;32\;\;}$

$$\text{Porcentaje de estudiantes que suspendieron} = \frac{\text{Diferencia}}{\text{Original}} \times \frac{100}{1}$$

$$\frac{\overset{8}{\cancel{32}}}{\underset{53}{\cancel{212}}} \times \frac{100}{1} = \frac{800}{53}$$

$$
\begin{array}{r}
15\tfrac{5}{53} \\
53\,\overline{)\,800} \\
53 \\
\hline
270 \\
265 \\
\hline
5 \\
\end{array}
$$

El porcentaje de estudiantes que suspendieron $= 15\tfrac{5}{53}\,\%$.

Ejemplo 10:   Un vendedor recibió una comisión de \$150.50 en ventas de \$3010.00. ¿Cuál es la tasa de su comisión o qué porcentaje es la comisión?

$$\text{Porcentaje de comisión o tasa de comisión} = \frac{\overset{.05}{\cancel{150.50}}}{\underset{1}{\cancel{3010}}} \times \frac{100}{1} = 5.0 = 5\%$$

ENCONTRAR EL NÚMERO QUE FALTA CUANDO SE CONOCE UN PORCENTAJE DEL MISMO

Ejemplo 1:   ¿De qué número es 12 un 50%?

Para encontrar el número que falta divida el número dado por el porcentaje después de haberlo cambiado a un número decimal o fracción.

Método 1.   Cambie 50% a .50 (decimal).   Divida 12 por .50.

$$\begin{array}{r} 24. \\ \overline{12 \times 00.} \\ 50) \end{array} = 24$$

$$\begin{array}{r} 10 \quad 0 \\ \hline 200 \\ 200 \\ \hline \end{array}$$

Respuesta: 24

Método 2.   Cambie 50% a

$$\frac{50}{100} = \frac{5}{10} = \frac{1}{2} \text{ (fracción)}$$

Divida 12 por $\frac{1}{2}$:

$$12 \div \frac{1}{2} = \frac{12}{1} \times \frac{2}{1} \times = 24$$

Respuesta: 24

Ejemplo 2:   ¿De qué número es 65 un $3\frac{1}{4}$%?

Método 1

$$3\frac{1}{4}\% = .03\frac{1}{4} \quad \text{o} \quad .0325$$

Divida 65 por .0325.

$$\begin{array}{r} 2000. \\ 0325.)\overline{65\,0000.} \\ 65\,0 \end{array}$$

Respuesta: 2000

Método 2

$$3\frac{1}{4}\% = \frac{3\frac{1}{4}}{100} = \frac{13}{4} \times \frac{1}{100} = \frac{13}{400}$$

Divida 65 por $\frac{13}{400}$:

$$\frac{\cancel{65}^{5}}{1} \times \frac{400}{\cancel{13}_{1}} = 2000$$

Respuesta: 2000

Ejemplo 3:   Lilian compró un televisor a plazos, pagando 20% del precio total. Si pagó \$75 de entrada, ¿cuál es el precio del televisor?

Método 2.   ¿De qué número es \$75 un 20%?

Divida 75 por 20% $(\frac{20}{100} = \frac{1}{5})$.

$$75 \div \frac{1}{5} = \frac{75}{1} \times \frac{5}{1} = \$375.$$

El precio del televisor es \$375.

Ejemplo 4.   Un par de zapatos cuesta $7.95 incluyendo impuestos.   Si el impuesto es de 6%, ¿qué precio tendrán los zapatos sin el impuesto?

Método.   Con un impuesto de 6% unos zapatos con un valor de $100 valdrían $106.   El precio de $7.95 con impuestos es 106% del precio sin impuestos.

¿De qué número es $7.95 un 106%?

Divida $7.95 por 106%.

Cambie 106% a fracción: $\frac{106}{100} = \frac{53}{50}$.

$$\frac{\overset{.15}{\cancel{7.95}}}{1} \times \frac{50}{\cancel{53}} = \$7.50$$
$$1$$

El precio de los zapatos sin impuestos es $7.50.

Ejemplo 5:   ¿Cuál es la inversión si el interés de la inversión es de $900 por año a una razón de interés anual del $4\frac{1}{2}$%?

Método

¿De qué número es $900 un $4\frac{1}{2}$%?

Divida 900 por $4\frac{1}{2}$%.

Cambie $4\frac{1}{2}$ a una fracción:

$$\frac{4\frac{1}{2}}{100} = \frac{9}{2} \times \frac{1}{100} = \frac{9}{200}$$

Divida 900 por $\frac{9}{200}$

$$\frac{\overset{100}{\cancel{900}}}{1} \times \frac{200}{9} = 20.000$$
$$1$$

La inversión es de $20,000.

INTERÉS SIMPLE

Ejemplo 1:   Calcule el interés de una inversión de $450 en un período de 2 años a una razón de interés de 5%

Método

Interés $=$ principal $\times$ razón $\times$ tiempo (años)

Principal $=$ $450

5% razón $= \frac{5}{100}$ ó .05

Tiempo $=$ 2 años

Interés $=$ 450

$$\begin{array}{r} 450 \\ \underline{\times .05} \\ \$22.50 \\ \underline{\times 2} \\ \$45.00 \end{array} \qquad \text{ó} \qquad \cancel{450} \times \frac{\overset{1}{\cancel{5}}}{\underset{20}{\cancel{100}}}$$

$$\frac{45}{2} \times \frac{2}{1} = 45$$

Respuesta: $45.00

Ejemplo 2: Calcule el interés de $375 a una razón de interés de $4\frac{1}{2}\%$ en un período de 2 años y 4 meses.

$$\text{Principal} = \$375$$

$$\text{Razón } 4\frac{1}{2}\% = \frac{9}{2} \times \frac{1}{100} = \frac{9}{200} \quad \text{ó} \quad .045$$

$$\text{Tiempo} = 2\frac{4}{12} \quad \text{ó} \quad 2\frac{1}{3} \text{ años} = \frac{7}{3} \text{ años}$$

$$\boxed{\text{Interés} = 375 \times .045 \times 2\frac{7}{3}}$$

$$
\begin{array}{r}
375 \times \\
.045 \\
\hline
1875 \\
1500 \\
\hline
16.875
\end{array}
$$

$$\overset{5.625}{\cancel{16.875}} \times \frac{7}{\underset{1}{3}} = 39.375$$

Interés $= \$39.38$. (Corrija al céntimo más próximo).

Método Alternativo

$$\text{Interés} = \boxed{\frac{375}{1} \times \frac{9}{200} \times \frac{7}{3}}$$

$$\overset{15}{\underset{1}{\cancel{\underset{\cancel{75}}{375}}}} \times \frac{9}{\underset{\underset{8}{\cancel{40}}}{\cancel{200}}} \times \frac{\overset{3}{7}}{\underset{1}{3}} = \frac{315}{8}$$

$$
\begin{array}{r}
39.37\frac{4}{8} \text{ ó } \frac{1}{2} \\
8)\overline{315.00} = \$39.38 \quad \text{Interés} \\
24 \\
\hline
75 \\
72 \\
\hline
30 \\
24 \\
\hline
60 \\
56 \\
\hline
4
\end{array}
$$

Nota: El interés se tiene que dar en años. Por esto se tiene que cambiar el número de meses a la fracción de un año.

Ejemplo 3: Calcule el interés a una razón de $3\frac{1}{3}\%$ para un principal de $320, en un período de 3 años y 3 meses.

$$\text{Principal} = \$320$$

$$\text{Razón} = \frac{3\frac{1}{3}}{100} = \frac{10}{300} = \frac{1}{30}$$

$$\text{Tiempo} = 3\frac{3}{12} = 3\frac{1}{4}$$

$$\text{Interés} = \frac{320}{1} \times \frac{1}{30} \times 3\tfrac{1}{4}$$

$$\frac{\overset{80}{\cancel{320}}}{1} \times \frac{1}{\cancel{30}} \times \frac{13}{\underset{1}{\cancel{4}}} = \frac{104}{3}$$

$$
\begin{array}{r}
34.66\tfrac{2}{3} \\
3)\overline{\ 104.0} \\
\underline{9} \\
14 \\
\underline{12} \\
20 \\
\underline{18} \\
2
\end{array}
$$

Interés = $34.67 (al céntimo más próximo).

Ejemplo 4:   ¿Cuál es el interés de $200 a una razón interés de 4% en un período de 1 año 6 meses y 20 días?

$$\text{Principal} = \$200$$

$$\text{Tasa} = \frac{4}{100} \ \text{ó} \ .04$$

$$\text{Tiempo} = 1 \text{ año} + \frac{6}{12} \text{ de año} + \frac{20}{365} \text{ de año}$$

$$= 1 + \frac{1}{2} + \frac{4}{73}$$

$$\frac{3}{2} = \frac{219}{146} \qquad \frac{4}{73} = \frac{8}{146}$$

$$\frac{219}{146} + \frac{8}{146} = \frac{227}{146}$$

$$\text{Interés} = \frac{\overset{1}{\cancel{\overset{2}{\cancel{200}}}}}{1} \times \frac{4}{\underset{1}{\cancel{100}}} \times \frac{227}{\underset{73}{\cancel{146}}} = \frac{908}{73}$$

$$
\begin{array}{r}
12.43\tfrac{61}{73} \\
73)\overline{\ 908.00} \\
\underline{73} \\
178 \\
\underline{146} \\
320 \\
\underline{292} \\
280 \\
\underline{219} \\
61
\end{array}
= \$12.44 \quad \text{(al céntimo más próximo)}
$$

Ejemplo 5:   El Sr. Smith pidió prestado a un banco $4,500. que tenía que devolver al final de seis años a un tipo de interés simple de $6\frac{1}{4}\%$.   ¿Qué cantidad pagó el Sr. Smith al final de los 6 años?

El interés simple de $4.500. por 6 años es

$$I = 4.500 \times 0.0625 \times 6$$

$$(I = P \times R \times T) = \$1687.50$$

(La cantidad total que pagó al final de los 6 años) $= \dfrac{\begin{array}{r} 1687.50 \\ 4500.00 \end{array}}{6187.50}$

Ejemplo 6:   La cantidad de $400. que se deposita en una caja de ahorros aumenta a $436. en un período de 2 años.   Calcule la razón interés o el porcentaje que paga el banco.

$$\textbf{(Interés)}\ I = P \times R \times T\ \text{(Principal} \times \text{Razón} \times \text{Tiempo)}$$

$$36 = 400 \times R \times 2$$

$$36 = 800\ R.$$

$$R = 800\overline{)\begin{array}{l} 0.045 \\ 36.00 \\ \underline{32.00} \\ 4\ 000 \\ 4\ 000 \end{array}}$$

$$\text{Interés} = 4.5\%$$

Ejemplo 7:   John tiene que pagar 5% de interés por un préstamo que le ha hecho el banco. Si devuelve el préstamo con interés después de 3 años que resulta en un total de $287.50, ¿cuánto le prestó el banco a John?

Si el banco prestó $100. a John, éste tendrá que pagar $15.00 de interés en un período de 3 años.   El importe total que tendrá que devolver será $115.00.

$$\frac{\text{Suma devuelta}}{\text{Préstamo}} = \frac{115}{100} = \frac{287.50}{x}$$

$$115\ x = 287.50 \times 100 = 287.50$$

$$x = \frac{28750}{115}$$

$$x = 115\overline{)\begin{array}{l} 250 \\ 28750 \\ \underline{230} \\ 5750 \end{array}}$$

Respuesta: $250

Método alternativo.   ¿De qué número es 287.50 un 115%?

$$287.50 \times \frac{115}{100}$$

$$\frac{287.50}{1} \times \frac{100}{115} = \frac{28750}{115}$$

$$115\overline{)\begin{array}{l} 250 \\ 28750 \\ \underline{230} \\ 575 \\ \underline{575} \end{array}}$$

Respuesta: $250.00

Situaciones prácticas de Porcentajes

1. Una familia gastó su salario mensual de la forma que muestra la figura adjunta.

¿Qué fracción gastó en:

a) alquiler_____

b) comida y diversiones, _____

c) ropa,_____

d) asuntos diversos,_____

e) ahorros. _____

Calcule los porcentajes correspondientes.

2. De 640 estudiantes que tomaron el examen de habilidad escolástica 160 fueron suspendidos. ¿Qué porcentaje de estudiantes fue suspendido? _____

3. En un partido de baloncesto el equipo campeón logró encestar 4 de cada 5 tiros. ¿Cuál es el porcentaje de encestas?_____

4. Un equipo de colegio ganó 84 partidos y perdió 16. ¿Qué porcentaje de los partidos jugados ganó el colegio?_____

5. Un turista viajó 800 millas en avión, 200 millas por carretera y 1,500 millas en barco. ¿Qué porcentaje de la distancia total viajó el turista

a) en avión _____

b) en coche _____

c) en barco _____

6. Un ejecutivo reparte su tiempo en las 24 horas del día como muestra el diagrama. ¿Cuántas horas necesita para

a) dormir _____

b) trabajar _____

c) viajes _____

d) fiestas _____

e) lectura _____

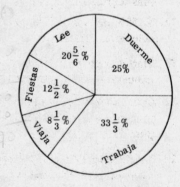

7. Una computadora hace un error en 0.01% de los casos mientras que un ser humano puede hacer un error en 2% de los casos. ¿De 10,000 que se examinaron en cuántos casos erró la computadora? Compare esta cifra con el número de casos en que erró el ser humano. _____

8. A un asistente de director que gana $21,600. por año se le concede un aumento de salario de un 8%. ¿Cuánto es este aumento en dólares por mes?_____

9. Un vendedor cobra una comisión de 15% sobre las ventas además de su salario regular de $450. por mes. Si el promedio de sus ventas por mes es de $2,000, ¿cuál es su salario mensual en promedio? _____

10. Un residente de la ciudad de Nueva York paga 5% en impuestos estatales y 3% en impuestos municipales para productos de consumo si los compra en una tienda local. ¿Cuánto paga un neoyorquino en impuestos si compra 10 camisas a $20 cada una?_____

11. Un vestido que vale originalmente $27.00 se vende con un descuento de 16 2/3%. ¿Cuál es el precio rebajado del vestido? _____

12. Las matrículas de admisión en el City College fueron durante los años académicos siguientes como sigue:

    1969 – 70   500
    1970 – 71   625
    1971 – 72   800

    ¿Cuál fue el porcentaje de aumento de las matrículas durante el período 71–72 sobre el período anterior y cuál el porcentaje de aumento del período 70–71 sobre el período anterior?_____

13. Si se aumenta el precio de transporte de $.30 a $.40, ¿cuál es el porcentaje de aumento? _____

14. Si el valor de un coche se deprecia en un 15% cada año, entonces encuentre la pérdida de valor en un período de un año de un coche que vale $2500._____

15. Un abogado aumentó sus honorarios de $60.00 a $80.00, y con esto perdió la mitad de su clientela. Compare el porcentaje del aumento de su honorario al porcentaje de pérdida de su clientela._____

16. Susan compró un abrigo por $12.75. Esto era 75% del precio original. ¿Cuál fue el precio original del abrigo?_____

17. John trabaja por una comisión de 15% y espera ganar $500.00. ¿Cuánto tiene que vender para ganar este importe? (Dé la respuesta al centavo más cercano.)_____

18. Si 55% del colegio son varones y hay 860 estudiantes, ¿cuántos varones hay en el colegio?_____

19. Martín pagó $170.00 en impuestos sobre inmobiliarios basados en una razón de impuesto del 2%. ¿Qué valor tiene su propiedad inmobiliaria?_____

20. Una muestra de mineral de hierro contiene 70% de hierro puro. ¿Cuántas toneladas de mineral de hierro hacen falta para obtener 40 toneladas de hierro puro?_____

21. En el teatro 85% de los asientos butacas estaban ocupados. Si el número de asientos ocupado era 850, ¿cuál es la capacidad total de asientos del teatro?_____

22. Calcule el interés simple de $640.00 a una razón de interés de 3 1/2% para un período de dos años. _____

23. A Joan le prestaron $600.00 por 6 meses a una razón de interés de 6%. ¿Cuánto tuvo que pagar al final de 6 meses para devolver el préstamo?_____

24. Un banco prestó al Sr. Smith $1,000.00 a una razón de interés de 6 1/2%. El Sr. Smith reinvirtió el dinero en acciones. Después de 3 años vendió las acciones por $1,400.00 y devolvió el préstamo con intereses. ¿Cuánto ganó el Sr. Smith en esta transacción? _____

25. Calcule el interés de $500.00 a una razón de interés de 4 1/2% en un período de 25 días. _____

26. El Sr. Jones cobró intereses por $150.00 en una inversión por 2 años a 6 1/4%. ¿Cuánto dinero había invertido? _____

27. Un banco prestó $5,000.00 al Sr. Sen y éste acordó devolver este importe al final de 3 años con intereses. Si devolvió $6,087.50 con intereses después de 3 años, ¿cuál es la razón de interés que aplica el banco en este préstamo? _____

28. ¿Cuánto tiempo hace falta para que un principal de $200.00 cobre un interés de $35.00 a una razón de interés de 3 1/2% anual?_____

PROMEDIOS
RAZONES Y PROPORCIONES

PROMEDIOS

Ejemplo 1: El total de propinas que recibe una camarera cada día de la semana en un restaurante es el siguiente:

Lunes	$5.00
Martes	$7.00
Miércoles	$10.00
Jueves	$8.00
Viernes	$5.00

Distribuya el total que recibe en una semana en partes iguales para cada día.

Total $= \$35$
No. total de días $= 5$
Cada día recibe $5) \overline{\dfrac{7}{35}}$ ó $5 \times 7 = 35$

La camarera recibe un promedio de $7.00 en propinas cada día.

7 es el promedio de los números: 5, 7, 10, 8, 5.

$$\text{Promedio} = \frac{\text{Suma de los números}}{\text{Cantidad de números que se suman}}$$

$$= \frac{5 + 7 + 10 + 8 + 5}{5} = \frac{35}{5} = 7$$

Ejemplo 2: Un automovilista que conducía a 30 millas por hora aumentó su velocidad en 10 millas después de cada hora. ¿Qué distancia recorrió en 6 horas y qué promedio de velocidad alcanzó en las 6 horas?

Distancia total recorrida $= 30 + 40 + 50 + 60 + 70 + 80 = 3330$ millas

Horas de recorrido $= 6$

$$\text{Velocidad promedio} = \frac{\text{Distancia total}}{\text{no. de horas}} = \frac{330}{6} = 55 \text{ millas/hora}$$

Ejemplo 3: Un automovilista condujo a 40 millas por hora durante las primeras dos horas y a 60 millas por hora durante las siguientes tres horas. ¿Cuál fue la distancia total que recorrió y cuál fue su velocidad promedio durante el viaje?

Distancia recorrida en las dos primeras horas $= 40 \times 2 = 80$ millas

Distancia recorrida en las siguientes tres horas $= 60 \times 3 = 180$ millas

Distancia total $= 260$ millas
no. total de horas $= 5$ millas

$$\text{Velocidad promedio} = \frac{\text{Distancia total}}{\text{No. de horas}} = \frac{260}{5} = 52 \text{ millas/hora}$$

Ejemplo 4: La distribución de edad de los alumnos de una clase es la siguiente:

5 estudiantes de 14 años
4 estudiantes de 16 años
6 estudiantes de 18 años

¿Cuál es el promedio de edad de la clase?

No. de alumnos	(×)	Edad	(=)	Total
5	×	14	=	70
4	×	16	=	64
6	×	18	=	108
Total: 15				242

$$\text{Edad Promedio} = \frac{242}{15}$$

$$= 15\overline{)242} \quad 16\ 2/15$$

$$\frac{15}{92}$$

$$\frac{90}{}$$

Edad Promedio = 16 años
de la clase

Ejemplo 5: El promedio de notas de un estudiante en las 5 pruebas del examen "High School Equivalency" fue 45. Si sacó 52 en la prueba I, 48 en la prueba II, 46 en la prueba III, y 44 en la prueba IV, ¿cuánto sacó en la prueba V?

El promedio de notas en las 5 pruebas es 45.
Puntuación total = 45 × 5 = 225.

Prueba I   = 52
Prueba II   = 48
Prueba III = 46
Prueba IV = 44

Total: 190 para 4 pruebas

Puntaje en la Prueba V = puntaje total en las 5 pruebas menos puntaje
total en las 4 pruebas
= 225 − 190
= 35

Compruebe:

Prueba I   = 52
Prueba II   = 48
Prueba III = 46
Prueba IV = 44
Prueba V   = 35

Total de 5 pruebas = 225

$$\text{Promedio del puntaje de las 5 pruebas} = \frac{225}{5} = 45$$

Situaciones prácticas

1. Un avión recorrió 1,280 millas en 4 horas. ¿Cuál es la velocidad promedio del avión?_____

2. Un estudiante sacó las notas 45, 50, 65, 60, 63, 57 en diferentes pruebas. ¿Cuál es el promedio de las notas en las pruebas? _____

3. La comisión que recibe un vendedor cada mes depende de la cantidad de ventas del mes correspondiente. El vendedor recibe una comisión de $12,000.00 por un año y en el mes de agosto recibe $948.00. ¿Cuánto más o menos que el promedio ha recibido en el mes de agosto?_____

4. El promedio de tres diferentes pruebas de inteligencia es 127. Si la puntuación en las dos primeras pruebas es de 116 y 124, ¿cuál es la puntuación en la tercer prueba?_____

5. La temperatura que marcó el termómetro cada hora durante un día fue (en grados Farenheit): 28°, 29°, 32°, 34 , 37°, 42°, 55°, 47°, 45°, 44°, 40°, 38°. ¿Cuál es el promedio de temperatura durante el día?_____

6. La tabla siguiente nos muestra el promedio de temperatura durante algunos intervalos del día. ¿Cuál es el promedio de temperatura durante todo el día?_____

Intervalo de tiempo	Temperatura
6 a.m. a 8 a.m.	30°
8 a.m. a 12 a.m.	42°
12 a.m. a 3 p.m.	45°
3 p.m. a 6 p.m.	43°

7. Se pesó un trozo de roca lunar en diferentes máquinas que sólo tenían una exactitud de pocas libras. Los pesos que marcaron las diferentes máquinas para la roca fueron los siguientes: 18, 15, 21, 14, 16, 17, 18, 20, 15, 16. Encuentre el promedio de los pesos que marcaron las máquinas._____

8. En una clase de 20 alumnos se dieron las siguientes puntuaciones: 80, 100, 125, 75, 70, 65, 72, 43, 42, 64, 72, 68, 58, 20, 35, 45, 55, 25, 29, 150. ¿Cuál es el promedio de notas de la clase? Dé la respuesta a la centésima._____

9. La velocidad recomendada para todo vehículo de motor en una autopista con mucho tráfico es la velocidad promedio entre los límites máximos y mínimos de velocidad de dicha autopista. Si la velocidad máxima es de 70 millas por hora y la velocidad recomendada es de 50 millas por hora, ¿cuál es el límite mínimo de velocidad? _____

10. Las exigencias para aprobar el examen de 5 pruebas son:

a) La puntuación en cada prueba no debe ser inferior a 35.
b) El promedio de puntuación en las 5 pruebas tiene que ser 45 o mayor.

Si la máxima puntuación en cada prueba es 75, ¿cuál es el resultado de los candidatos que puntuaron como sigue?_____

	Prueba 1	Prueba 2	Prueba 3	Prueba 4	Prueba 5
Candidato I	75	38	35	36	40
Candidato II	70	58	45	63	30
Candidato III	50	52	35	45	43

Explique su respuesta _____

RAZONES

La relación entre 2 números se expresa por una razón.

Compare	Razón
4 a 8	$4/8 = 1/2$ ó $1 : 2$
3 a 9	$3/9 = 1/3$ ó $1 : 3$
12 a 4	$12/4 = 3/1$ ó $3 : 1$
16 a 2	$16/2 = 8/1$ ó $8 : 1$

Explicación: La razón de 4 a 8 es 1/2 y expresa que 4 es la mitad de 8. Similarmente la razón 1/3 nos dice que el número 3 es una tercera parte del número 9. La razón de 12 a 4 es 3, y nos dice que el número 12 es 3 veces mayor que el número 4. También así la razón 8 expresa la relación que el número 16 es 8 veces mayor que el número 2.

Ejemplo 1:   Encuentre la razón:

Respuestas

1. 1 a 4 $1 : 4$ ó $1/4$
2. 2 a 6 $2 : 6$ ó $2/6 = 1/3$
3. 25 a 50 $25 : 50$ ó $25/50 = 1/2$
4. 50 a 10 $50 : 10$ ó $5 : 1$ ó $50/10 = 5/1$
5. 100 a 15 $100 : 15$ ó $20 : 3$ ó $100/15 = 20/3 = 6\,2/3$

Ejemplo 2:   Compare:

Respuestas

1. 10 a 4 $10 : 4 = 5 : 2$ ó $5/2$
2. 15 a 5 $15 : 5 = 3 : 1$ ó $3/1$
3. 10 a 40 $10 : 40 = 1 : 4$ ó $1/4$
4. 5 a 25 $5 : 25 = 1 : 5$ ó $1/5$

Ejemplo 3:   Encuentre el número que falta:

Respuestas

1. $36/6 = (\ ) : 1$ $6 : 1$
2. $14/35 = 2 : (\ )$ $2 : 5$
3. $55/33 = 5 : (\ )$ $5 : 3$
4. $78/6 = (\ ) : 1$ $13 : 1$

Ejemplo 4:   Lleve las razones siguientes a sus mínimas expresiones:

	Paso 1	Paso 2
1. $48 : 36$	$8 : 6$	$4 : 3$
2. $91 : 14$	$13 : 2$	
3. $64 : 16$	$16 : 4$	$4 : 1$
4. $5 : 75$	$1 : 15$	
5. $7 : 105$	$1 : 15$	

Método: Encuentre el divisor común por el que los números dados se puedan dividir. Repita este procedimiento tantas veces como sea necesario hasta obtener dos números que no tengan un divisor común. Para este procedimiento se necesitan uno o más pasos.

Para obtener el resultado en un solo paso se tiene que encontrar el divisor común más alto por el que se puedan dividir los dos números dados.

Ejemplo: 48 : 36; el divisor común es 2.

Paso 1   24 : 18   el divisor común es 2
Paso 2   12 : 9   el divisor común es 3
Paso 3   4 : 3
   o   48 : 36   el divisor común más alto es 12
Paso 1   4 : 3   (Los divisores comunes son 2, 3, 4, 6.)

RAZONES EN MEDIDAS

Cuando números representan medidas o cualquier cantidad física como el tiempo, la temperatura, etc., entonces la razón de 2 números solamente tiene sentido cuando los 2 números tienen la misma dimensión.

Ejemplo 5:   Encuentre la razón de 1 hora y 30 min. (90 min.) a 3 horas (180 min.)

$$\text{Razón} = \frac{90 \text{ min.}}{180 \text{ min.}} = \frac{1}{2} \text{ ó } 1 : 2$$

$$\frac{1\frac{1}{2} \text{ (hr.)}}{3 \text{ (hr.)}} = \frac{1}{2} \text{ ó } 1 : 2$$

Nota: Los dos números tienen que expresarse en minutos o en horas.

Ejemplo 6:   Encuentre la razón de 4 yardas a 8 pies.   1 yd. = 3 pies, así es que 4 yds. = 12 pies.

$$\text{Razón} = \frac{12 \text{ pies}}{8 \text{ pies}} = \frac{3}{2} = 3 : 2$$

Ejemplo 7:   ¿Cuál es la razón de 3 semanas a 3 días?

$$\text{Razón} = \frac{21}{3} = \frac{7}{1} = 7 : 1$$

Ejercicio I

GRUPO A

¿Cuál es la razón?

1. 13 a 52 _____   6. 7 a 147 _____
2. 6 a 26 _____   7. 9 a 81 _____
3. 15 a 80 _____   8. 35 a 45 _____
4. 98 a 24 _____   9. 34 a 57 _____
5. 39 a 13 _____   10. 18 a 54 _____

GRUPO B

Encuentre la razón de los siguientes números usando el mayor divisor común.

1. 35 a 105 _____   6. 21 a 42 _____
2. 49 a 63 _____   7. 57 a 34 _____
3. 128 a 160 _____   8. 64 a 96 _____
4. 75 a 125 _____   9. 105 a 49 _____
5. 196 a 14 _____   10. 69 a 9 _____

GRUPO C

Encuentre el número que falta.

1. $15/12 = 5 :$ ( ) _____
6. $144/12 = 12 :$ ( ) _____

2. $23/69 =$ ( ) $: 3$ _____
7. $36 : 30 =$ ( ) $: 5$ _____

3. $21/63 = 3 :$ ( ) _____
8. $49 :$ ( ) $= 7 : 1$ _____

4. $56/112 = 7 :$ ( ) _____
9. ( ) $: 25 = 4 : 20$ _____

5. $63/70 = 9 :$ ( ) _____
10. $12 : 13 = 144 :$ ( ) _____

GRUPO D

¿Cuál es la razón?

1. 3 yardas a 4 pies _____
6. 10 kilos a 440 gramos _____

2. 12 pulgadas a 3 pies _____
7. 160 kilómetros a 5000 metros _____

3. 60 minutos a 60 segundos _____
8. 8 onzas a 2 libras _____

4. 2 días a 30 horas _____
9. 2 cuartos a 1 galón _____

5. 1 milla a 5280 pies _____
10. 30 pulgadas a 1 yarda _____

Situaciones prácticas

1. Hay 560 butacas en un auditorio, de las cuales 480 están ocupadas. ¿Cuál es la razón de butacas ocupadas a butacas vacías? _____

2. En un colegio de 860 alumnos hay 520 varones y el resto son hembras. ¿Cuál es la razón del número de hembras al número de varones?

3. El largo de un cuadro es de 4 pies y 6 pulgadas y el ancho es de 3 pies y 2 pulgadas. ¿Cuál es la razón del largo al ancho? _____

4. En un año dado John fue 240 días al colegio y faltó 32 días. ¿Cuál es la razón del número de días que John estuvo en el colegio al número total de días laborables? _____

5. La razón del largo al ancho de un cuadro es de 3 : 2. Si se agranda el cuadro por 5 veces su tamaño original, ¿cuál es la razón del ancho al largo del cuadro agrandado? _____

RAZONES Y PROPORCIONES

Ejemplo 8: Compare las razones de 3 a 4 y de 36 a 48.

$$3 : 4 = \frac{3}{4}$$

$$36 : 48 = \frac{36}{48} = \frac{3}{4}$$

3 : 4 y 36 : 48 son razones equivalentes. Los números 36 y 48 son 12 veces mayores que los números 3 y 4. En otras palabras, la razón 36 : 48 es proporcional a la razón 3 : 4, que se expresa:

$$3 : 4 = 36 : 48 \quad ó \quad 3 : 4 : 36 : 48$$

Ejemplo: Encuentre el número que falta en la proporción siguiente.

$$12 : 3 = 96 : (\ )$$

$$\frac{12}{3} = \frac{96}{(\ )} = \frac{12 \times 8}{3 \times 8} = \frac{96}{24}$$

Ejercicio II

Usando el método anterior, complete las siguientes proporciones:

1. 3 : 7 = (   ) : 21   **2.** 8 : 9 = (   ) : 72
3. 6 : 5 = 42 : (   )   **4.** 1 : 2 = 20 : (   )
5. 6 : 9 = 12 : (   )   **6.** 3 : 7 = 18 : (   )
7. 2 : 5 = (   ) : 25   **8.** 8 : 3 = (   ) : 27
9. 9 : 2 = (   ) : 12   **10.** 1 : 3 = 20 : (   )

ÁLGEBRA

REPRESENTACIONES ALGEBRAICAS

En aritmética utilizamos números siempre que queremos representar cantidades; en álgebra utilizamos los números también pero es posible utilizar letras, llamadas variables, con el objeto de representar ciertas cantidades cuyos valores no se han definido.

Ejemplo 1: En una clase hay n estudiantes de los cuales la mitad son niños y la otra mitad niñas. ¿Cuántos niños y cuántas niñas hay en esa clase?

Solución:

$$\text{número de niños} = n/2$$
$$\text{número de niñas} = n/2$$

Como se ve en este ejemplo el número de estudiantes está representado por la letra n (cuyo valor no se ha definido).

Ejemplo 2: Juan tenía $20. y gastó x, ¿cuánta plata tiene Juan ahora?

Solución:

$$\text{Juan tiene ahora } 20 - x \text{ dólares}$$

Efectivamente la plata que él tiene ahora es igual a la cantidad que tenía menos x, lo que gastó. Observe que aquí también se ha usado una cantidad literal, x, cuyo valor puede ser cualquiera entre cero y veinte en este ejemplo.

En álgebra se pueden efectuar las mismas operaciones que en aritmética, como se muestra en los siguientes ejemplos que ilustran varios casos:

Ejemplos: Representar algebraicamente los siguientes enunciados:

a) Sume a más b más tres $= a+b+3$.

b) Reste 3 de n; $n - 3$.

c) Multiplique 3 por $x = 3x$.

En álgebra es muy común omitir el signo $\times$ para indicar multiplicación; la multiplicación aquí se expresa por medio de un punto, por ejemplo $3 \cdot x$; por medio de paréntesis, por ejemplo $3(x)$ o, simplemente se escriben las dos cantidades una a continuación de la otra, por ejemplo $3x$. Este último caso sólo es posible cuando sólo una cantidad es numérica.

d) Divida x por tres $= x/3$ o $x \div 3$.

Ejercicio I

Representar algebraicamente:

1. a más b _____
2. b menos c _____
3. a más b menos c _____
4. 5 multiplicado por x _____
5. a multiplicada por 8 _____
6. x más 9 _____
7. 7 más x más c _____
8. b aumentado en 10 _____
9. x dividido por tres _____
10. 5 dividido por a_____

Describa literalmente las operaciones algebraicas indicadas a continuación:

11. $a + b$ _____

12. $a - b + c$ _____

13. $ab - c$ _____

14. $x \cdot y \cdot z$ _____

15. xyz _____

16. $(x) (y) (z)$ _____

17. $3x$ _____

18. $\dfrac{xy}{z}$ _____

19. $\dfrac{a + b}{c}$ _____

20. $\dfrac{xyz}{x+y}$ _____

21. Si la edad de Juan es x años y la edad de Carlos es y años, represente algebraicamente:

   a) edad de Juan más edad de Carlos _____

   b) edad de Carlos menos edad de Juan _____

   c) edad de Juan más dos veces edad de Carlos _____

   d) edad de Carlos más 3 años más edad de Juan _____

22. Una regla se corta en dos partes que miden a y b metros (ver figura).

$$\overset{\longleftarrow\; a \;\longrightarrow\longleftarrow\; b \;\longrightarrow}{\vert\!\!\!\rule[0.5ex]{6cm}{0.4pt}\!\!\!\vert}$$

   Representar algebraicamente la longitud de la regla (suma de ambas partes)

   _____.

23. Si Antonio tiene y pesos en el banco y deposita z, represente algebraicamente la cantidad que tiene después de hacer el depósito (suma de ambas cantidades)

   _____.

Evaluación de expresiones algebraicas

La evaluación de una expresión algebraica se hace sustituyendo las cantidades literales por los valores dados y resolviendo las operaciones indicadas.

Ejemplo 1:   Si $a = 3$ y $b = 5$ hallar el valor de

$$5a + b.$$

Puesto que a vale 3, $5a$ será igual a $5 \cdot 3 = 15$ y como $b = 5$, se tiene:

$$5 \cdot 3 + 5 = 15 + 5 = 20 \quad \textit{Respuesta}$$

Ejemplo 2:   Si $a = 6$ y $c = 4$ hallar el valor de

$$7a - 4c.$$

Puesto que a vale 6, $7a$ es igual a $7 \cdot 6 = 42$.
En la misma forma $4 \cdot c$ es igual a $4 \cdot 4 = 16$.
Luego la expresión será igual a:

$$42 - 16 = 26 \quad \textit{Respuesta}$$

Ejercicio II

Si $x = 2$, $y = 3$ y $z = 5$, hallar el valor numérico de:

1. $6x + y - 1$ _____   **3.** $6 + x + z$ _____

2. $x + 5y$ _____   **4.** $x + y + z$ _____

5. $\dfrac{x}{2} + 2y$ _____

6. $z - x$ _____

7. $z - y$ _____

8. $z - \dfrac{2y}{3}$ _____

9. $2z - 3y - \dfrac{x}{2}$ _____

10. xy _____

11. $zx - y$ _____

12. $\dfrac{xy}{z}$ _____

13. $yz - 3x$ _____

14. $\dfrac{xy}{2} - \dfrac{3z}{5}$ _____

15. $xyz - xy$ _____

EXPONENTES

Una cantidad se puede multiplicar por sí misma cuantas veces se quiera.

Ejemplo: $b \cdot b \cdot b$ (b multiplicada 3 veces por sí misma).

Con el objeto de evitar la escritura de la misma letra o número o expresión, llamadas bases en estos casos, simplemente se escribe la letra una sola vez y se escribe al lado superior derecho de la base un número pequeño que se llama exponente y que indica cuántas veces hay que multiplicar la base por sí misma.

Ejemplo: $b \cdot b \cdot b = b^3$
$4 \times 4 \times 4 \times 4 = 4^4$
$3 \times 3 = 3^2$
$2^1 = 2$

Cualquier base con exponente 1 es igual a sí misma.

Ejemplo: Hallar el valor numérico de: $x^2 + y^3$

$$\text{si } x = 2, \ y = 5$$
$$x^2 = 2 \cdot 2 = 4; \quad y^3 = 5 \cdot 5 \cdot 5 = 125$$
$$x^2 + y^3 = 4 + 125 = 129 \quad \textit{Respuesta}$$

Ejercicio III

Hallar el valor numérico de las siguientes expresiones algebraicas si $x = 2$, $y = 3$:

1. x^2 _____

2. y^2 _____

3. $3x^2 + y$ _____

4. $x^2 + 5y$ _____

5. $x + 4y^2$ _____

6. $7y^2 + 3$ _____

7. $\dfrac{x^2}{2} + \dfrac{2y}{3}$ _____

8. $x \div y^2$ _____

9. x^2/y _____

10. $\dfrac{x^2 y^2}{6}$ _____

SOLUCIÓN DE ECUACIONES

Resolver una ecuación consiste en encontrar el valor de la incógnita que satisfaga el enunciado de la misma.

Ejemplo: $x + 3 = 5$.

Para resolver esta ecuación hay que buscar el valor de x que haga que la expresión a la izquierda del signo de egualdad tenga el mismo valor que la expresión a la derecha de este signo. En este caso vemos que el valor de x igual a 2 satisface la ecuación ya que ambos lados del signo iqual son iquales a cinco.

Métodos para resolver ecuaciones

Ejemplo 1: $x + 8 = 13$.

Puesto que ambos lados de la ecuación son iguales, podemos sumar o restar una misma cantidad a ambos lados y la ecuación no varía; entonces,

$$x + 8 - 8 = 13 - 8$$

Hemos restado 8 a ambos lados de la ecuación y efectuando las operaciones indicadas se tiene entonces que

$$x = 5 \quad \text{ya que } 8 - 8 = 0 \quad \text{y } 13 - 8 = 5$$

Para comprobar la respuesta reemplace el valor de x en la ecuación original y se debe tener una igualdad o sea

$$5 + 8 = 13$$
$$13 = 13 \quad \text{o sea que } x = 5 \text{ es una respuesta correcta.}$$

Ejemplo 2: Resolver $x - 5 = 7$.

En este caso vamos a agregar 5 a ambos miembros de la ecuación.

$$x - 5 + 5 = 7 + 5$$

Después de efectuar las operaciones indicadas:

$$x = 12 \quad \text{ya que } -5 + 5 = 0$$

Para comprobar la respuesta reemplace el valor $x = 12$ en la ecuación original.

Resumiendo los dos casos anteriores se tiene que:

En el ejemplo 1, x y 8 están relacionados por la suma ($x + 8$). En este caso se usa la operación inversa a la suma, la resta, para encontrar el valor de x.

En el ejemplo 2, x y 5 están relacionados por la resta ($x - 5$). En este caso, se usa la operación inversa a la resta, la suma, para encontrar el valor de x.

Ejercicio IV

Resolver las siguientes ecuaciones:

1. $x + 4 = 6$ _____

2. $x + 1 = 8$ _____

3. $x + 3.5 = 5.5$ _____

4. $x - 6 = 9$ _____

5. $x - 7 = 10$ _____

6. $x + 13 = 26$ _____

7. $x - 1.5 = 2.3$ _____

8. $x + \dfrac{1}{3} = \dfrac{5}{3}$ _____

9. $x + \dfrac{3}{4} = 1\dfrac{3}{4}$ _____

10. $x - .5 = 7.5$ _____

Ejemplo 3: $3x = 9$.

Puesto que ambos lados de la ecuación son iguales, podemos dividirlos por un mismo número y la igualdad no se altera; entonces

$$\frac{\overset{1}{\cancel{3}}x}{\underset{1}{\cancel{3}}} = \frac{\overset{3}{\cancel{9}}}{\underset{1}{\cancel{3}}}$$

Luego,

$$x = 3 \quad \textit{Respuesta}$$

Para comprobar la respuesta, llevamos el valor de x (3) a la ecuación original:

$$3 \cdot 3 = 9$$
$$9 = 9$$

El valor $x = 3$ es correcto ya que ambos miembros de la ecuación son iguales.

Ejemplo 4: $\dfrac{x}{4} = 10$.

En este caso multiplicamos ambos miembros de la ecuación por 4; se tiene entonces

$$\frac{x}{4} \cdot 4 = 10 \cdot 4$$
$$x = 40$$

Para comprobar la solución reemplace el valor $x = 40$ en la ecuación original.

Resumiendo estos últimos dos casos se tiene que:

Cuando la incógnita está siendo multiplicada por un número ($3x$ en el ejemplo), para encontrar el valor de ésta se dividen ambos miembros de la ecuación por el mismo número que está multiplicando a la incógnita ($3x/3 = 9/3$).   Es decir, aquí también se usa la operación inversa para resolver la ecuación ya que la operación inversa de la multiplicación es la división.

Cuando la incógnita está siendo dividida por un número ($x/4$ en el ejemplo), para encontrar el valor de ésta se multiplican ambos miembros de la ecuación por el mismo número que está dividiendo la incógnita ($x/4 \cdot 4 = 10 \cdot 4$).   Aquí también se usa la operación inversa para resolver la ecuación, ya que la operación inversa de la división es la multiplicación.

Ejercicio V

1. $2x = 8$ _____   **6.** $\dfrac{x}{6} = 2$ _____

2. $3x = 12$ _____   **7.** $\dfrac{x}{6} = 7$ _____

3. $\dfrac{x}{2} = 5$ _____   **8.** $8x = 20$ _____

4. $\dfrac{x}{4} = 6$ _____   **9.** $9x = 45$ _____

5. $7x = 21$ _____   **10.** $7x = 49$ _____

Hasta ahora hemos trabajado con ecuaciones en las que solamente hay un tipo de operación, pero generalmente en una ecuación hay diferentes operaciones combinadas.

Ejemplo 5: $3x + 6 = 12$ (multiplicación y suma).

Para resolver estas ecuaciones se tiene que empezar con los términos que estén sumando o restando y finalmente con los que estén multiplicando o dividiendo como se ilustra a continuación:

$$3x + 6 - 6 = 12 - 6$$
$$3x = 6 \qquad \text{(ver ejemplo 1)}$$

$$\frac{3x}{3} = \frac{6}{3}; \quad x = 2 \quad \text{(ver ejemplo 3)}$$

Ejemplo 6: $\frac{x}{4} - 1 = 7$.

Solución: $\frac{x}{4} - 1 + 1 = 7 + 1$ (ver ejemplo 3)

$$\frac{x}{4} = 8$$

$$\frac{x}{4} \cdot 4 = 8 \cdot 4$$

$$x = 32 \qquad \text{(ver ejemplo 4)}$$

Ejercicio VI

Resolver las siguientes ecuaciones:

1. $x + 4 = 7$ _____
2. $x - 6 = 8$ _____
3. $x + 1.5 = 3$ _____
4. $3x = 6$ _____
5. $x/5 = 13$ _____
6. $3x + 1 = 6$ _____
7. $2x + 3 = 7$ _____
8. $9x - 1 = 8$ _____

9. $4x + 2 = 6$ _____
10. $x/5 + 2 = 7$ _____
11. $x/2 - 3 = 9$ _____
12. $x/8 + 2 = 13$ _____
13. $10x + 2x = 144$ _____
14. $x + 3 + 5x = 39$ _____
15. $x/2 + 3x/2 = 8$ _____

SOLUCIÓN DE PROBLEMAS

Para resolver problemas algebraicamente se sigue el procedimiento descrito a continuación:

a) Encuentre las cantidades conocidas y las desconocidas.
b) Represente las cantidades desconocidas por letras.   Use gráficos cuando éstos ayuden a visualizar el problema.
c) Plantee una ecuación que satisfaga el enunciado del problema.
d) Resuelva la ecuación.
e) Compruébela.

Ejemplo 1: Juan es tres años más joven que Carlos. Si ambas edades suman 41 años, ¿cuál es la edad de Juan y cuál es la edad de Carlos?

a) Cantidad conocida es la suma de ambas edades (41 años): cantidades desconocidas, edad de Juan y Carlos.
b) Si edad de Carlos $= x$, entonces edad de Juan (tres años más joven que Carlos) es $x - 3$.
c) El problema dice:

$$\text{edad de Juan} + \text{edad de Carlos} = 41 \text{ años.}$$

Ecuación correspondiente: (En el lado izquierdo de la ecuación tenemos $x + x$ ó sea 2 veces x ó $2x$.)
$$x - 3 + x = 41$$

d) Solución de la ecuación:

$$2x - 3 = 41$$
$$2x - 3 + 3 = 41 + 3$$
$$2x = 44$$
$$\frac{2x}{2} = \frac{44}{2}; \quad x = 22$$

Reemplazando se tiene:

edad de Carlos $= 22$ años
edad de Juan $= 22 - 3 = 19$ años

Comprobación:

$$x - 3 + x = 41$$
$$22 - 3 + 22 = 41$$
$$41 = 41$$

Ejemplo 2: En una clase hay 3 veces más niños que niñas. Si hay 20 alumnos en total, ¿cuántos niños y cuántas niñas hay?

a) Cantidad conocida: número de alumnos (20): cantidades desconocidas: número de niñas y número de niños.
b) Si el número de niñas $= x$, entonces el número de niños $= 3x$.
c) El problema dice:

número de niños $+$ número de niñas $= 20$ estudiantes.

Luego,
$$3x + x = 20.$$

d) Solución de la ecuación: (Tres veces x más x es igual a 4 veces x.)
$$4x = 20$$
$$\frac{4x}{4} = \frac{20}{4}, \quad x = 5$$

De la parte (b) se tiene entonces que:

número de niñas $= 5$
número de niños $= 15$

Comprobación:

$$3x + x = 20$$
$$3 \cdot 5 + 5 = 20 \quad \text{(ver ecuación)}$$
$$20 = 20$$

Ejemplo 3: Una cuerda de 12 pies de largo se corta en dos partes de forma tal que una parte es 3 pies más larga que la otra. ¿Cuánto mide cada parte?

a) Cantidad conocida, longitud de la cuerda, 12 pies; cantidades desconocidas, longitud de cada parte.
b) Si la parte más corta mide x pies, entonces la parte más larga medirá $x + 3$ pies.
c) El problema dice que la longitud total es 12 pies o sea parte corta $+$ parte larga $= 12$ pies. Luego,

$$x + x + 3 = 12$$

d) Solución de la ecuación:

$$x + x + 3 = 12$$
$$2x + 3 = 12$$
$$2x + 3 - 3 = 12 - 3$$
$$2x = 9$$
$$\frac{2x}{2} = \frac{9}{2}$$
$$x = 4\tfrac{1}{2} \text{ pies}$$

Luego parte más corta = $4\tfrac{1}{2}$ pies, y la parte más larga $x + 3 = 4\tfrac{1}{2} + 3 = 7\tfrac{1}{2}$ pies.

Comprobación:

$$x + x + 3 = 12$$
$$4\tfrac{1}{2} + 4\tfrac{1}{2} + 3 = 12$$
$$12 = 12$$

Situaciones prácticas A*

1. Jane tiene n años de edad. ¿Cuántos años tenía hace 8 años?_____

2. ¿Cuántas horas demoró recorrer a un automóvil x millas si iba a una velocidad de 25 millas por hora? _____

3. Tomás tiene b dólares en el banco. Si deposita c dólares, ¿cuántos dólares tendrá en el banco?_____

4. Barry tiene s centavos. Se gasta 35 centavos en comida. ¿Cuántos centavos le quedan?_____

5. Ricardo tiene 3 dólares más que Juan. Si Juan tiene d dólares, ¿cuántos dólares tiene Ricardo?_____

6. José tiene x años de edad. María tiene 8 veces la edad de José. ¿Cuántos años tiene María?_____

7. Si el señor Henrique ahorra D dólares cada semana, ¿cuántas semanas tendrán que pasar para que ahorre 500 dólares? _____

8. ¿Cuántos lápices pueden comprarse por n centavos si un lápiz cuesta c centavos?_____

9. Un barco viaja a R millas por hora. ¿Cuántas millas recorrerá en h horas?

_____

10. La longitud de un rectángulo es cuatro veces su anchura. Si la anchura es m pulgadas, ¿cuál es su longitud en pulgadas?_____

11. La suma de dos números es 25. Si un número es n, ¿cuánto será el otro número?_____

12. La base de un triángulo es t pulgadas de largo. La altura es 4 pulgadas menos que la base. ¿Cuántas pulgadas tiene de altura?_____

13. Si el radio de una circunferencia mide y pulgadas, ¿cuánto mide el diámetro?

_____

14. El dueño de una tienda tiene 60 libras de café y el precio es 40 centavos y 50 centavos. Si tiene b libras de 50 centavos, ¿cuántas libras tiene de a 40 centavos?_____

* Los problemas 1-25 del precedente ejercicio provienen de:
REFRESHER WORKBOOK IN ARITHMETIC by Edwin I. Stein. ©Copyright 1959 by Allyn and Bacon, Inc. Translated and used by permission of Allyn and Bacon, Inc.

15. Henrique tiene x billetes de 5 dólares y seis veces más billetes de 1 dólar.   ¿Cuántos billetes de 5 y de 1 dólar tiene en total?_____

16. Roberto tiene n dólares.   Antonio tiene 7 dólares menos de tres veces los dólares de Roberto.   ¿Cuántos dólares tiene Antonio? _____

17. Uno de los dos ángulos tiene d grados y la suma de los dos ángulos es de 75 ¿Cuántos grados tiene el segundo ángulo?_____

18. ¿Cuántas millas puede recorrer un automóvil con 15 galones de gasolina si recorre b millas por galón? _____

19. En una clase hay n alumnos.   Si hay x niños, ¿cuántas niñas hay en la clase?

_____

20. Una pieza de madera de 16 pies se corta en dos partes.   Si una de las dos partes tiene f pies, ¿cuántos pies tiene la otra parte?_____

21. ¿Cuántas horas demorará un avión volar s millas volando a m millas por hora?_____

22. El ángulo A es 5 veces mayor que el ángulo B.   El ángulo B tiene h grados. ¿Cuántos grados tiene el ángulo A?_____

23. Juan tiene 18 años.   ¿Cuántos años tendrá en y años?_____

24. Lolita y Amparo vendieron juntas 240 revistas.   Si Lolita vendió n revistas, ¿cuántas vendió Amparo?_____

25. El señor Martínez tiene r sellos de 2¢ y 9 veces más sellos de 1¢ que de 2¢ y 4 veces más de 3¢ que de 2¢.   ¿Cuántos sellos tiene en total?_____

Situaciones prácticas B

1. Si Juan tiene x años, ¿cuántos años tendrá él en 5 años?_____

2. Si Carlos tiene $50 y gasta x, ¿cuánto dinero le queda?_____

3. Una cuerda mide x metros; si se añade a ésta otra cuerda que mide y metros, ¿cuál es la longitud total de las dos cuerdas?_____

4. Si se han recorrido x millas por una autopista y el doble de esta distancia por una carretera secundaria, ¿cuál ha sido la distancia total recorrida?_____

5. En una clase hay x niños.   Si en esta misma clase hay 3 niñas más que niños, ¿cuántos estudiantes hay en esta clase? _____

6. La base de un triángulo mide x metros y los otros dos lados miden 5 metros cada uno.   ¿Cuál es el perímetro de este triángulo?_____

7. Si la longitud de un rectángulo es el doble de su ancho, ¿cuánto mide el perímetro de este rectángulo? _____

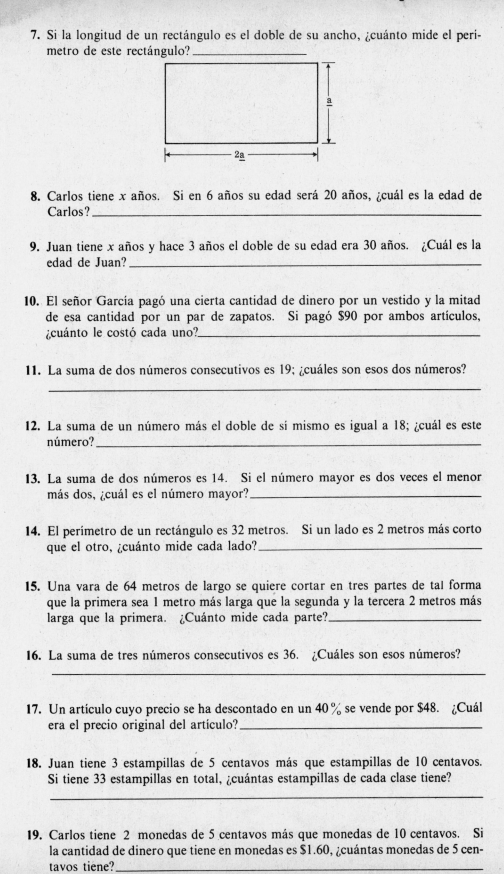

8. Carlos tiene *x* años.   Si en 6 años su edad será 20 años, ¿cuál es la edad de Carlos? _____

9. Juan tiene *x* años y hace 3 años el doble de su edad era 30 años.   ¿Cuál es la edad de Juan? _____

10. El señor García pagó una cierta cantidad de dinero por un vestido y la mitad de esa cantidad por un par de zapatos.   Si pagó $90 por ambos artículos, ¿cuánto le costó cada uno? _____

11. La suma de dos números consecutivos es 19; ¿cuáles son esos dos números?

_____

12. La suma de un número más el doble de sí mismo es igual a 18; ¿cuál es este número? _____

13. La suma de dos números es 14.   Si el número mayor es dos veces el menor más dos, ¿cuál es el número mayor? _____

14. El perímetro de un rectángulo es 32 metros.   Si un lado es 2 metros más corto que el otro, ¿cuánto mide cada lado? _____

15. Una vara de 64 metros de largo se quiere cortar en tres partes de tal forma que la primera sea 1 metro más larga que la segunda y la tercera 2 metros más larga que la primera.   ¿Cuánto mide cada parte? _____

16. La suma de tres números consecutivos es 36.   ¿Cuáles son esos números?

_____

17. Un artículo cuyo precio se ha descontado en un 40% se vende por $48.   ¿Cuál era el precio original del artículo? _____

18. Juan tiene 3 estampillas de 5 centavos más que estampillas de 10 centavos. Si tiene 33 estampillas en total, ¿cuántas estampillas de cada clase tiene?

_____

19. Carlos tiene 2 monedas de 5 centavos más que monedas de 10 centavos.   Si la cantidad de dinero que tiene en monedas es $1.60, ¿cuántas monedas de 5 centavos tiene? _____

ÁNGULOS

Un ángulo se forma trazando dos líneas desde un punto común. El espacio entre estas dos líneas se mide en grados. Un ángulo puede medir menos de un grado y más de 360 grados (360°).

Clases de ángulos

1. *Ángulo agudo:* ángulo menor de 90°

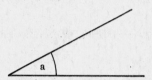

$<a$ es menor de 90°

2. *Ángulo recto:* ángulo que mide 90°

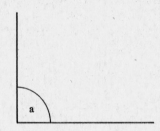

$<a = 90°$

3. *Ángulo obtuso:* ángulo mayor de 90°

$<a$ es mayor de 90°

4. *Ángulo llano:* ángulo que mide 180°; está formado por una línea recta.

$<a = 180°$

5. *Ángulos complementarios:* dos ángulos cuya suma es 90°

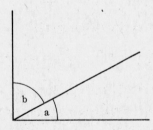

$<a + <b = 90°$

6. *Ángulos suplementarios:* dos ángulos cuya suma es 180°

$<a + <b = 180°$

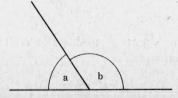

Triángulo: una figura de 3 lados.   La suma de sus ángulos es igual a 180°.

$$<1 + <2 + <3 = 180°$$

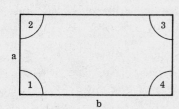

El perímetro es la suma de los lados.

$$a + b + c = \text{perímetro.}$$

El área es igual a la mitad de la base por la altura.

$$\text{Área } A = ½ \; bh. \; (h = \text{altura})$$

Rectángulo: figura de cuatro lados.   Los lados opuestos son iguales y paralelos.   Todos los ángulos interiores miden 90°.   La suma de estos ángulos es 360°.

El perímetro es dos veces su longitud más dos veces su ancho.

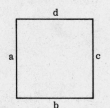

$$P = 2a + 2b \quad \text{ó} \quad 2(a + b).$$

El área es su longitud por su ancho.

$$A = ab.$$

Cuadrado: un cuadrado es un rectángulo con sus cuatro lados iguales.

$$a = b = c = d.$$

En todo lo demás es igual al rectángulo.

Paralelogramo: figura de cuatro lados. Los lados opuestos son iguales y paralelos.

$$a = c, \quad b = d.$$

Los ángulos opuestos son iguales.

$$<1 = <3; \quad <2 = <4.$$

La suma de sus ángulos es 360°.

El perímetro es dos veces su longitud más dos veces su ancho.

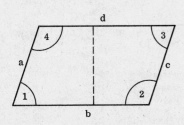

$$P = 2a + 2b \quad \text{ó} \quad 2(a+b) \quad \text{ó} \quad 2(a+b).$$

El área es igual al producto de la base por la altura.

$$A = bh.$$

Trapezoide: figura de cuatro lados; solamente las bases son paralelas (*b* es paralela a *d*).

La suma de los ángulos es 360°.

La suma de los ángulos en un mismo lado es 180°.

$$<1 + <4 = 180; \qquad <2 + <3 = 180°.$$

El perímetro es la suma de todos sus lados.

$$P = a + b + c + d.$$

El área es igual a la altura multiplicada por la semisuma de las bases.

$$A = h \times \tfrac{1}{2}(b + d).$$

Círculo: figura formada por una línea curva sencilla. Todo punto en esta línea equidista del centro. La distancia alrededor del círculo se llama circunferencia (*C*). La distancia a través del círculo (la que atraviesa el centro) se llama diámetro (*d*). La distancia del centro a cualquier punto en la circunferencia se llama radio (*r*). La circunferencia es igual a Pi por el diámetro.

$$C = \pi d, \qquad Pi(=\pi) = \tfrac{22}{7}$$

ó aproximadamente 3.14

El área es igual a π por el radio al cuadrado.

$$A = \pi r^2$$

En un círculo hay 360°.

TEOREMA DE PITÁGORAS

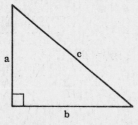

$$c^2 = a^2 + b^2$$
$$c = \sqrt{a^2 + b^2}$$

Esto significa que el cuadrado de la hipotenusa es igual a la suma de los cuadrados de los catetos.

La hipotenusa es la línea opuesta al ángulo de 90°. Catetos son los otros dos lados.

Suponiendo las siguientes medidas: a = 3, b = 4.

$$c^2 = a^2 + b^2 = 3^2 + 4^2 = 9 + 16 = 25$$

$$c^2 = 25, \qquad \text{entonces} \qquad c = \sqrt{25} = 5$$

La raíz cuadrada de 25 es el número que, multiplicado por sí mismo, da 25. (5 × 5 = 25) Entonces todo triángulo rectángulo cuyos catetos miden 3 y 4 tendrá una hipotenusa igual a 5. Esto es también cierto para todos los múltiplos de 3, 4 y 5.

Suponiendo que *a* = 6;   *b* = 8.   Se tiene que

$$c^2 = 6^2 + 8^2 = 36 + 64 = 100$$
$$c^2 = 100$$
$$c = \sqrt{100}; \qquad c = 10$$

Entonces:

3, 4, 5
6, 8, 10
9, 12, 15
12, 16, 30   etc.

Otros dos triángulos que forman cuadrados perfectos son: 5, 12, 13 y 8, 15, 17.

$$13^2 = 5^2 + 12^2 \qquad 17^2 = 8^2 + 15^2$$
$$169 = 25 + 144 \qquad 287 = 64 + 225$$

Ejercicio I

1. Decida el tipo de ángulo en cada una de las figuras siguientes (agudo, recto, obtuso):

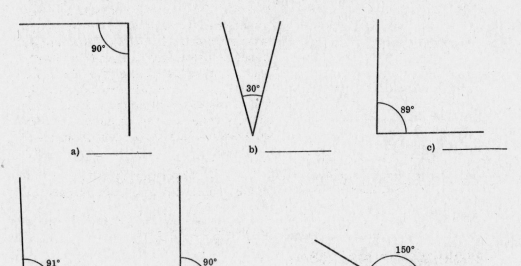

a) _____   b) _____   c) _____

d) _____   e) _____   f) _____

2. En el triángulo mostrado determine el valor del ángulo *B*: _____

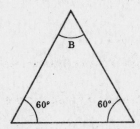

3. ¿Cuál es el valor del ángulo *c* en el triángulo recto mostrado en la figura?_____

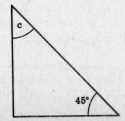

4. Un triángulo equilátero es el que tiene sus tres lados iguales; en este triángulo sus tres ángulos son también iguales.   El triángulo mostrado en la figura es equilátero; ¿cuánto miden sus tres ángulos? _____

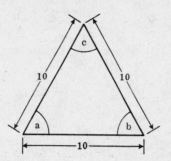

5. En el siguiente triángulo determine el valor de los lados *A* y *B*.   ¿Cuál es el perímetro de este triángulo? _____

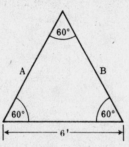

6. En el triángulo recto mostrado en la figura halle el valor de la hipotenusa. _____ ¿Cuál es el perímetro? _____

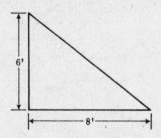

7. ¿Cuál es el valor del lado *A* en el triángulo mostrado en la figura? _____

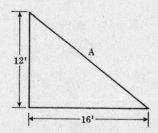

8. La pizarra de un salón de clase mide 4 metros de largo por 2 de ancho.   Halle el valor de su perímetro. _____

9. Se quiere comprar un lote de terreno de forma rectangular que mide 100 metros de largo por 30 de ancho.   Si el valor del metro cuadrado es $12, ¿cuánto cuesta el lote? _____

10. Se quiere comprar una lámina de latón de forma triangular como se muestra en la figura. El precio de esta lámina es $5 por pie cuadrado. ¿Cuánto cuesta la lámina? _____

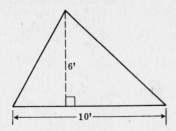

11. Con una cuerda de una cierta longitud se ha formado un círculo cuyo radio es 3 metros. ¿Cuál es la longitud de la cuerda? _____

12. Con el cilindro mostrado en la figura se quiere hacer un tanque. Si el diámetro de este cilindro mide 3 metros, ¿cuál es el área de la lámina que se debe utilizar como base? ($\pi = 3.14$) _____

13. Si se quiere cortar una lámina metálica de forma circular con una superficie de 154 m², ¿cuál debe ser la longitud del radio de esta lámina? ($\pi = \frac{22}{7}$).

_____

14. La figura mostrada está compuesta por un rectángulo y un semicírculo. Si las medidas están dadas en metros, halle el valor del área. _____

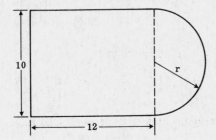

15. La figura siguiente fue cortada de una cierta lámina metálica que pesa 3 kilogramos por metro cuadrado. Si las dimensiones de la figura están dadas en metros, halle el peso de la figura dada. _____

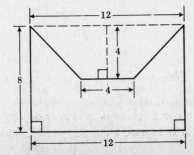

16. Un patio de forma trapezoida como el mostrado en la figura se quiere ence-
mentar. Si un obrero cobra $8 por metro cuadrado encementado, ¿cuánto
habría que pagarle para que ejecutara el trabajo completo? _____

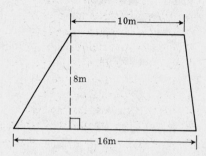

17. Hallar el valor del área sombreada si las dimensiones están dadas en pies.
_____

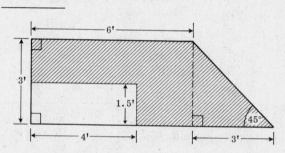

18. Hallar el valor del área sombreada en la figura. (Las dimensiones están
dadas en pies.) _____

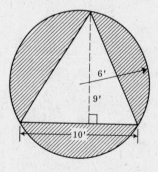

19. La figura mostrada está compuesta por semicírculos y rectángulos. Halle el
valor del área sombreada si las dimensiones están dadas en pies. _____

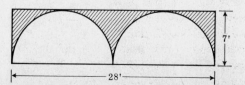

CLAVES

CLAVES PARA LA PARTE DE GRAMÁTICA

Examen diagnóstico (PP. 2-8)

I. *Ortografía* (vale 10 puntos)
 1. ahitar
 2. aprobar
 3. atrevido
 4. crujir
 5. ermita
 6. gemir
 7. gobierno
 8. balde
 9. inmóvil
 10. varonil
 11. vaivén
 12. porvenir
 13. rehusar
 14. abogado
 15. afirmativa
 16. prodigio
 17. conmemorar
 18. arrendar
 19. prebenda
 20. escoba

II. *Acentuación* (vale 10 puntos)
 1. cómo, automóvil, autobús
 2. difícil, petróleo, más
 3. entendió, explicó, raíz
 4. guía, países, bahía
 5. Dé, ése, aquél, sólo
 6. llamé, partiríamos, más
 7. ánimo, espíritu, desazón
 8. ibérica, sé, cuántas, además
 9. geografía, antropología, políticas
 10. Américas, librería, sitúa, Veintitrés

(En esta parte, cada oración tiene cuatro palabras subrayadas; así, para facilitar la cuenta de puntos, cada error = $\frac{1}{4}$ punto.)

III. *Gramática* (vale 25 puntos)
1. D
2. B
3. A
4. B
5. C
6. A
7. D
8. C
9. A
10. B
11. B
12. C
13. D
14. B
15. C
16. A
17. C
18. D
19. A
20. C
21. D
22. C
23. B
24. D
25. C

IV. *Puntuación* (vale 20 puntos)

1.	2.	3.	4.
A	C	D	A

5.	6.	7.	8.
B	C	A	D

9.	10.	11.	12.
B	C	B	D

13.	14.	15.	16.
B	C	B	A

17.	18.	19.	20.
B	A	B	C

V. *Sintaxis* (vale 10 puntos)

1. B
2. A
3. C
4. B
5. B
6. A
7. C
8. B
9. C
10. B

Ortografía   = 10 puntos
Acentuación = 10 puntos
Gramática   = 25 puntos
Puntuación = 20 puntos
Sintaxis   = 10 puntos
TOTAL   = 75 puntos

ACENTUACIÓN (PP. 10-19)

PP. 10-11

1. G	**6.** A	**11.** E	**16.** G
2. G	**7.** E	**12.** G	**17.** E
3. A	**8.** G	**13.** G	**18.** G
4. A	**9.** A	**14.** A	**19.** A
5. G	**10.** E	**15.** G	**20.** A

PP. 11-12

1. caíste	**19.** mandarín	**33.** actúa	**53.** leímos
2. héroe	**20.** policía	**34.** últimamente	**54.** deseábamos
5. así	**21.** policíaco	**35.** útiles	**55.** comeríamos
6. mártir	**22.** poseyó	**36.** además	**57.** guías
7. razón	**25.** bellísima	**37.** oír	**60.** sintética
8. unión	**26.** conclusión	**41.** carácter	**62.** dormís
9. interés	**27.** analítico	**42.** escribiéndose	**63.** vayáis
12. leía	**28.** hablaríais	**43.** alegría	**66.** influíais
13. hablarán	**29.** París	**45.** régimen	**67.** ángel
15. país	**30.** traían	**46.** toméis	**70.** octogésimo
16. números	**31.** obsérvense	**47.** viviésemos	**72.** terminación
18. encárgueselos	**32.** pretérito	**51.** corazón	

PP. 13-14

1. Sólo, métodos
2. sé, todavía, horóscopo
3. qué, querías, lección
4. Mamá, más, mí
5. Quería, dónde, página, séptima
6. éste, mío
7. tenía, ejército, después
8. Cuál, periódico
9. críticos, están poseídos, más, noción
10. electrónico, billonésimos, información
11. él, había, políticas, diplomática
12. Después, día, Luis, sabía, más
13. Cuánta, información
14. mí
15. Aún, habían, médico
16. habíais, esperaríais, mediodía
17. existían, religión, judíos, mudéjares
18. Córdoba, convirtió, más, época
19. invención, contribuyó, difusión
20. Tendrán, básicas, matemática

P. 14

(A = aguda; G = grave; V = vocal; "n" o "s"; C = consonante que no sea "n" o "s".)

1. A, C	**11.** A, C	**21.** G, V	**31.** G, V	**41.** G, V
2. G, V	**12.** G, V	**22.** G, V	**32.** G, V	**42.** A, C
3. G, V	**13.** A, C	**23.** G, V	**33.** G, V	**43.** G, V
4. A, C	**14.** G, V	**24.** G, V	**34.** G, V	**44.** A, C
5. G, V	**15.** G, V	**25.** G, V	**35.** A, C	**45.** A, C
6. G, V	**16.** G, V	**26.** A, C	**36.** G, V	**46.** G, V
7. A, C	**17.** A, C	**27.** G, V	**37.** A, C	
8. G, V	**18.** G, V	**28.** A, C	**38.** A, C	
9. A, C	**19.** G, V	**29.** G, V	**39.** A, C	
10. G, V	**20.** A, C	**30.** G, V	**40.** G, V	

1) No. Porque o son graves terminadas en vocales "n" o "s", o son agudas terminadas en consonantes.
2) No.

P. 15

(A = aguda, G = grave, E = esdrújula; V = terminada en vocal; N = terminada en "n"; S = terminada en "s"; C = terminada en consonante que no sea "n" o "s".)

1. A, N	**11.** E	**21.** A, N	**31.** A, S	**41.** A, S
2. E	**12.** A, S	**22.** E	**32.** G, C	**42.** A, V
3. G, C	**13.** E	**23.** A, N	**33.** E	**43.** A, V
4. E	**14.** A, S	**24.** A, N	**34.** A, V	**44.** A, V
5. G, C	**15.** E	**25.** G, C	**35.** A, N	**45.** A, V
6. A, V	**16.** A, V	**26.** G, C	**36.** E	**46.** E
7. A, N	**17.** A, V	**27.** G, C	**37.** E	**47.** A, V
8. A, N	**18.** E	**28.** A, S	**38.** E	**48.** A, V
9. E	**19.** G, C	**29.** G, C	**39.** E	
10. A, S	**20.** A, N	**30.** A, V	**40.** G, C	No.

(Nota: En las palabras esdrújulas no se ha indicado la terminación, ya que basta saber que son esdrújulas para colocar acento.)

PP. 15-16

1. corazones	**7.** ingleses	**13.** regímenes	**19.** túneles
2. jóvenes	**8.** capitanes	**14.** razones	**20.** amistades
3. jazmines	**9.** ángeles	**15.** matices	**21.** telones
4. imágenes	**10.** ángulos	**16.** comunes	**22.** dictámenes
5. intereses	**11.** órdenes	**17.** refranes	
6. franceses	**12.** caracteres	**18.** hostiles	

PP. 16-17

1. io, A	**9.** io, A	**17.** io, A	**25.** uo, G	**33.** ie, G
2. ai, G	**10.** ua, G	**18.** ie, G	**26.** ua, G	**34.** ia, G
3. ui, A	**11.** ie, A	**19.** ie, G	**27.** uo, G	**35.** io, G
4. ie, G	**12.** ue, G	**20.** ia, G	**28.** ua, A	**36.** ie, G
5. io, A	**13.** ue, G	**21.** ia...io, G	**29.** ió, A	**37.** ie, G
6. ie, G	**14.** ie, G	**22.** ái, A	**30.** ia, G	**38.** io, G
7. ia, G	**15.** ua, G	**23.** ie, A	**31.** ie, G	**39.** iu, G
8. ie, G	**16.** au, G	**24.** io, G	**32.** ua, A	**40.** ia, G

Para que se pronuncien agudas palabras terminadas en "n" o "s".

PP.17-18

Números de las palabras en que se usa el acento para romper el diptongo:

1, 3, 4, 6, 7, 9, 11, 12, 13, 14, 17, 19, 20, 21, 22, 25, 26, 27, 28, 29, 30, 31, 32, 35. 38, 39, 40, 45.

Números de las palabras en que se usa el acento para cambiar el acento normal:

2, 5, 8, 10, 15, 16, 18, 23, 24, 33, 34, 36, 37, 41, 42, 43, 44, 46.

(En todas las palabras menos #23 se usa el acento para acentuar en la última sílaba una palabra que, terminada en vocal, "n", o "s", sería normalmente acentuada en la penúltima sílaba. En #23 se usa el acento para acentuar en la sílaba antepenúltima una palabra que, terminada en vocal, se acentuaría normalmente en la penúltima sílaba.)

P. 18

1. constitución	7. razón	13. ataúd	19. pasión
2. tradición	8. canción	14. raíz	20. frío
3. ocasión	9. ideal	15. narración	21. traducción
4. publicación	10. alelíe	16. **deliberación**	
5. emoción	11. león	17. empleo	
6. inspiración	12. país	18. superior	

P. 19

Palabras que necesitan acentos:

2. cafetín	19. carmín	32. así	43. ají
4. cabás	20. durmió	33. canapé	46. tomarán
7. papá	22. laúd	35. cayó	48. latín
10. alajú	23. París	36. posición	49. lección
14. comí	25. allí	37. calderón	50. también
15. bridón	27. atrás	40. huyó	
17. afán	30. corazón	41. además	
18. camarín	31. afección	42. autobús	

LA ORACIÓN (PP. 20-24)

sujeto	verbo	sujeto	verbo
1. María	subió	5. alumnos	leían
2. lámpara	iluminó	6. flores	gustan
3. profesores	saben	7. gato	entró
4. quién	escribió	8. coche	patinaba

Oraciones: # 1, 4, 6, 8, 10

11. O, F		16. O, F
12. F, O		17. O, O
13. F, O		18. O, F
14. F, F		19. O, O
15. F, O		20. O, O

21. C	27. C
22. . Le	28. . Les
23. . Por	29. C
24. . Pagué	30. C
25. C	31. . Después
26. . Después	32. C

33. C	36. B
34. A	37. A
35. B	38. B

39. .	46. ¿ ?	53. .	60. ¿ ?
40. ¿ ?	47. .	54. ¿ ?	61. ¡ !
41. .	48. ¡ !	55. ¡ ! ¡ !	62. .
42. .	49. .	56. .	63. .
43. ¿ ?	50. .	57. ¿ ?	
44. ¡ !	51. ¿ ?	58. ¡ ! ¡ !	
45. .	52. .	59.	

primer párrafo

Cuentan
Bolívar. Cuentan
hijo. El
americano.

segundo párrafo

Libertad
hipocrecía. En
hablar. Hay.
soportar. El
llama. En
encima. Era
morir.

tercer párrafo

Hay . . . decoro. Hay.
alrededor. En
luz. Cuando
hombres. Ésos
decoro. En
humana. Esos
sagrados. Estos
México. Se
faltas. Los
sol. El
calienta. El
manchas. Los desagradecidos
manchas. Los agradecidos
luz.

CONCORDANCIA DE SUJETO Y VERBO (PP. 25-27)

Sujeto	Verbo	Sujeto	Verbo
1. colección	es	16. señora	va
2. paquete	fue	17. manada	volaba
3. nombres	olvidaron	18. ejercicio	ayuda
4. lápices	venden	19. caja	contiene
5. todo el mundo	está	20. consejos	habían
6. gente	acudió	21. drama	estrenó
7. reglas	fatigan	22. Ella tú	vieron
8. arreglar	fue	23. idiomas	oyen
9. mucho	aprende	24. arroz	come
10. coche	gustaba	25. cuál	gustó
11. complicaciones	han	26. una	está
12. condición	impidió	27. Juan yo	fuimos
13. multitud	acudió	28. comidas	gustan, preparan
14. el uno … el otro	convienen	29. uno	interesa
15. cada uno	contribuya		

30. está
31. C
32. gustó
33. C
34. tiene
35. C
36. confirieron

37. distribuyeron
38. C
39. daba
40. C
41. notaba
42. C
43. interesa

44. puede
45. vale
46. presentan ... pueden
47. ven
48. estaba
49. entraron

PRETÉRITO DE VERBOS IRREGULARES (PP. 27-31)

1. pidieron, pedí, pedimos, pidió
2. consintió, consentí, consentiste, consintieron
3. repitió, repetí, repetimos, repitió
4. me despedí, se despidieron, se despidió, nos despedimos
5. me divertí, se divirtió, te divertiste, se divirtió
6. se sintió, nos sentimos, se sintieron, se sintió
7. se vistió, me vestí, se vistieron, nos vestimos
8. me reí, se rió, nos reímos, se rió
9. siguió, seguimos, seguiste, siguieron

10. estuvo, estuvimos, estuvieron
11. pudiste, pudo, pudimos, pudieron
12. pusiste, puso, pusieron, pusimos
13. cupiste, cupo, cupimos, cupieron
14. supiste, supo, supimos, supieron
15. anduviste, anduvimos, anduvo, anduvieron
16. tuviste, tuvo, tuvimos, tuvieron

17. puso
18. estuvieron
19. fui
20. pusieron
21. cupieron
22. supo
23. tuvieron
24. pudiste
25. anduvimos
26. supo

27. traje
28. dijeron
29. tradujimos
30. redujeron
31. condujo
32. tradujo
33. trajiste

34. dijo
35. condujo
36. redujo
37. trajeron
38. dije
39. contrajo
40. produjo

41. bendijo
42. reprodujeron
43. trajo
44. dijiste
45. traduje
46. condujimos

47. me acerqué
48. ataqué
49. coloqué
50. dediqué
51. me equivoqué
52. saqué
53. toqué
54. expliqué

55. entregué, entregó
56. comencé, comenzamos
57. castigué, castigaron
58. cruzó, crucé
59. juzgamos, juzgué
60. llegaste, llegué
61. alcancé, alcanzaron
62. rogó, rogué

63. leer: leí, leíste, leyó, leímos, leyeron
64. concluir: concluí, concluiste, concluyó, concluimos, concluyeron
65. distribuir: distribuí, distribuiste, distribuyó, distribuimos, distribuyeron
66. poseer: poseí, poseíste, poseyó, poseímos, poseyeron
67. creer: creí, creíste, creyó, creímos, creyeron
68. influir: influí, influiste, influyó, influimos, influyeron
69. crear: creé, creaste, creó, creamos, crearon
70. oír: oí, oíste, oyó, oímos, oyeron
71. incluir: incluí, incluiste, incluyó, incluimos, incluyeron

SEGUNDA PERSONA FAMILIAR EN EL PRETÉRITO (P. 32)

1. diste
2. hicisteis
3. escribiste
4. dijiste
5. fuisteis
6. supiste
7. contribuisteis
8. levantasteis
9. viniste
10. pediste
11. extrañasteis
12. divertiste
13. tuviste
14. hicisteis
15. hiciste

EL TIEMPO (PP. 33-36)

1. has visto
2. has estado
3. He leído
4. Vimos
5. ha sonado
6. ha decidido
7. ha progresado
8. fue
9. Fuimos
10. Hemos comido
11. llegó
12. He terminado

13. había salido
14. había dejado
15. había hecho
16. vio
17. había leído
18. había buscado
19. nos habíamos equivocado
20. habías visto
21. entró
22. habían vendido

23. diré
24. eres
25. vienes
26. Veremos
27. llegue
28. dirá
29. Llegaré
30. Pagarán
31. habré salido
32. habré terminado
33. ganaré
34. habrá cumplido
35. estarán
36. habrás casado
37. habré terminado
38. acompañaré
39. habrá cometido
40. habremos cenado

41. trató
42. iba
43. C
44. estaba
45. C
46. devolveré
47. había escuchado
48. hubieran aprobado
49. había dicho
50. hubieras visto
51. C
52. ha comprado
53. C
54. alegraría
55. vengas

HABER (PP. 36-37)

1. haya	**7.** hubo	**13.** habrían
2. han	**8.** habían	**14.** habia
3. Había	**9.** hubiera	**15.** había
4. Habrían	**10.** había	**16.** haya
5. Ha	**11.** habían	**17.** ha
6. hubo	**12.** Habrá	

DEBER – DEBER DE (P. 37)

1. debe de	**7.** Deberías	**13.** Deberán
2. debo	**8.** debido	**14.** debido de
3. Debe de	**9.** Debes	**15.** Debe de
4. deben	**10.** debido de	**16.** debe de
5. Debería	**11.** debe de	**17.** Debió de
6. deben	**12.** Deberán	**18.** Debes

EL COMPLEMENTO DIRECTO E INDIRECTO (PP. 38-41)

A.
1. una carta
2. Carmen y su marido
3. —
4. muchas cosas
5. la película

B.
1. lo
2. lo
3. la
4. la un golpe
5. las un golpe
6. los a su hermana

C.
1. CD la muñeca; CI la hermana
2. CD una comida; CI nos
3. CD Adiós; CI lo
4. CD una respuesta; CI le
5. CD que... hablar; CI le

Nota: En español, cuando el complemento directo es persona, lleva la preposición A. De aquí la confusión: al llevar la persona complemento directo la preposición A, parece como si fuera complemento indirecto. Por ello, al usar el pronombre personal, se dice LE, cuando debía ser LO. Según el uso culto actual, el LOÍSMO y el LAÍSMO se consideran como incorrectos. En cambio, se admite el LEÍSMO.

6. La C; le	**12.** les
7. Los ... C	**13.** les
8. le	**14.** Le
9. los	**15.** la
10. lo	**16.** le
11. le	**17.** les

18. le (Con el verbo CONTESTAR, se sobreentiende un objeto directo)
19. lo
20. le
21. le (Con el verbo HABLAR, se sobreentiende un objeto directo)
22. los (preferible); les (aceptable)

23. le
24. le
25. las
26. les
27. le
28. los preferible; les aceptable
29. le
30. las
31. le
32. le
33. la
34. le
35. los
36. le
37. la
38. lo

ELEMENTOS MODIFICADORES (PP. 43-44)

1. americana
2. simpáticos
3. breve
4. poca
5. C
6. tranquilos
7. herida
8. bonito
9. C
10. C
11. fuerte
12. C
13. fuera
14. C
15. negros
16. C

Complemento directo (CD)	Complemento indirecto (CI)	Complemento circunstancial (CC)
17. bondad		durante toda la vida
18. lo	se	en seguida
19. espuma	**nos**	en la cara
20.		en esta bahía
21. lo		por todas partes
22.		a la vez
23. la carta	le	hace una semana

LAS PREPOSICIONES (P. 44)

1. por
2. de
3. a
4. con
5. a
6. en
7. para
8. de
9. con
10. de
11. por
12. de
13. como un
14. en
15. por
16. contra
17. en
18. para
19. de
20. a
21. como
22. para
23. de que

LETRAS MAYÚSCULAS   (P 45)

1. Hablamos/Departamento/Instrucción Pública
2. Don Alfonso/Andrés
3. Sabe/Museo/Arte Moderno
4. Leí/Juana/Loca
5. Su
6. Dirijan/Confederación General/Trabajo/París
7. El/Ponte/República/Árabe/Unida
8. Ha/Naciones Unidas
9. Los/Dios
10. Señor Presidente
11. En/Alfonso/Sabio
12. Se/Península Ibérica/Cataluña/Galicia/Portugal/A

LA COMA (PP. 46-50)

1. Juan,
2. , Lola,
3. Amigos,
4. , Josefina,
5. , viejecito,
6. Mamá,
7. Vecinos,
8. , Piedad,
9. , hija
10. , Enrique,
11. Guayaquil, Ecuador
12. San Juan,
13. Jiménez, 42 Avenida de las Flores, Sevilla,
14. Allende, México

15. libros, cuadernos, plumas
16. bella, alegre, divertida
17. maleta,
18. casa, ... coche,
19. altos, nevados, majestuosos,
20. cuarto,
21. muñeca, una bicicleta,
22. automóvil, autobús, tren
23. gente,
24. Velásquez, del Greco, de Zurbarán,
25. , una ciudad española,
26. , la famosísima pintura de Picasso,
27. , por supuesto,
28. , si me preguntan,
29. , sucio, hambriento y cansado,

30. , el cruel dictador de ... 1852,
31. , Cuba y Puerto Rico,
32. , entonces,
33. , ya que ... platos,
34. , conquistador de los incas,.. ambicioso,
35. , el ajedrez,
36. , para ... sabían,
37. SIN COMAS
38. , que ... jardín,
39. , elemento ... vida,
40. , compuesta ... oxígeno,
41. SIN COMAS

42. bien,
43. , por fin,
44. Pues,
45. Finalmente,
46. es decir,
47. , en cambio,
48. , por consiguiente,
49. Por fin,
50. , es decir,
51. , es decir,
52. Sí,
53. No,
54. mamá,
55. a ella,
56. hermano,
57. Elena,

58. , pero
59. , mas
60. , pero
61. , sino
62. , aunque
63. bien,
64. , sino

65. , mas
66. prometas, ya jures,
67. quieran, o que no quieran,
68. ciudadano, ahora como hombre,
69. trabajando, ya descansando,
70. pagar,

71. llueva,
72. , pues
73. Rosario,
74. botica,
75. anochecer,
76. humo,
77. perdono,

78. , pues
79. reír,
80. nervioso,
81. , y
82. , y
83. , y

EJERCICIO DE REPASO I. P. 51

1. , el boticario,
2. SIN COMAS
3. SIN COMAS
4. , Honoré
5. Vecinos,
6. SIN COMAS
7. viajero, sucio y hambriento,
8. SIN COMAS

9. Niños,
10. , Juan,
11. SIN COMAS
12. , don Pedro Olivar,
13. , hija mía,
14. , don Lope
15. Mamá, Papá,
16. , la reina de Inglaterra,

EJERCICIO DE REPASO II P. 51

1. pueblo, ... época, ... lugar, ... pueblo, ... época,
2. bella, ... fiel, ...
3. Berna, ..., o, mejor dicho,
4. 1516, Carlos I, ... Isabela,
5. Pedro, pero ... que, ... encuentro,
6. Londres, ..., y
7. observación, clasificación,
8. norte, ..., en los Pirineos, ..., Andorra
         o
   norte, ..., Andorra

PUNTO Y COMA (PP. 52-55)

1. monzónicos; China;
2. música;
3. profesor;
4. sol; casa; **barro**;
5. triste, desolada;　o triste; desolada.　No
6. áspera;　　　　　o áspera.　No
7. naranja, aire;　　o naranja; aire.　Se

8. periodico;   o periódico.   Entretanto
9. rubio; dorados.   Ahora   o rubio.   Cuando ... dorados.   Ahora
10. lleno; silla.   De
    o lleno.   Todos
11. humo; majestuosas;   o humo.   Las ... majestuosas.   Algunos
12. radio; televisor;
13. palacios,
14. España, Portugal, los Países Bajos, Africa,
15. trabajar, hijos,   o trabajar; hijos;
16. Unidos; ley;
17. electricidad; cinco;
18. interesante; monótona;
19. violín; violoncelo; pianoforte:
20. New York; España:
21. literario;
22. mar;
23. familia;
24. izquierda;
25. desazón;

Párrafos (P. 55)

1 Uruguay, por ejemplo,
   cosmopólita; capital, Buenos Aires,
   progresista;
   , la antigua capital,
   , pequeño país en Centroamérica,
   educación; en Costa Rica,
2 modernas, mientras
   ejemplo, públicas, bonitos, hoteles,
     elegantes,
   primitivas;

DOS PUNTOS (P. 56)

1. decía: ... clases:
2. tres:
3. ésta:
4. diferente:
5. volúmenes:
6. viviente:
7. miseria:
8. saber:
9. Gasset:
10. ejemplo:

LAS CITAS (P. 56)

1. declara: "No ... votar ... ".
2. libro: "El ... Tierra".
3. Darío: "Juventud ... volver".
4. porque, "en ... dudoso".
         o
   porque: "En ... dudoso".
5. suelo: "Patria ... venceremos".

LOS DIÁLOGOS (P. 57)

—¡Eh!   ¿Adónde va ése?   ¿Quién le dijo que saliera?

—El sargento —repuso Antonio— el sargento me dijo que podía salir, señor.

—¡Sargento!— gritó el capitán.   —¿Qué pasa con éste?

—Es, capitán, pescador del puerto.

—Está bien, puedes irte.

—¿Estás enojado por lo de ayer?— preguntó Miguel.

—No sé a qué se refiere— contestó José.

—Dejémoslo.   Quiero preguntarte algo.

José miraba el reloj.   —Que sea rápido, pues debo estar a las tres y ya son las dos y media.

—¿Qué has oído decir?

—¿De qué?

—Piensan hacer una huelga.

—No sé nada.   Me tengo que ir.

LOS TÍTULOS (P. 58)

1. Los intereses creados, Señora Ama, La malquerida
2. Azul, "Estival" "Walt Whitman"
3. La edad de oro, "Tres héroes," "La muñeca negra"
4. Don Quijote
5. Poetas líricos del siglo XVIII
6. "La victoria de Junín"
7. Periquillo Sarmiento
8. "Guatemala: siempre la violencia" The New York Times
9. Nuevos narradores colombianos "Sangre en los jazmines" "Embarazo"
10. Lazarillo de Tormes
11. Canto general "Alturas de Macchu Picchu"
12. "El poema del Cid" o El poema del Cid
13. La rebelión de las masas
14. "Mi cabra guapa" "La luna en el pino" "Alamo blanco"

REPASO GENERAL DE PUNTUACIÓN (P. 71)

1. sencilla: ... palmaria.
2. Juan, que ... profesión, ... silencio.
3. Galdós, encontramos, en cambio, la ... tiempo: la historia ... Episodios nacionales; los conflictos políticos, ... Doña Perfecta, Gloria ... tesis; y sobre todo, las costumbres, el carácter, la ... contemporáneas.
4. Rubicón, dijo César: "La ... echada".
5. ¡Parece mentira! —gritó ella. —No lo creo en absoluto.
6. mona, aunque ... seda, ... queda.
7. padre, puesto ... ruega.
8. ¿Cuándo salen para España? —preguntó Ana.
9. inanimados, los vegetales, los animales ... racional.
10. guatemalteco; mi madre, puertorriqueña.
11. ¡Llama ... médico! No ... perder.   o ¡No ... perder!
12. hijas: Alicia, Raimunda ... Leonor.
13. Acuérdate, hombre, ... remedio.
14. exámenes, tendremos ... estudiado.
15. estudia, mayor ... ignorancia.
16. ¿Has ... Don Quijote ... Cervantes?
17. :"El amor de ciudad grande".
18. aquí, pues, el ... pesquisas.
19. dicen: "Si ... paz, prepárate ... guerra".   Yo ... acuerdo.
20. dijo —¡Caramba, estás... polvo!

EXAMEN DE PUNTUACIÓN (PP. 60-61)

	Valor en Puntos
1. acá, mía,	2
2. Cien años de soledad; es (soledad. Es)*	4
3. : hierro, carbón ... Apalaches;	4
4. :—Si ... cosa.	4
5. gente, automóviles	2
6. "El entierro del Conde de Orgaz". ... Greco,	4

Cuando hay otros signos de puntuación admisibles en una frase, estos se encuentran entre paréntesis ( ).

7. clima: tórrida,	2
8. Real Academia Española … Lengua … "fui" … "fue" … acento; no (. No) … que (,) por costumbre (,)	6
9. hermano, en cambio,	2
10. cuatro: inglés, español,	2
11. Museo Whitney Avenida Madison	2
12. ¿Tienen … "Memorias de mi juventud" …?	4
13. nada	2
14. ahora,	2
15. ¡Qué … Jardín Botánico …!	2
16. Martí: "La … amor".	4
17. ¿… Biblioteca Pública …?	2
18. novela, … escritor,	2
19. La araucana	2
20. C	2
21. Monroe, … Unidos,	2
22. libro: "La … rotación". Seguía, (:) "Ambos … duración: … horas; por (. Por) … luna".	6
23. indiferencia; al fin.	2
24. país: se (país. Se) … humilde; era (humilde. Era) … compatriotas,	6
25. aspectos: de … astro; de … terrestre; de … Tierra; del … terrestres; de … construye; de … política.	6
26. analfabeta;	4
27. océanos: Océano Pacífico, el mayor de todos, entre Asia, Australia …; el Océano … América, Europa; el Océano … Asia, Australia; el Océano Antártica;	6
28. serio, es decir,	2
29. Sí,	2
30. ¿Dónde … hora?—	4
31. bien,	2
32. peligrosa; duró (. Duró)	2
33. inteligente,	2

Total   100

Resumen:	Los de 6 puntos son	8, 22, 24, 25 y 27	5 @ 6 = 30
	Los de 4 puntos son	2, 3, 4, 6, 16, 26 y 30	7 @ 4 = 28
	Los de 2 puntos son	1, 5, 7, 9, 10, 11, 12, 13, 14 ,15, 17, 18, 19, 20, 21, 23, 28, 29, 31, 32 y 33	21 @ 2 = 42

Total   100

PRIMER EXAMEN DE REPASO (PP. 61-62)

(contenido: oración, pretérito irregular, tú en el pretérito, tiempo, concordancia de sujeto y verbo, acentuación, coma).

1. B	6. D	11. B	16. B
2. D	7. A	12. B	17. C
3. C	8. C	13. A	18. A
4. A	9. C	14. B	19. A
5. A	10. C	15. D	20. B

SEGUNDO EXAMEN DE REPASO (PP. 62-65)

(contenido: acentuación, la oración, concordancia de sujeto y verbo, tiempo, deber-deber de, leísmo, la coma)

1. D	11. C	21. D
2. C	12. C	22. C
3. C	13. B	23. B
4. B	14. D	24. B
5. A	15. D	25. A
6. C	16. A	26. D
7. D	17. A	27. D
8. D	18. C	28. C
9. A	19. A	29. D
10. D	20. D	30. B

TERCER EXAMEN DE REPASO (PP. 65-66)

(contenido: acentuación, concordancia de sujeto y verbo, tiempo, haber, deber-deber de, complementos directos e indirectos, adjetivos, coma, ortografía, preposiciones)

1. C (debo)	14. A (poca)
2. D	15. A (demasiado)
3. B (había estudiado)	16. A (pudiera)
4. A (sin coma)	17. A (creíste)
5. D	18. B (habrá terminado)
6. A (Había)	19. B (inglés)
7. C (u)	20. B (con)
8. C	21. C (zafiro)
9. B (hubiera)	22. A (le)
10. A (venden)	23. C (había salido)
11. B (en)	24. A (e)
12. B (de)	25. A (armonía)
13. A (les)	

CLAVES PARA LA PARTE DE CIENCIAS SOCIALES

(Pp. 69-88)

Pasaje 1	Pasaje 2	Pasaje 3
1. B	1. B	1. B
2. B	2. C	2. C
3. A	3. A	3. C
4. C	4. D	4. A
5. B	5. B	5. C
6. D		

Pasaje 4	Pasaje 5	Pasaje 6
1. B	1. C	1. C
2. B	2. B	2. B
3. D	3. D	3. D
4. B	4. A	4. E
5. B	5. B	5. A

Pasaje 7

1. C
2. B
3. C
4. C
5. B

Pasaje 8

1. B
2. C
3. E
4. A
5. A

Pasaje 9

1. D
2. C
3. C
4. D
5. D
6. E

Pasaje 10

1. C
2. D
3. B
4. B
5. C

Pasaje 11

1. B
2. D
3. B
4. C
5. C

Pasaje 12

1. A
2. C
3. A
4. B
5. B

Pasaje 13

1. B
2. A
3. C
4. B
5. B
6. B

Pasaje 14

1. C
2. B
3. A
4. B

Pasaje 15

1. B
2. C
3. C
4. B
5. A

Pasaje 16

1. B
2. C
3. C
4. A
5. B

CLAVES PARA LA PARTE DE CIENCIAS NATURALES
(Pp. 89-109)

Pasaje 1

1. B
2. B
3. D
4. A
5. C

Pasaje 2

1. D
2. B
3. A
4. C
5. B

Pasaje 3

1. C
2. E
3. B
4. A

Pasaje 4

1. B
2. B
3. A
4. B
5. A

Pasaje 5

1. C
2. E
3. B
4. D
5. B

Pasaje 6

1. C
2. B
3. D
4. B
5. A

Pasaje 7

1. E
2. B
3. C
4. E
5. C

Pasaje 8

1. B
2. B
3. E
4. A
5. C

Pasaje 9

1. D
2. B
3. D
4. C
5. A

Pasaje 10

1. B
2. A
3. B
4. B
5. D

Pasaje 11

1. D
2. D
3. C
4. B
5. E

Pasaje 12

1. A
2. A
3. E
4. C

Pasaje 13

1. C
2. B
3. D
4. B
5. E
6. C

Pasaje 14

1. C
2. D
3. B
4. D
5. A

Pasaje 15

1. E
2. C
3. A
4. B
5. D

Pasaje 16

1. B
2. A
3. E
4. D
5. C

Pasaje 17

1. D
2. C
3. E
4. B
5. A
6. C

CLAVES PARA LA PARTE DE LITERATURA

Primer nivel (PP. 116-121)

Pasaje

1. Elena Quiroga, La sangre (novela)

   1. B
   2. E
   3. D
   4. D
   5. E

2. José M. Gironella, "La muerte del mar" (cuento)

   1. A
   2. B
   3. C
   4. A
   5. D

3. Renée Méndez Capote, <u>Memorias de una cubanita</u>... (novela)

    1. C
    2. D
    3. A
    4. D
    5. C

4. Leopoldo Alas, ¡Adiós, Cordera! (novela)

    1. E
    2. B
    3. D
    4. E
    5. B

5. Rómulo Gallegos, <u>Doña Bárbara</u> (novela)

    1. C
    2. A
    3. B
    4. E
    5. D

LITERATURA: <u>Nivel medio</u> (PP. 122-134)

Pasaje

6. J. M. Heredia, "Muerte del toro" (poesía)

    1. A
    2. C
    3. E
    4. D
    5. C

7. M. Martínez de Navarrete, "La mañana" (poesía)

    1. A
    2. D
    3. C
    4. E
    5. E
    6. E
    7. D

8. Jacinto Benavente, <u>La malquerida</u> (drama)

    1. D
    2. C
    3. C
    4. A
    5. E

9. Calderón, <u>El Alcalde de Zalamea</u> (drama en verso)

    1. B
    2. C
    3. A
    4. E
    5. E
    6. D

10. F. de Quevedo, "A S. M. el Rey Don Felipe IV" (poesía)

    1. A
    2. E
    3. D
    4. B
    5. B

11. Miguel Delibes, <u>El camino</u> (novela)

    1. B
    2. A
    3. C
    4. C
    5. A

12. J. Fernández Santos, Los bravos
(novela)

    1. C
    2. B
    3. B
    4. A
    5. A

13. J. R. Jiménez, "Soledad" (poesía)

    1. A
    2. B
    3. C
    4. A
    5. A

14. Gustavo A. Bécquer, Rima LXXV
(poesía)

    1. B
    2. E
    3. C
    4. B
    5. E

15. Calderón, soneto del Príncipe constante (drama en verso) (intermedio-
avanzado)

    1. B
    2. C
    3. A
    4. E
    5. B

16. Manuel Tamayo y Baus, La locura
de amor (drama)

    1. D
    2. C
    3. B
    4. D
    5. B

LITERATURA: Nivel avanzado (PP. 135-140)

Pasaje

17. Ortega y Gasset, La deshumanización del arte (ensayo)

    1. C
    2. A
    3. B
    4. D
    5. B

18. Ortega y Gasset, Ideas sobre la novela (ensayo)

    1. D
    2. B
    3. E
    4. B
    5. D

19. José Martí, "Poetas contemporáneos" (ensayo)

    1. E
    2. C
    3. C
    4. B
    5. B

20. José de Espronceda, "Himno al Sol" (poesía)

    1. B
    2. C
    3. B
    4. B
    5. D

21. S. Díaz Mirón, "Ejemplo" (poesia)

    1. C
    2. C
    3. A
    4. D
    5. C

22. Andrés Bello, fragmento "Oda a la agricultura" (poesía)

    1. D
    2. C
    3. C
    4. B
    5. B

CLAVES PARA LA PARTE DE MATEMÁTICAS
FRACCIONES COMUNES

Ejercicio I (P. 143)

1. Propia	**2.** Propia	**3.** Impropia	**4.** Impropia
5. Propia	**6.** Impropia		**7.** Propia
8. Propia	**9.** Mixta	**10.** Impropia	**11.** Propia
12. Propia	**13.** Mixta	**14.** Impropia	**15.** Mixta

Ejercicio II (P. 143-144)

a) $\dfrac{5}{4}, \dfrac{5}{8}, \dfrac{5}{9}, \dfrac{5}{7}, \dfrac{5}{1}, \dfrac{5}{2}, \dfrac{5}{6}, \dfrac{5}{5}, (=1), \dfrac{5}{3}$

b) $\dfrac{7}{3}, \dfrac{7}{2}, \dfrac{7}{9}, \dfrac{7}{1}, \dfrac{7}{13}, \dfrac{7}{15}, \dfrac{7}{4}, \dfrac{7}{5}, \dfrac{7}{6}, \dfrac{7}{17}$

c) 1. $1\frac{2}{5}$ 4. $1\frac{3}{5}$ 7. $1\frac{13}{15}$
   2. $3\frac{1}{3}$ 5. $1\frac{1}{12}$ 8. $1\frac{31}{33}$
   3. $1\frac{3}{4}$ 6. $1\frac{13}{17}$

Ejercicio III (P. 144)

1. Niñas $= \dfrac{13}{30}$,   niños $= \dfrac{17}{30}$

2. El ancho es $\dfrac{13}{15}$ de la longitud.   La longitud es $\dfrac{15}{13}$ veces el ancho.

3. El equipo ganó $\dfrac{28}{47}$ del puntaje total en la 1.ª parte.

El equipo ganó $\dfrac{19}{47}$ del puntaje total en la 2.ª parte.

Ejercicio IV (P. 145)

1. $\dfrac{2}{5}$ **2.** $\dfrac{3}{7}$ **3.** $\dfrac{1}{2}$ **4.** $\dfrac{4}{5}$ **5.** $\dfrac{5}{7}$ **6.** $\dfrac{2}{3}$ **7.** $\dfrac{2}{5}$ **8.** $\dfrac{6}{7}$

9. $\dfrac{8}{9}$ **10.** $\dfrac{1}{4}$ **11.** $\dfrac{8}{15}$ **12.** $\dfrac{1}{14}$ **13.** $\dfrac{1}{3}$ **14.** $\dfrac{4}{7}$

15. $\dfrac{9}{16}$ **16.** $\dfrac{4}{7}$ **17.** $\dfrac{5}{6}$ **18.** $\dfrac{3}{4}$ **19.** $\dfrac{3}{4}$ **20.** $\dfrac{1}{2}$ **21.** $\dfrac{3}{16}$

22. $\dfrac{4}{33}$ **23.** $\dfrac{1}{4}$ **24.** $\dfrac{5}{23}$ **25.** $\dfrac{11}{12}$

Ejercicio V (Pp. 146-147)

1. $\dfrac{2}{3} = \dfrac{8}{12}$ **2.** $\dfrac{4}{5} = \dfrac{20}{25}$ **3.** $\dfrac{6}{7} = \dfrac{42}{49}$ **4.** $\dfrac{8}{9} = \dfrac{96}{108}$ **5.** $\dfrac{4}{15} = \dfrac{12}{45}$

6. $\dfrac{8}{23} = \dfrac{16}{46}$ **7.** $\dfrac{12}{17} = \dfrac{48}{68}$ **8.** $\dfrac{10}{12} = \dfrac{140}{168}$ **9.** $\dfrac{7}{14} = \dfrac{28}{56}$ **10.** $\dfrac{4}{35} = \dfrac{32}{280}$

11. $\dfrac{12}{25} = \dfrac{300}{625}$ **12.** $\dfrac{13}{24} = \dfrac{104}{192}$ **13.** $\dfrac{7}{48} = \dfrac{21}{144}$ **14.** $\dfrac{1}{17} = \dfrac{7}{119}$ **15.** $\dfrac{5}{16} = \dfrac{40}{128}$

16. $\dfrac{3}{15} = \dfrac{12}{60}$ **17.** $\dfrac{8}{9} = \dfrac{56}{63}$ **18.** $\dfrac{12}{14} = \dfrac{144}{168}$

Ejercicio VI (P. 147)

1. $\dfrac{2}{3} = \dfrac{8}{12} = \dfrac{12}{18} = \dfrac{24}{36} = \dfrac{46}{69}$

2. $\dfrac{4}{5} = \dfrac{40}{50} = \dfrac{60}{75} = \dfrac{76}{95} = \dfrac{100}{125}$

3. $\dfrac{3}{7} = \dfrac{9}{21} = \dfrac{21}{49} = \dfrac{33}{77} = \dfrac{48}{112}$

4. $\dfrac{5}{12} = \dfrac{15}{36} = \dfrac{35}{84} = \dfrac{40}{96} = \dfrac{60}{144}$

Ejercicio VII (Pp. 147-148)

1. $3\dfrac{3}{4}$ **2.** $1\dfrac{1}{9}$ **3.** $6\dfrac{3}{7}$ **4.** $4\dfrac{1}{2}$ **5.** $5\dfrac{1}{4}$ **6.** $9\dfrac{3}{13}$

7. 15 **8.** $26\dfrac{1}{2}$ **9.** 72 **10.** $40\dfrac{1}{8}$ **11.** 3 **12.** 7

Ejercicio VIII (Pp. 148-149)

1. $\dfrac{542}{32} = \dfrac{271}{16} = 16\dfrac{15}{16}$ **2.** $\dfrac{225}{45} = 5$ **3.** $\dfrac{144}{24} = 6$

4. $\dfrac{196}{28} = 7$ **5.** $\dfrac{2000}{45} = \dfrac{400}{9} = 44\dfrac{4}{9}$ **6.** $\dfrac{396}{27} = \dfrac{44}{3} = 14\dfrac{2}{3}$

7. $\dfrac{169}{39} = \dfrac{13}{3} = 4\dfrac{1}{3}$ **8.** $\dfrac{1000}{35} = \dfrac{200}{7} = 28\dfrac{4}{7}$ **9.** $\dfrac{1250}{625} = 2$

10. $\dfrac{240}{32} = \dfrac{15}{2} = 7\dfrac{1}{2}$

Ejercicio IX (P. 149)

1. $\dfrac{15}{4}$ **2.** $\dfrac{30}{7}$ **3.** $\dfrac{43}{5}$ **4.** $\dfrac{37}{3}$ **5.** $\dfrac{119}{8}$ **6.** $\dfrac{223}{9}$

7. $\dfrac{506}{13}$ **8.** $\dfrac{1896}{25}$ **9.** $\dfrac{1389}{17}$ **10.** $\dfrac{338}{3}$ **11.** $\dfrac{995}{4}$ **12.** $\dfrac{5001}{10}$

Ejercicio X (P. 151)

1. $\dfrac{12}{15}$ y $\dfrac{7}{15}$ **2.** $\dfrac{4}{6}$ y $\dfrac{1}{6}$ **3.** $\dfrac{12}{32}$ y $\dfrac{21}{32}$ **4.** $\dfrac{21}{72}$ y $\dfrac{20}{72}$

5. $\dfrac{32}{60}$ y $\dfrac{45}{60}$ **6.** $\dfrac{32}{36}$ y $\dfrac{9}{36}$ **7.** $\dfrac{6}{12}$, $\dfrac{4}{12}$, $\dfrac{3}{12}$ **8.** $\dfrac{50}{80}$, $\dfrac{24}{80}$, $\dfrac{25}{80}$

9. $\dfrac{64}{80}$, $\dfrac{72}{80}$, $\dfrac{65}{80}$ **10.** $\dfrac{6}{48}$, $\dfrac{8}{48}$, $\dfrac{3}{48}$ **11.** $\dfrac{8}{104}$, $\dfrac{2}{104}$, $\dfrac{13}{104}$

12. $\dfrac{14}{56}$, $\dfrac{7}{56}$, $\dfrac{1}{56}$ **13.** $\dfrac{28}{672}$, $\dfrac{21}{672}$, $\dfrac{24}{672}$ **14.** $\dfrac{140}{300}$, $\dfrac{96}{300}$, $\dfrac{275}{300}$

Ejercicio XI (Pp. 151-152)

1. $\dfrac{5}{6}$, $\dfrac{4}{5}$, $\dfrac{3}{4}$ **2.** $\dfrac{11}{24}$, $\dfrac{7}{16}$, $\dfrac{5}{12}$ **3.** $\dfrac{3}{18}$, $\dfrac{5}{36}$, $\dfrac{1}{9}$

4. $\dfrac{7}{10}$, $\dfrac{8}{15}$, $\dfrac{5}{12}$ **5.** $\dfrac{7}{28}$, $\dfrac{11}{60}$, $\dfrac{5}{32}$

Ejercicio XII (P. 152)

1. 1 **2.** $2\dfrac{1}{2}$ **3.** $\dfrac{1}{3}$ **4.** $6\dfrac{2}{3}$ **5.** $1\dfrac{3}{4}$ **6.** $2\dfrac{1}{9}$

7. 12 **8.** $12\dfrac{14}{15}$ **9.** $9\dfrac{1}{10}$ **10.** $5\dfrac{29}{96}$ **11.** $10\dfrac{79}{100}$ **12.** $6\dfrac{1}{2}$

Situaciones prácticas (P. 153)

1. $10\dfrac{1}{2}$ pies   **2.** $17\dfrac{7}{24}$ pies, $13\dfrac{23}{24}$ pies, $10\dfrac{5}{8}$ pies   **3.** $\$62\dfrac{19}{20}$

4. $958\dfrac{5}{24}$ millas   **5.** $32\dfrac{3}{4}$ pies

Ejercicio XIII (P. 154)

1. $\dfrac{2}{5}$ **2.** $\dfrac{1}{8}$ **3.** $2\dfrac{5}{6}$ **4.** $1\dfrac{5}{12}$ **5.** $3\dfrac{5}{72}$

6. $2\dfrac{1}{4}$ 7. $5\dfrac{17}{144}$ 8. $\dfrac{22}{35}$ 9. $1\dfrac{1}{5}$ 10. $1\dfrac{59}{63}$

11. $5\dfrac{5}{36}$ 12. $5\dfrac{5}{63}$

13. $\dfrac{1}{4}$ 14. $\dfrac{1}{2}$ 15. $2\dfrac{4}{5}$ 16. $\dfrac{3}{4}$ 17. $\dfrac{1}{6}$ 18. $7\dfrac{11}{12}$

19. $2\dfrac{1}{3}$ 20. $3\dfrac{2}{21}$ 21. $\dfrac{1}{54}$ 22. $3\dfrac{19}{60}$

Situaciones prácticas (Pp. 154-155)

1. $\$\dfrac{1}{20}$ 2. 2 3. 2 pies $11\dfrac{1}{2}$ pulgadas 4. $\dfrac{3}{4}$ pies

5. $\dfrac{1}{60}\dfrac{\text{millas}}{\text{minuto}} = 1\dfrac{\text{milla}}{\text{hora}}$

Ejercicio XIV (P. 156)

1. $\dfrac{8}{15}$ 2. $\dfrac{3}{20}$ 3. $\dfrac{35}{48}$ 4. $\dfrac{3}{55}$ 5. $15\dfrac{1}{3}$

6. $1\dfrac{1}{2}$ 7. $4\dfrac{3}{5}$ 8. $\dfrac{1}{4}$ 9. $\dfrac{4}{5}$ 10. $27\dfrac{1}{3}$

11. $\dfrac{1}{3}$ 12. $30\dfrac{2}{3}$ 13. $3\dfrac{1}{2}$ 14. 6 15. $2\dfrac{2}{3}$

16. $58\dfrac{1}{3}$ 17. 1 18. $1\dfrac{4}{5}$ 19. $4\dfrac{7}{8}$ 20. 7

21. 18 22. 49 23. 28 24. $1\dfrac{2}{5}$ 25. $12\dfrac{1}{2}$

26. $\dfrac{1}{200}$ 27. $\dfrac{1}{6}$ 28. 7 29. 84 30. 1

Situaciones prácticas (P. 157)

1. $168\dfrac{3}{4}$ millas por hora. 2. 35 libras 3. $\$35\dfrac{7}{16}$

4. $2,880 5. $\dfrac{1}{6},\dfrac{1}{4},\dfrac{1}{4}$; $9,000 6. 180 galones

7. $32.40 8. $35 por mes, $5250 9. 193

Ejercicio XV (Pp. 158-159)

1. 2   **2.** $1\frac{4}{5}$ **3.** $1\frac{1}{3}$ **4.** $\frac{1}{18}$ **5.** $1\frac{37}{75}$

6. $12\frac{1}{2}$ **7.** $\frac{1}{10}$ **8.** $\frac{3}{25}$ **9.** 13   **10.** 14

11. $\frac{1}{3}$ **12.** 3   **13.** $2\frac{1}{4}$ **14.** $1\frac{1}{20}$ **15.** $4\frac{7}{8}$

16. 10   **17.** $\frac{1}{11}$ **18.** 1200   **19.** $\frac{5}{9}$ **20.** $\frac{5}{9}$

21. 26   **22.** $3\frac{1}{2}$ **23.** $1\frac{3}{5}$ **24.** $10\frac{1}{17}$ **25.** 28

26. $1\frac{4}{5}$ **27.** 3   **28.** $\frac{1}{4}$ **29.** 21   **30.** $\frac{7}{20}$

31. $\frac{1}{6}$ **32.** $\frac{1}{3}$ **33.** $\frac{17}{80}$ **34.** $\frac{11}{18}$ **35.** $\frac{1}{8}$

36. $13\frac{1}{2}$ **37.** $\frac{8}{27}$ **38.** $\frac{56}{75}$ **39.** $1\frac{193}{432}$ **40.** $9\frac{27}{29}$

41. 1   **42.** $\frac{6}{7}$ **43.** $\frac{3}{5}$ **44.** 1   **45.** $\frac{1}{2}$

46. $1\frac{1}{35}$

Ejercicio XVI (Pp. 159-160)

1. 144   **2.** 69   **3.** 100   **4.** 18   **5.** 42

6. 48   **7.** 64   **8.** 80   **9.** 15   **10.** 12

11. 40   **12.** 15   **13.** 35   **14.** 144   **15.** 44

Situaciones prácticas (P. 160)

1. $0.12   **2.** $30   **3.** 9   **4.** 15 pulgadas

5. 600 millas por hora   **6.** $590   **7.** $50,000   **8.** 600

9. 1 pulgada representa 40 millas   **10.** 2000 boletos

FRACCIONES DECIMALES

Ejercicio I (P. 161)

1. 0.7   **2.** 0.41   **3.** 0.03   **4.** 5.342   **5.** 0.0003

6. 8.1534   **7.** 2.0200   **8.** 10.000001   **9.** 0.00842   **10.** 0.000000543

Ejercicio II (P. 162)

1. Nueve décimos
2. Tres centésimos
3. Trece centésimos

4. Uno y doscientos cincuenta milésimos
5. Tres y cinco milésimos
6. Quince con cincuenta y un milésimos
7. Dieciocho con cuatrocientos treinta y siete milésimos
8. Ciento doce y siete diezmilésimos
9. Doscientos cuarenta y tres con quinientos siete diezmilésimos
10. Trescientos cincuenta y seis y nueve mil doscientos tres diezmilésimos
11. Mil trescientos cuarenta y tres y tres milésimos
12. Diez mil quinientos cuarenta y tres con cinco décimos
13. Seis milésimos
14. Cincuenta centésimos
15. Quinientos cuarenta milésimos
16. Mil trescientos cincuenta y dos con nueve centésimos
17. Ciento veinticinco y cuatro diezmilésimos
18. Novecientos ochenta y siete milésimos
19. Doscientos cincuenta y seis con veinte centésimos
20. Mil trescientos cuarenta y uno con cinco mil diezmilésimos

Ejercicio III (Pp. 162-163)

1. 0.1	**2.** 0.09	**3.** 0.16	**4.** 0.003	**5.** 0.000040
6. 0.0000001	**7.** 0.000000001	**8.** 0.302	**9.** 0.0048	
10. 0.00052	**11.** 0.02302	**12.** 0.000000534	**13.** 400,063.122	
14. 200,000,000.050000		**15.** 1,000,200.1452		

Ejercicio IV (Pp. 163-164)

GRUPO A

1. 0.3, 0.35	**2.** 2.1, 2.14	**3.** 12.2, 12.25	**4.** 0.3, 0.35
5. 0.6, 0.60	**6.** 0.1, 0.13	**7.** 0.2, 0.17	**8.** 8.7, 8.73
9. 15.1, 15.13	**10.** 0.2, 0.22		

GRUPO B

1. 0.132, 0.1325, 0.13247
2. 4.346, 4.3456, 4.34561
3. 8.133, 8.1326, 8.13257
4. 0.999, 0.9989, 0.99891
5. 0.126, 0.1260, 0.12599

GRUPO C

1. $30.46	**2.** $15.51	**3.** $5.15	**4.** $13	**5.** $10.50

GRUPO D

1. 0.135679	**2.** 0.246790	**3.** 0.135678	**4.** 1.0	**5.** 0.145678

Ejercicio V (P. 166)

GRUPO A

1. 0.003, 0.030, 0.3, 0.303, 0.3124, 0.33
2. 1.052, 1.345, 1.43, 2.01, 2.1, 10.1
3. 0.4350, 0.5125, 1.2124, 15.00, 15.1

GRUPO B

1. 9.99,   9.9,   0.99,   0.9,   .099,   0.009
2. 5.05,   1.005,   1.0,   0.5520,   0.05
3. 100.05,   100.0,   1.5532,   1.005,   0.1502

Ejercicio VI (P. 167)

GRUPO A

1. 7.56	**2.** 7.315	**3.** 10.01	**4.** 16.86	**5.** 248.1351
6. 17.8672	**7.** 5.0005	**8.** 4.0033	**9.** 1000.0007	**10.** 12.2704

GRUPO B

1. 16.535   **2.** 110.1622   **3.** $105.65   **4.** 20121.2739

Situaciones prácticas (Pp. 167-168)

1. 41.24 pulgadas   **2.** $510.70
3. 10202.77;   10202.779897   **4.** 0.006 segundos
5. 1 ,   0.4655

Ejercicio VII (P. 168)

GRUPO A

1. 0.4	**2.** 0.4	**3.** 20.53	**4.** 22.77	**5.** 0.594
6. 7.46	**8.** 2.423	**8.** 0.574	**9.** 0.779	**10.** $6.82
11. $0.07	**12.** $0.78			

GRUPO B

1. 4.5	**2.** 0.9	**3.** 0.52	**4.** 3.53	**5.** 0.7
6. 24.75	**7.** 0.52	**8.** 0.69	**9.** 12.11	**10.** 99.462

GRUPO C

1. 0.50   **2.** 3.48   **3.** 2.342   **4.** $6.22   **5.** $9.80

Situaciones prácticas (P. 169)

1. 0.418   **2.** $121.32   **3.** $2.16   **4.** $77.18
5. 2.1327 gramos

Ejercicio VIII (Pp. 170-171)

GRUPO A

1. 1.28	**2.** 30.72	**3.** 17.16	**4.** 18.75	**5.** 0.0540
6. 0.012	**7.** 3.9175	**8.** 0.0039	**9.** 0.00540	**10.** 1.25050

GRUPO B

1. 0.08   **2.** 0.69   **3.** 2.4   **4.** 0.069   **5.** 0.35

GRUPO C

1. 0.8125   **2.** 0.46125   **3.** 1.313   **4.** 15   **5.** 0.79625

GRUPO D

1. $37.19	**2.** $12.56	**3.** $549.71	**4.** $81.18	**5.** $16.48
6. $1.50				

GRUPO E

1. 0.1   **2.** 43.1   **3.** 4.4   **4.** 0.9   **5.** 1.6   **6.** 1.7

Ejercicio IX (Pp. 171-172)

1. 2.5,   25,   250

2. 13.4,   134,   1340

3. 0.82,   8.2,   82

4. 0.015,   0.15,   1.5

5. 1,   10,   100

6. 0.1,   1,   10

7. 75,   750,   7500

8. 100.01,   1000.1   10001

9. $3.33\frac{1}{3}$, $33.3\frac{1}{3}$, $333\frac{1}{3}$

10. $5.1\frac{1}{4}$, $51\frac{1}{4}$,   512.5

Ejercicio X (Pp. 173-174)

GRUPO A

1. 0.425   **2.** 0.8   **3.** 4.05   **4.** 2.15   **5.** $0.044\frac{2}{3}$

6. $0.1\frac{1}{4}$ **7.** $0.01\frac{2}{3}$ **8.** 0.75

GRUPO B

1. 3.5   **2.** 0.02   **3.** 58   **4.** 400   **5.** 10

GRUPO C

1. .4   **2.** 37.5   **3.** 6.7   **4.** .4   **5.** 486
6. .2   **7.** .02   **8.** 35.2

GRUPO D

1. $1.88   **2.** $0.81   **3.** $0.80   **4.** $.7.56   **5.** $2.95
6. $0.16   **7.** $4   **8.** $41.67

GRUPO E

1. 66.667   **2.** 31.429   **3.** 6.250   **4.** 0.009   **5.** 1.222
6. 76.667   **7.** 3.143   **8.** 3.333   **9.** 31.429   **10.** 40.714

Ejercicio XI (P. 174)

1. 2.15,   0.215,   0.0215
2. 0.009,   0.0009,   0.00009
3. 0.012,   0.0012,   0.00012
4. 0.36,   0.036,   0.0036
5. 0.8,   0.08,   0.008
6. 1.5,   0.15,   0.015
7. 1.47,   0.147,   0.0147
8. 0.075,   0.0075,   0.00075

Situaciones prácticas (P. 175)

1. 55 lb.
2. $1.14
3. 153.8 millas por hora
4. 160 km, 200 millas
5. 8841.46
6. $0.049
7. $2.57
8. 31.3 galones
9. 28.8 pies

Ejercicio XII (P. 176)

1. 0.25
2. 0.20
3. $0.33\frac{1}{3}$
4. 0.80
5. $0.83\frac{1}{3}$
6. $0.87\frac{1}{2}$
7. $0.66\frac{2}{3}$
8. 0.60
9. $0.37\frac{1}{2}$
10. $1.33\frac{1}{3}$
11. 2.75
12. 3.25
13. $4.12\frac{1}{2}$
14. $5.16\frac{2}{3}$
15. 1.60
16. 0.13
17. 1.21
18. $0.32\frac{1}{2}$
19. $0.62\frac{1}{2}$
20. $0.33\frac{1}{3}$
21. $0.05\frac{3}{4}$
22. 0.017
23. $0.066\frac{2}{3}$
24. $0.04\frac{3}{4}$
25. $0.063\frac{1}{2}$

Ejercicio XIII (P. 178)

1. $\frac{7}{10}$
2. $\frac{3}{5}$
3. $\frac{7}{25}$
4. $\frac{16}{25}$
5. $\frac{7}{40}$
6. $\frac{3}{20}$
7. $\frac{1}{8}$
8. $\frac{3}{16}$
9. $\frac{1}{3}$
10. $\frac{2}{3}$
11. $1\frac{1}{2}$
12. $1\frac{1}{4}$
13. $1\frac{1}{8}$
14. $12\frac{1}{100}$
15. $4\frac{1}{5}$
16. $1\frac{29}{40}$
17. $2\frac{5}{8}$
18. $1\frac{5}{6}$
19. $1\frac{1}{200}$
20. $12\frac{7}{8}$

Ejercicio XIV (Pp. 179-180)

1. 1.425
2. 3.25
3. 0.375
4. 0.45
5. 0.105
6. 5
7. 0.181
8. 0.469
9. 1.75
10. 1.2
11. 0.7
12. 0.333
13. 23.33
14. 0.31
15. 1.5
16. .10

PORCENTAJES

Ejercicio I (P. 183)

1. 0.05
2. 0.25
3. 0.14
4. 0.01
5. 0.009
6. 0.27
7. 1.23
8. $0.13\frac{1}{3}$
9. $0.15\frac{1}{2}$
10. $0.02\frac{1}{4}$
11. $0.003\frac{1}{3}$
12. 2.50
13. 1.15
14. $0.83\frac{1}{3}$
15. 0.60
16. $0.07\frac{1}{2}$
17. 0.027
18. 0.0014
19. 0.45
20. 0.0125
21. 0.0025
22. 0.75
23. $0.13\frac{1}{4}$
24. 1
25. 1.50
26. 0.35
27. 0.0025
28. 1.155
29. $0.66\frac{2}{3}$
30. 0.001
31. 8
32. 0.0002

Ejercicio II (P. 184)

1. 24%
2. 35%
3. 70%
4. 8%
5. 42.5%
6. 52.5%
7. $5\frac{1}{2}\%$
8. 250%
9. 350%
10. $17\frac{1}{3}\%$
11. 22.5%
12. 40%
13. 1%
14. 175%
15. 0.75%
16. 7%
17. 40%
18. 3750%
19. 120%
20. 200%
21. 350%
22. 500%
23. 0.75% ó $\frac{3}{4}\%$
24. 0.8%
25. 80%

Ejercicio III (P. 185)

1. 20%
2. 10%
3. 40%
4. 37.5%
5. 70%
6. $33\frac{1}{3}\%$
7. 62.5%
8. $166\frac{2}{3}\%$
9. 130%
10. 300%
11. 420%
12. 212.5%

13. 500%   **14.** 100%   **15.** 180%   **16.** 15%   **17.** 2%   **18.** 0.25% ó $\frac{1}{4}$%

19. 50%   **20.** 1%   **21.** 175%   **22.** 380%   **23.** 9%   **24.** 17%

25. 2.3%

Ejercicio IV (P. 186)

1. 0.05   **2.** 0.07   **3.** 0.16   **4.** .19   **5.** 0.35   **6.** 0.50

7. 0.49   **8.** 0.80   **9.** 1.25   **10.** 0.035   **11.** 0.0625   **12.** 0.165

13. 0.045   **14.** 0.005   **15.** 0.063   **16.** 1.50   **17.** 2   **18.** 1.66$\frac{2}{3}$

19. 1   **20.** 0.01

Situaciones prácticas de porcentajes (Pp. 196-198)

1. a) 25%   b) 30%   c) 15%   d) 20%   e) 10%

2. 25%   **3.** 80%   **4.** 84%

5. a) 32%   b) 8%   c) 60%

6. a) 6 hrs.   b) 8 hrs.   c) 2 hrs.   d) 3 hrs.   e) 5 hrs.

7. 1;   200   **8.** $144   **9.** $750   **10.** $16.   **11.** $22.5

12. En el período 71-72 hubo un aumento del 28% sobre el período 70-71.   En el período 70-71 hubo un aumento del 25% sobre el período 69-70.

13. 33$\frac{1}{3}$%   **14.** $375.

15. Aumento de salario 33$\frac{1}{3}$% pérdida de clientela 50%.

16. $17   **17.** $3333.33   **18.** 473 varones **19.** $8500   **20.** 57$\frac{1}{2}$ ton.

21. 1000 asientos **22.** $44.80   **23.** $618   **24.** $205   **25.** $1.54

26. $1,200   **27.** 7$\frac{1}{4}$%   **28.** 5 años.

CÁLCULOS CON NÚMEROS ENTEROS

Situaciones prácticas (Pp. 200-201)

1. 320 millas por hora   **2.** 56$\frac{2}{3}$ **3.** $52 menos que el promedio

4. 141   **5.** 39.25° F   **6.** 40° F

7. 17 lb.   **8.** 64.65   **9.** 30 millas por hora

10. Candidato I tiene un promedio de 40.8:   no aprueba el examen.   Candidato II sacó menos de 35 en el test 5:   no aprueba el examen.   Candidato III tiene un promedio de 45: aprueba el examen.

Ejercicio I (Pp. 203-204)

GRUPO A

1. $\frac{1}{4}$ **2.** $\frac{3}{13}$ **3.** $\frac{3}{16}$ **4.** 4$\frac{1}{12}$ **5.** 3   **6.** $\frac{1}{21}$

7. $\frac{1}{9}$ **8.** $\frac{7}{9}$ **9.** $\frac{34}{57}$ **10.** $\frac{1}{3}$

GRUPO B

1. $\frac{1}{3}$ **2.** $\frac{7}{9}$ **3.** $\frac{4}{5}$ **4.** $\frac{3}{5}$ **5.** 14   **6.** $\frac{1}{2}$ **7.** $\frac{57}{34}$

8. $\frac{2}{3}$ **9.** 2$\frac{1}{7}$ **10.** 7$\frac{2}{3}$

GRUPO C

1. 4   **2.** 1   **3.** 9   **4.** 14   **5.** 10

6. 1   **7.** 6   **8.** 7   **9.** 5   **10.** 156

GRUPO D

1. $\frac{9}{4}$ **2.** $\frac{1}{3}$ **3.** 60   **4.** $\frac{8}{5}$ **5.** 1

6. $\frac{250}{11}$ **7.** 32   **8.** $\frac{1}{4}$ **9.** $\frac{1}{2}$ **10.** $\frac{5}{6}$

Situaciones prácticas (P. 204)

1. 6   **2.** $\frac{17}{26}$ **3.** $\frac{27}{19}$ **4.** $\frac{15}{17}$ **5.** $\frac{2}{3}$

Ejercicio II (P. 205)

1. 9   **2.** 64   **3.** 35   **4.** 40   **5.** 18

6. 42   **7.** 10   **8.** 72   **9.** 54   **10.** 60

ÁLGEBRA

Ejercicio I (Pp. 206-207)

1. $a + b$ **2.** $b - c$ **3.** $a + b - c$ **4.** $5x$ **5.** $8a$

6. $x + 9$ **7.** $7 + x + c$ **8.** $b + 10$ **9.** $x/3$ **10.** $5/a$

11. a más b

12. a menos b más c

13. a por b menos c

14. x por y por z

15. x por y por z

16. x por y por z

17. 3 por x

18. x por y y este producto dividido por z

19. La suma de a más b dividida por c

20. El producto de x por y por z dividido por la suma de x más y

21. a) $x + y$ b) $y - x$ c) $x + 2y$ d) $y + 3 + x$

22. $L = a + b$

23. Cantidad $= y + z$

Ejercicio II (Pp. 207-208)

1. 14   **2.** 17   **3.** 13   **4.** 10   **5.** 7   **6.** 3   **7.** 2   **8.** 3

9. 0   **10.** 6   **11.** 7   **12.** $\frac{6}{5}$ **13.** 9   **14.** 0   **15.** 24

Ejercicio III (P. 208)

1. 4   **2.** 9   **3.** 15   **4.** 19   **5.** 38   **6.** 66   **7.** 4   **8.** $\dfrac{2}{9}$

9. $\dfrac{4}{3}$ **10.** 6

Ejercicio IV (P. 209)

1. $x = 2$ **2.** $x = 7$ **3.** $x = 2$ **4.** $x = 15$ **5.** $x = 17$

6. $x = 13$ **7.** $x = 3.8$ **8.** $x = \dfrac{4}{3}$ **9.** $x = 1$ **10.** $x = 8$

Ejercicio V (P. 210)

1. $x = 4$ **2.** $x = 4$ **3.** $x = 10$ **4.** $x = 24$ **5.** $x = 3$

6. $x = 12$ **7.** $x = 42$ **8.** $x = 2.5$ **9.** $x = 5$ **10.** $x = 7$

Ejercicio VI (P. 211)

1. $x = 3$ **2.** $x = 14$ **3.** $x = 1.5$ **4.** $x = 2$ **5.** $x = 65$

6. $x = \dfrac{5}{3}$ **7.** $x = 2$ **8.** $x = 1$ **9.** $x = 1$ **10.** $x = 25$

11. $x = 24$ **12.** $x = 88$ **13.** $x = 12$ **14.** $x = 6$ **15.** $x = 4$

Situaciones prácticas A (Pp. 213-214)

1. $n - 8$ **2.** $\dfrac{x}{25}$ **3.** $b + c$ **4.** $s - 35$ **5.** $d + 3$

6. $8x$ **7.** $\dfrac{\$500}{D}$ **8.** $\dfrac{n}{c}$ **9.** Rh **10.** $4m$

11. $25 - n$ **12.** $t - 4$ **13.** $2y$ **14.** $60 - b$ **15.** $7x$

16. $3n - 7$ **17.** $75 - d$ **18.** $15\,b$ **19.** $n - x$ **20.** $16 - f$

21. $\dfrac{s}{m}$ **22.** $5h$ **23.** $18 + y$ **24.** $240 - n$ **25.** $14r$

Situaciones prácticas B (Pp. 214-215)

1. $(x + 5)$ años   **2.** $\$50 - x$ **3.** $(x + y)$ m.   **4.** $3x$ millas

5. $2x + 3$ estudiantes   **6.** Perímetro $= x + 10$

7. $6a$ **8.** 14 años   **9.** 18 años   **10.** Vestido $60, zapatos $30

11. 9 y 10   **12.** 6   **13.** 10   **14.** 7 y 9 metros

15. Primera parte 21 metros, segunda 20 metros, tercera 23 metros.

16. 11, 12 y 13   **17.** $80

18. 18 estampillas de 5 centavos y 15 de 10 centavos

19. 12 monedas de 5 centavos y 10 de 10 centavos

GEOMETRÍA

Ejercicio I (Pp. 219-222)

1. Rectos *a*) y *e*), agudos *b*) y *c*), obtusos *d*) y *f*)

2. $60°$

3. $45°$

4. $a = 60°, \quad b = 60°$ y $c = 60°$

5. $A = 6'$, $B = 6'$, perímetro $= 18'$
6. Hipotenusa $= 10'$, Perímetro $= 24'$
7. $A = 20'$
8. Perímetro 12 metros
9. $36,000
10. $150
11. 18.86 m.
12. 28.26 m^2
13. $r = 7$ m.
14. 151.4 m^2
15. 192 kilogramos
16. $832
17. 16.5 pies^2
18. 68.04 pies^2 ó $68\frac{1}{7}$ pies^2
19. 42 pies^2

EXAMEN DE PRÁCTICA

PRÁCTICA DEL EXAMEN DE GRAMÁTICA

Tiempc permitido: 2 horas

Escoja la única palabra en el renglón que está incorrectamente escrita.

1. automóbil, virrey, hervir, alba

2. herrero, hábil, harmonía, honda

3. viage, coraje, corregir, corrijo

4. civilización, azahar, zumbido, mazizo

5. vaivén, proberbio, prohibir, evolución

6. ceradura, corona, marina, caravana

7. idrógeno, idear, ayer, ilusión

8. cuchillo, cóniuges, hallar, brío

9. guirnalda, ignorante, moho, almuada

10. cualquiera, estógamo, íbamos, ciudad

Tres palabras de cada grupo son anglicismos. Escoja la única palabra castiza.

11. beismen, chequear, círculo, embarasar

12. parquear, patrón, lonchar, patrol

13. beibi, comodidad, average, ganguista

14. barra, carpeta, factoría, fábrica

Coloque acentos en las palabras subrayadas que lo necesitan.

15. Nos dio un <u>resumen</u> de los <u>caracteres</u> ayer, <u>mas</u> <u>perdi</u> el papel en donde lo
                 A   B   C D

    había escrito.

16. Sabia que costaba solo un dolar, pero aun no lo quiso comprar.
    $\overline{A}$ $\overline{B}$ $\overline{C}$ $\overline{D}$

17. Queria estos, no aquellos.
    $\overline{A}$ $\overline{B}$ $\overline{C}$

18. ¿Quien es el heroe a que siempre refiere en sus poesias?
    $\overline{A}$ $\overline{B}$ $\overline{C}$ $\overline{D}$

19. Es dificil ser feliz cuando se vive en la miseria.
    $\overline{A}$ $\overline{B}$ $\overline{C}$ $\overline{D}$

Escoja la respuesta correcta para llenar el blanco.

20. _____ visitar a mi abuela.

    A. Debo   B. Debo de   C. He debido de   D. Debiera de

21. Pedro _____ estar enfermo ya que no ha venido a la escuela.

    A. debe de   B. deberá de   C. habría debido de   D. debe

22. Si limpiamos la casa _____ salir más temprano.

    A. . Podemos   B. , podemos   C. : podemos   D. ; podemos

23. _____ muchos disturbios en el pueblo el año pasado.

    A. Hubiera   B. Hubieran   C. Hubo   D. Ha habido

24. Esperaba que en aquella biblioteca _____ muchos libros que me ayudasen.

    A. hubiera   B. hubieran   C. habría   D. A, B y C

25. ¿_____ tus lecciones?

    A. Hiciste   B. Hicistes   C. Hicisteis   D. Hicistéis

26. ¿Te _____ durante las vacaciones?

    A. divertistes   B. divertisteis   C. divertistéis   D. divertiste

27. Se le _____ olvidado uno de sus libros.

    A. habrían   B. hará   C. habían   D. había

28. Se _____ vestidos de lujo en aquella botica

    A. vende   B. venden   C. vendrá   D. vendría

29. Me _____ de mis amigos.

    A. despidí   B. despide   C. despedí   D. despido

30. _____ de la silla por reír tanto

    A. Caimos   B. Cayimos   C. Caímos   D. Cayímos

31. _____ tenía miedo a los extranjeros.

    A. Les   B. Los   C. Le   D. Lo

32. _____ dije la noticia

    A. La   B. Lo   C. Le   D. A, B y C

33. Hablé con Ramón cuando _____ vi anoche.

    A. le   B. lo   C. se lo   D. A y B

34. El representante _____ por el pueblo.

    A. se eligió   B. se eligieron   C. fue elegido   D. A y C

35. Dicen que el clima influye _____ el temperamento.

    A. sobre   B. en   C. por   D. A y B

36. Caminando por la calle de noche _____ a mis amigos.

    A. : encontré   B. Encontré   C. ; encontré   D. , encontré

37. ¿_____ Ud. esa película?

    A. Ha visto   B. Había visto   C. Vio   B. A y B

38. Al volver a la casa vimos que las flores _____.

    A. murieron   B. habían muerto   C. estaban muertos   D. B y C

39. ¿Dónde _____ anoche?

    A. comistes   B. has comido   C. comiste   D. B y C

40. Dentro de un año _____ a la universidad

    A. iré   B. voy   C. asisto   D. B y C

41. Cuando llegue, mi primo me _____.

    A. visite   B. visitará   C. va visitar   D. A y C

42. El coche nos costó mucho _____ casi tres mil dólares.

    A. . Pagamos   B. : pagamos   C. ; pagamos   D. A, B y C

43. Me dieron el dinero que me _____.

    A. faltase   B. faltaba   C. faltara   D. faltó

44. Si _____ en Italia, veríamos cosas interesantes.

    A. estuvimos   B. fuimos   C. estuviéramos   D. habíamos estado

45. Prohibió que _____ en la oficina.

    A. comamos   B. comiéramos   C. hayamos comido   D. comemos

46. No logró vencer su enemigo por ser _____ más fuerte.

    A. éste   B. aquél   C. A y B   D. ninguna de estas respuestas

47. Quisiera ver en mi oficina a las personas siguientes ___ José Montesinos, María del Carmen y Juan Irizarry.

    A.   B. ;   C. :   D. ,

48. El muchacho moreno parece más alto ___ el rubio.

    A. de   B. que   C. que no   D. B y C

49. Tú no puedes imaginar _____ fue esta comida.

    A. la buena que   B. cuán buena   C. cómo buena   D. A, B y C

50. Compré más ropas _____ necesitaba.

    A. de las que   B. de que   C. del que   D. B y C

51. Volvió a aconsejar _____ había recomendado antes.

    A. qué   B. lo que   C. lo cual   D. cual

52. Los alumnos son más serios _____ el maestro cree.

    A. de los que   B. del que   C. que   D. de lo que

53. Mi madre es guatemalteca _____ padre, puertorriqueño.

    A. ; mi   B. ; Mi   C. : mi   D. , mi

54. En las montañas las noches son _____ frías.

    A. demasiados   B. demasiada   C. demasiado   D. demasiadas

55. Los colonizadores trataban a los indios _____ y cruelmente.

    A. severa   B. severos   C. severamente   D. severas

56. No pierda usted la bolsa; _____ sería una lástima.

    A. esa   B. aquél   C. ésta   D. eso

Escriba la letra de la oración que no tiene defectos o que está mejor expresada:

57. A. Luis del Río nació en 1942 en Bogotá, siendo hijo de Don Ramón y Doña Inés.
    B. La ley prohibiendo la importación de hierro es de 1924.
    C. Acabamos de leer un reportaje describiendo el incendio.
    D. Abriendo la ventana, se dejó acariciar por la brisa.

58. A. Estaba cocinando cuando entré.
    B. Se cayó del techo, rompiéndose una pierna.
    C. Sufrió una grave enfermedad, muriendo poco después.
    D. Las niñas corrieron rápidamente, perdiéndose de vista.

59. A. Bombardearon las posiciones enemigas destruyendo tres fábricas.
    B. Vi las gaviotas volando sobre el mar.
    D. Decidió publicar la obra, enviando a Nueva York la edición.
    D. Se ha publicado un decreto modificando el procedimiento de ingreso en el ejército.

60. A. Caminando por la calle, las montañas parecían enormes.
    B. Caminando por la calle, vi las montañas.
    C. Caminando por la calle, las montañas fueran visibles.
    D. Vi las montañas caminando por la calle.

Escriba la letra de la única oración que está claramente y bien expresada:

61. A. Se le mancharon las manos de barro.
    B. Por eso es por lo que tú estás preocupado.
    C. A ese auto hay que enviarlo al taller de reparaciones.
    D. Sus caballos no los tiene bien entrenados.

62. A. Juan estuvo en la casa de Manuel y allí encontró a su hermano.
    B. El ecuatoriano ganó al colombiano en su campo.
    C. Después de muchos esfuerzos decidieron no hacerlo.
    D. Luis fue en su coche a la casa de Emilio.

63. A. Fue en 1957 que los rusos lanzaron el primer satélite artificial.
    B. Venga Ud. mañana que le presente al director.
    C. Es con flexibilidad con lo que se deben templar los rigores de la justicia.
    D. Es haciendo gimnasia que se desarrollan los músculos.

64. A. Jorge tenía una costosa colección de sellos que tenían gran valor.
    B. Creo que este buen libro vale la pena leerlo.
    C. Quisiera aprovecharme de esta oportunidad para decir a todos que me ha agradecido mucho todo lo que han hecho para ayudarme.
    D. Fue un hombre digno de su familia, de su país y de su rey.

65. A. Me gusta estudiar inglés por su belleza y porque va a ser útil más tarde.
    B. Me gusta estudiar inglés por su belleza y por su utilidad.
    C. Me gusta estudiar inglés porque puedo entender los libros y tengo que estudiarlo para ir a la universidad.
    D. Me gusta estudiar inglés porque de esta manera podré entender los libros e irme a la universidad.

Escriba las letras donde se deben colocar comas. (Puede ser que la oración no necesita ninguna coma o que necesita hasta tres.)

66. La señora por supuesto estaba muy enfadada.
           A   B   C

67. El agua que no está purificada se bebe con peligro a la salud.
         A   B   C

68. Jaime vino esta tarde pero no lo vi.
       A   B   C

69. Porque es tímida Carmen no quería ir a la fiesta.
             A   B   C

70. El año pasado leímos *Doña Perfecta* la famosa novela de Galdós.
             A   B   C

Escriba la letra de la respuesta correcta.

71. A. El mecánico dijo, "Que el automóvil necesitaba un nuevo carburador".
    B. El mecánico dijo que el automóvil necesitaba un nuevo carburador.
    C. El mecánico dijo: "Que el automóvil necesitaba un nuevo carburador."

72. A. La chica contestó me llamo Mercedes.
    B. La chica contestó "Me llamo Mercedes".
    C. La chica contestó: —Me llamo Mercedes.

73. A. "Aún no estás lista", preguntó Rafael?
    B. ¿Aún no estás lista?— preguntó Rafael.
    C. Aún no estás lista— preguntó Rafael?

74. A. No comienzan— advirtió el profesor —hasta que todos tengan sus papeles.
     B. "No comiencen", advirtió el profesor, hasta que todos tengan sus papeles.
     C. "No comiencen" advirtió el profesor "hasta que todos tengan sus papeles".

75. A. "El paisaje de Brasil es maravilloso: comentó el embajador". Se ve en la tierra misma todos los colores imaginables.
     B. El paisaje de Brasil es maravilloso— comentó el embajador. —Se ve en la tierra misma todos los colores imaginables.
     C. El paisaje de Brasil es maravilloso, comentó el embajador, "se ve en la tierra misma todos los colores imaginables".

76. A. *Bodas de Sangre* es uno de los dramas más famosos de Federico García Lorca.
     B. "Bodas de sangre" es uno de los dramas más famosos de Federico García Lorca.
     C. *Bodas de sangre* es uno de los dramas más famosos de Federico García Lorca.

77. A. Leí el artículo entitulado "Poesía contemporánea" en la revista *Cuadernos Americanos*.
     B. Leí el artículo entitulado *Poesía contemporánea* en la revista "Cuadernos Americanos".
     C. Leí el artículo entitulado "Poesía contemporánea" en la revista *Cuadernos americanos*.

78. A. Durante las Vacaciones de Pascua, mi hermano saldrá de la Universidad para viajar por Europa.
     B. Durante las vaciones de Pascua, mi hermano saldrá de la universidad para viajar por europa.
     C. Durante las vacaciones de Pascua, mi hermano saldrá de la universidad para viajar por Europa.

Trace un círculo alrededor de la letra que corresponde a la puntuación correcta de la parte subrayada.

Las clases sociales de la Edad Media en España fueron; la nobleza, constituida por los obispos, abades y los grandes señores terratenientes, los libres o ingenios: que eran gentes humildes, dedicadas al comercio y a la artesanía; los villanos, que cultivaban tierras de un señor, pero que eran libres de abandonar esas tierras si querían. Y los siervos, que también cultivaban la tierra, pero en condición de esclavos.

79. A. ; l
    B. : l
    C. , l
    D. . L

80. A. , l
    B. . L
    C. ; l
    D. : l

81. A. : q
    B. , q
    C. ; q
    D. . Q

82. A. , p
    B. ; p
    C. : p
    D. . P

83. A. , y
    B. : y
    C.—y
    D. ; y

PRACTICA DEL EXAMEN DE CIENCIAS SOCIALES

I

Tiempo permitido: 2 horas

Colombia se encuentra en la parte septentrional del continente suramericano. Limita al norte con Panamá y el mar Caribe, al oeste con el océano Pacífico, al sur con Ecuador y Perú, y al este con Brasil y Venezuela. Tiene más de mil novecientos kilómetros de costas, de los cuales casi dos terceras partes pertenecen al mar Caribe. La cordillera de los Andes se divide en Colombia en tres macizos montañosos, el oriental, el central y el occidental, separados por mesetas aptas para el cultivo. El río Magdalena recorre una gran parte de la meseta central y desemboca en la costa colombiana del Caribe. Las vertientes orientales de las montañas colombianas recogen las aguas que irán a parar al venezolano Orinoco y al brasileño Amazonas, dos de los tres ríos más grandes de América del Sur.

Las regiones montañosas y en particular las mesetas ofrecen un clima agradable y templado que contrasta con el calor reinante en las zonas costeras. El clima templado de los valles colombianos permite el cultivo del café, azúcar, bananos y cacao. El café, el petróleo, los bananos y ciertas cantidades de minerales preciosos constituyen los productos de exportación más importantes de la economía colombiana.

Colombia se declaró independiente junto con los actuales territorios de Venezuela, Ecuador y Panamá en 1819 bajo el liderato del libertador Simón Bolívar. Al morir Bolívar en 1830 Venezuela y Ecuador se separaron para formar naciones independientes. El actual territorio de Panamá fue parte integral de Colombia hasta principios de este siglo. La cesión de derechos del canal de Panamá por una compañía francesa a los Estados Unidos y la actitud de este último país condujo a la independencia del territorio panameño bajo la protección de Norteamérica. Colombia tardó en reconocer este hecho consumado e insistió en una indemnización pecuniaria. Los Estados Unidos no accedieron a las peticiones colombianas hasta 1921. En la actualidad Colombia está dividida en 15 departamentos, cuenta con más de 17 millones de habitantes y tiene su capital en Bogotá, la ciudad más grande del país, situada casi en su centro geográfico.

1 A B C D E   **1.** Colombia es una nación que se encuentra:
‖ ‖ ‖ ‖ ‖   A. Al norte de Venezuela.
                      B. Al sur del mar Caribe.
                      C. Rodeada de tierra por todas partes.
                      D. Entre Bolivia y Ecuador.
                      E. Al este del Brasil.

2 A B C D E   **2.** De las siguientes afirmaciones la única que es falsa es:
‖ ‖ ‖ ‖ ‖   A. La independencia colombiana tuvo lugar en 1819.
                      B. Colombia produce café en abundancia.
                      C. Después de la muerte de Simón Bolívar, Panamá, Venezuela y Ecuador
                         se separaron inmediatamente de Colombia.
                      D. El canal de Panamá fue construido por Colombia.
                      E. Colombia es un país productor de petróleo.

3 A B C D E   **3.** El río Magdalena:
‖ ‖ ‖ ‖ ‖   A. Solamente nace en Colombia.
                      B. Atraviesa Colombia, pero nace en el Brasil.
                      C. Nace y desemboca en territorio colombiano.
                      D. Recorre la costa occidental del país.
                      E. Es un afluente del Amazonas.

4 A B C D E   **4.** El río Orinoco:
‖ ‖ ‖ ‖ ‖   A. Es el río más grande de América del Sur.
                      B. Nace en Colombia.
                      C. Es un río claramente brasileño.
                      D. Recoge sus aguas de las laderas orientales de las montañas colombianas.
                      E. Desemboca en la costa colombiana del Caribe.

5 A B C D E   **5.** Colombia reconoció la independencia de Panamá:
‖ ‖ ‖ ‖ ‖   A. Sin protesta alguna.
                      B. Después de insistir en una indemnización pecuniaria.
                      C. Debido a la presión de los intereses franceses en el istmo.
                      D. Después de la segunda guerra mundial.
                      E. Motivada por la liberalidad política de su gobierno.

6 A B C D E   **6.** Las exportaciones colombianas:
‖ ‖ ‖ ‖ ‖   A. Se reducen a productos agrícolas.
                      B. Consisten en productos manufacturados.
                      C. Son muy variadas.
                      D. Consisten solamente de productos minerales.
                      E. Son principalmente café, bananos y ciertas cantidades de minerales pre-
                         ciosos.

II

El punto de partida de la revolución industrial en el Japón puede situarse
al principio de la era de Meiji, 1867. Desde entonces el progreso industrial del Japón ha sido una de las maravillas del mundo. Sin embargo,
el Japón, a pesar de incrementar anualmente su producción industrial
en un 4 por 100 de promedio durante setenta años, no pudo absorber en
su expansión económica a una población que crecía rápidamente. Con
todo, el problema del desempleo no apareció en forma sensible durante
las primeras décadas de la época de Meiji; si hubo por entonces períodos
de desempleo, ello fue debido más a circunstancias adversas a la agricultura que a los efectos de desajustes industriales. De hecho el desarrollo

industrial ofrecía un refugio, temporal o permanente, a aquellos que se veían obligados a abandonar el cultivo de las tierras.

Pero a partir de la primera mitad del siglo xx, el desempleo industrial se presenta como un fenómeno típico y casi continuo de la economía japonesa. Por un lado, las crisis económicas de escala nacional o mundial, favorecían condiciones de desempleo, por otro, las condiciones creadas por una sucesión de guerras o incidentes incrementaron la demanda de personas de edad madura, ya que los más jóvenes eran llamados a filas. Estas condiciones bélicas actuaron como amortiguadores del desempleo originado por los vaivenes económicos.

El proceso de desempleo industrial se aceleró durante la tercera década de este siglo, durante la cual no tuvo lugar ningún incidente bélico. Durante este tiempo, el desempleo se mantuvo relativamente bajo, pero la crisis económica mundial de principios del año treinta no perdonó al Japón, y el nivel de desempleados ascendió a niveles no conocidos hasta entonces, a pesar de que el país se encontraba otra vez envuelto en la aventura militar de Manchuria. A partir de 1937 la situación de empleo mejoró rápidamente, debido a la guerra con China, la ley de movilización general que fue promulgada al año siguiente, y finalmente a la intervención japonesa en la Segunda Guerra Mundial. No es necesario decir que por entonces el desempleo se había reducido prácticamente a cero.

Una vez terminada la Segunda Guerra Mundial, las condiciones de desempleo alcanzaron proporciones alarmantes debido a la desmovilización de las fuerzas armadas, a la tasa de nacimientos, que había alcanzado un máximo durante los años veinte, y a la posición del país vencido. Pero el Japón seguía siendo una potencia industrial en estado latente, y una vez presentes las condiciones apropiadas, resurgió como potencia industrial de primer orden, solventó sus problemas de desempleo, y se pudo enfrentar eventualmente con gigantes de escala mundial.

7. El pasaje precedente podría titularse:
   A. El militarismo japonés.
   B. Las crisis mundiales.
   C. La guerra chino-japonesa.
   D. El desempleo en Japón a partir de la era de Meiji.
   E. La derrota japonesa y la industrialización del país.

7 A   B   C   D   E

8. Durante el último tercio del siglo pasado:
   A. El desarrollo industrial japonés anduvo a la par con su crecimiento demográfico.
   B. El problema de desempleo fue debido, más que a desajustes industriales, a circunstancias adversas a la agricultura.
   C. El Japón no se desarrolló industrialmente.
   D. La revolución industrial tuvo como consecuencia la despoblación de las ciudades.
   E. El proceso de desempleo aceleró.

8 A   B   C   D   E

9. El desempleo en el Japón:
   A. Fue como contrabalanceado por una serie de guerras y de incidentes bélicos.
   B. No siguió las pisadas de las crisis económicas a escala mundial.
   C. Empeoró notablemente a partir de la guerra con China.
   D. Desapareció completamente después de la segunda guerra mundial.
   E. Fue fomentado por la intervención japonesa en el Pacífico.

9 A   B   C   D   E

10. El Japón en el momento actual:
   A. No está a la altura de las grandes potencias.
   B. Solamente puede enfrentarse con algunos países europeos.
   C. Puede codearse con los gigantes industriales del mundo.
   D. Produce cosas muy baratas.
   E. Tiene todavía un problema de desempleo.

11. ¿Cuál de las siguientes afirmaciones no es verdadera?
   A. El desempleo en el Japón después de la segunda guerra mundial se debió solamente a la desmovilización del ejército.
   B. La tasa de nacimiento de los años veinte fue un elemento importante en el nivel de desempleo presente inmediatamente después de la guerra mundial.
   C. El origen de la revolución industrial japonesa puede situarse a partir del principio de la era de Meiji.
   D. Antes de finales del siglo pasado el desarrollo industrial presentaba una solución temporal o permanente a aquellos que se veían obligados a abandonar el cultivo de las tierras.
   E. Después de la segunda guerra mundial, el Japón solventó sus problemas de desempleo.

III

Lo primero que el historiador debiera hacer para definir el carácter de una nación o de una época es fijar la ecuación peculiar en que las relaciones de sus masas con las minorías selectas se desarrollan dentro de ella. La fórmula que descubra será una clave secreta para sorprender las más recónditas palpitaciones de aquel cuerpo histórico.

Hay razas que se han caracterizado por una abundancia casi monstruosa de personalidades ejemplares, tras de las cuales sólo había una masa exigua, insuficiente e indócil. Este fue el caso de Grecia, y éste el origen de su inestabilidad histórica. Llegó un momento en que la nación helénica vino a ser como una industria donde sólo se elaborasen modelos, en vez de contentarse con fijar unos cuantos *standard* y fabricar conforme a ellos abundante mercancía humana. Genial como cultura, fue Grecia inconsistente como cuerpo social y como Estado.

Un caso inverso es el que ofrecen Rusia y España, los dos extremos de la gran diagonal europea. Muy diferentes en otra porción de calidades, coinciden Rusia y España en ser las dos razas "pueblo", esto es, en padecer una evidente y perdurable escasez de individuos eminentes. La nación eslava es una enorme masa popular sobre la cual tiembla una cabeza minúscula. Ha habido siempre, es cierto, una exquisita minoría que actuaba sobre la vida rusa; pero de dimensiones tan exiguas en comparación con la vastedad de la raza, que no ha podido nunca saturar de su influjo organizador el gigantesco plasma popular. De aquí el aspecto protoplasmático amorfo, persistentemente primitivo, que la existencia rusa ofrece.

En cuanto a España... Es extraño que de nuestra larga historia no se haya espumado cien veces el rasgo más característico, que es, a la vez, el más evidente y a la mano: la desproporción casi incesante entre el valor de nuestro vulgo y el de nuestras minorías selectas. La personalidad autónoma, que adopta ante la vida una actitud individual y consciente, ha sido rarísima en nuestro país. Aquí lo ha hecho todo el "pueblo", y lo que el "pueblo" no ha podido hacer se ha quedado sin hacer. Ahora bien: el "pueblo" sólo puede ejercer funciones elementales de vida; no puede hacer ciencia, ni arte superior, ni crear una civilización pertrechada de complejas técnicas, ni organizar un estado de prolongada consistencia, ni destilar de las emociones mágicas una elevada religión.

Y, en efecto, el arte español es maravilloso en sus formas populares y anónimas —cantos, danzas, cerámica— y es muy pobre en sus formas eruditas y personales. Alguna vez ha surgido un hombre genial, cuya obra aislada y abrupta no ha conseguido elevar el nivel medio de la producción. Entre él, solitario individuo, y la masa llana no había intermediarios y, por lo mismo, no había comunicación. Y eso que aun estos raros genios españoles han sido siempre medio "pueblo", sin que su obra haya conseguido nunca libertarse por completo de una ganga plebeya o vulgar.

La nota que diferencia la obra ejecutada por la masa de la que produce el esfuerzo personal es la "anonimidad". Pues bien: compárese el conjunto de la historia de Inglaterra o de Francia con nuestra historia nacional, y saltará a la vista el carácter anónimo de nuestro pasado frente a la pululación de personalidades sobre el escenario de aquellas naciones.

12. El autor pide una fórmula basada en:
   A. Una época nacional.
   B. Una ecuación entre masa y minorías selectas.
   C. El carácter de una nación.
   D. El desarrollo del pueblo.
   E. Un cuerpo histórico.

12 A B C D E

13. Para llegar a ser Estado consistente le faltaba a Grecia:
   A. Una masa exigua, insuficiente e indócil.
   B. Una cultura helénica.
   C. Una abundancia de personajes ejemplares.
   D. Una masa formada por una minoría selecta.
   E. Industrias de modelos.

13 A B C D E

14. Rusia, en el concepto del autor, ha tenido:
   A. El mismo problema que Grecia.
   B. Una escasez de individuos eminentes.
   C. Todas las cualidades de España.
   D. Una minoría ejerciendo pleno influjo sobre la masa popular.
   E. Un gobierno democrático.

14 A B C D E

15. El rasgo más característico de España ha sido:
   A. La personalidad autónoma de su pueblo.
   B. Una actitud individual y consciente.
   C. Una civilización pertrechada de complejas técnicas.
   D. Una elevada religión destilada de las emociones mágicas.
   E. Una desproporción entre el valor del pueblo y las minorías selectas.

15 A B C D E

16. Lo que en España abunda es:
   A. El arte en sus formas populares y anónimas.
   B. El hombre genial.
   C. Un intermediario entre el genio y la masa llana.
   D. Una ciencia superior.
   E. Un arte superior.

16 A B C D E

17. En comparación con la historia de Francia e Inglaterra, la de España se distingue por:
   A. Su esfuerzo personal.
   B. Su Armada invencible.
   C. Su gran cantidad de personalidades.
   D. Su carácter anónimo.
   E. Sus riquezas minerales.

IV

Solicitar un puesto en el Mercado Común Europeo significa para España el estar en situación de plegarse activa y eficazmente al sistema de cooperación que tal organismo representa, y no tanto para comenzar o participar inmediatamente en un reparto de beneficios como para intercambiar, de entrada, todo un mundo de obligadas colaboraciones en el que no entran solamente los productos.

Pero el acontecimiento entraña, a nuestro parecer, mayor profundidad. Ello representa nada más y nada menos que superación por parte de España, no sólo de una serie de recelos y resentimientos históricos, sino de toda una etapa de aislamiento, forzado unas veces, voluntario otras, que nos conducían, frente a una Europa unida y coherente, a la asfixia económica.

En la nueva coyuntura que se perfila para Europa, no solamente las economías autónomas no podrán subsistir, sino que también hasta las formas de vida han de someterse a la marea transformadora. Las actitudes particularistas, los clanes solitarios, los métodos personalísimos, significarían en una nueva Europa una forma más o menos rápida de necrosis. Para bueno o para malo —pero hemos de esperar que para bueno—, el mundo viene rodando, cada vez más, hacia métodos de integración, de formación de grandes bloques, y hay que aceptarlo así y enrolarse en él so pena de sucumbir en un estoicismo que resultaría, visto a la escala mundial, ridículo y, por supuesto, estéril.

Afortunadamente, nuestros gobernantes lo han visto así, y España ha dado el paso que tenía que dar. Lo del ingreso efectivo y lo que venga después ya son otros problemas; la papeleta va a ser estudiada con todas sus consecuencias. Pero no es eso todo. Contra lo que algunas naciones, y sin duda muchos individuos, podrían esperar, nuestra petición ha sentado muy bien en el mundo y ha despertado en los organismos competentes más atención de la que aquí dentro se cree.

18. El aspecto más importante de la entrada de España en el Mercado Común es:
   A. La distribución de los productos.
   B. Un futuro lleno de obligaciones.
   C. La sujeción a poderes extranjeros.
   D. La oportunidad de colaborar a escala internacional.
   E. El poder vender mejor las naranjas.

19. La política española de aislamiento.
   A. Fue elegida por España.
   B. Dio a España los beneficios del individualismo.
   C. Conduciría a la ruina económica.
   D. Será continuada de ahora en adelante.
   E. Fue una etapa pasajera del siglo pasado.

20. En una Europa nueva:

A. Se hará sentir la presencia del nacionalismo económico.

B. Solamente la economía tendrá que someterse a cambios.

C. La política económica de cualquier país sería fatal si, a causa de ella, dicho país quedara excluído de las demás naciones.

D. Reinarán la paz y la seguridad económica.

E. Se podrá hacer lo que cada nación quiera.

20 A B C D E

21. El autor de este pasaje recomienda que España:

A. Debe juntarse al bloque de naciones europeas.

B. Mantenga su política nacionalista.

C. Ejerza su influencia a fin de poder seguir un rumbo independiente.

D. Mantener su histórico estoicismo.

E. Dirigir su mirada hacia el bloque suramericano.

21 A B C D E

22. La petición española relacionada con el Mercado Común:

A. Ha sido rechazada por Francia.

B. Ha sido bien recibida y ha atraído la atención de los organismos competentes.

C. Parece ser un esfuerzo inútil.

D. Elimina de golpe la posición española hacia Sur América.

E. Resultó de una sublevación popular.

22 A B C D E

23. Las actitudes particularistas:

A. Tienen grandes probabilidades de subsistir en una Europa enlazada por el Mercado Común.

B. Están condenadas a desaparecer en una Europa nueva.

C. Se multiplicarán una vez afianzada la existencia del Mercado Común.

D. Son esenciales para pertenecer al Mercado Común.

E. Son compatibles con las nuevas tendencias europeas.

23 A B C D E

V

En cuestiones de gobierno es evidente que no se gobierna nunca a la naturaleza humana en abstracto. Se gobierna siempre a pueblos formados por individuos de temperamento y carácter muy diversos; a pueblos con pasiones más o menos exaltadas, con grados muy diversos de cultura, con una gama muy amplia de costumbres. En una palabra, hay que tener en cuenta, como dice el español castizo, que "cada cual es cada cual".

Salvador de Madariaga ha escrito un libro muy interesante que lleva por título "Ingleses, Franceses y Españoles". En él estudia la manera de ser típica de cada uno de los tres pueblos y sobre cada uno de ellos escribe cosas muy acertadas. Veamos sumariamente lo que dice al hablar del ser temperamental ibérico.

El español es un hombre de pasión que contrasta con el inglés, que es hombre de acción, y con el francés, que es hombre de idea. Sobre esta distinción capital: Pasión, Acción e Idea, constituye Madariaga toda una teoría del carácter. Según esta teoría, los españoles tienen como ley que rige sus actos el imperativo del honor. En su actuación el español se entrega todo o no da nada. Ser así es consecuencia de una manera de ser eminentemente pasional. Por un lado, si lo que se demanda es algo avasallador y sublime, los españoles saben ser héroes; por otro lado, si se trata de algo trivial u ordinario, el español se muestra indiferente.

Cuando se trata de la vida colectiva, el español es individualista en extremo. Se opone resueltamente a todo que supone encadenamiento o sujeción.   De ahí un espíritu generalmente hostil a grandes asociaciones.   Piensa que se basta a sí mismo; cree en su propio valer para esquivar el someterse a nada ni a nadie.   De igual raíz individualista procede también la tendencia española de invertir la escala de valores sociales. Por eso, para el español, según Madariaga, la entidad social, cuanto más lejos está del individuo, menos importante es en su escala de valores; de ahí que el Estado, para un español, ocupe siempre el último puesto.

Cuando estudia la estructura social española, Madariaga tiene estas atinadas observaciones: La experiencia confirma —nos dice— que España es pobre en sentido de jerarquía.   Los españoles no se sienten ciudadanos y todos los esfuerzos políticos para educarles en este punto se han estrellado contra la dureza de su cerviz.   El español, dirá en otro contexto Miguel de Unamuno, se siente "nada menos que todo un hombre".   Tal vez por eso crea que no necesita cohesión.

24 A B C D E

24. El contenido del pasaje precedente puede titularse:
    A. La Democracia.
    B. El Gobierno Colectivo.
    C. El Carácter de los Pueblos.
    D. La manera de ser de los españoles.
    E. El espíritu individualista.

25 A B C D E

25. Según este pasaje ¿cuál de las siguientes afirmaciones es incorrecta?
    A. El francés es hombre de idea.
    B. El inglés es de constitución flemática.
    C. El español es hombre de pasión.
    D. El inglés es hombre de acción.
    E. El español no se siente ciudadano.

26 A B C D E

26. De la raíz individualista proceden ciertos rasgos típicos del español excepto:
    A. El oponerse resueltamente a toda sujeción.
    B. El creer que se basta a sí mismo.
    C. La tendencia a invertir la escala de valores.
    D. La hostilidad hacia grandes asociaciones.
    E. El tener un carácter alegre y optimista.

27 A B C D E

27. En el texto los dos autores españoles que se citan son:
    A. Madariaga y Cervantes.
    B. Ortega y Unamuno.
    C. Unamuno y Madariaga.
    D. Miguel y Unamuno.
    E. Lope de Vega y Calderón.

28 A B C D E

28. En su actuación, el español:
    A. Es siempre optimista.
    B. Se entrega todo o no da nada.
    C. Se rige por lo que le dictan los demás.
    D. Tiene la misma manera de obrar que el francés.
    E. Hace siempre las cosas acertadamente.

VI

Costa Rica es una de las repúblicas más pequeñas de la América Latina en superficie y población; se destaca en el continente por su arraigada tradición de orden y libertad y por su sistema de educación pública.

Costa Rica tiene una población homogénea. El 90 por ciento de los habitantes de la zona central, donde están concentrados dos tercios de la población, es de ascendencia española y europea pura. En el país, en conjunto, cerca del 48 por ciento es de sangre española, italiana, alemana y de otras nacionalidades europeas, y el 47 por ciento corresponde a mestizos. Sólo el 2 por ciento de los habitantes son indios, y el 3 por ciento negros. En la Meseta Central, la mayoría de los agricultores tienen sus propias fincas, pero hacia las costas del Pacífico se encuentran cierto número de propiedades de considerable extensión, y, por consiguiente, existe una pequeña aristocracia de terratenientes y un pequeño grupo de colonos. El agricultor, elemento respetable de la floreciente clase media de Costa Rica, da color al paisaje campesino con su costumbre, muy propia, de decorar su carreta de bueyes con alegres diseños que cubren las ruedas, los costados y el yugo. Cada provincia tiene su propio color distintivo.

Costa Rica ganó su independencia hace escasamente 150 años. Hoy tiene poco más de un millón de habitantes. Su población indígena, que habla español correctamente, alcanza el total de unos 3.000. Por tradición, el gobierno costarricense se preocupa por su educación. Hasta es más: el gobierno presta oído atento a las peticiones del indio en audiencias privadas, y el país entero lo respeta y lo cuida como un tesoro muy preciado.

La historia nos dice que, a pesar del nombre que la distingue, Costa Rica era una provincia de la colonización española muy pobre y abandonada. Por eso el arte, en especial la arquitectura, no se desarrolló. No tenemos allá famosos templos y edificios coloniales como los que embellecen las ciudades y los pueblos de otros países latinoamericanos. Lo único que guardamos de esos tiempos son las ruinas del Templo de Ujarraz y la Iglesia de Orosí, humilde y tan linda que la naturaleza misma la ha rodeado de un esplendor panorámico de graciosas sierras y arroyos.

29. Costa Rica sobresale entre los demás países latinoamericanos por: 29 A B C D E
   A. Sus extensas tierras dedicadas a la agricultura.
   B. Sus muchos habitantes distinguidos.
   C. El gobierno que la domina.
   D. La enseñanza que se da a los jóvenes.
   E. La riqueza de su clase media.

30. ¿Cómo es la población costarricense?   30 A B C D E
   A. Casi todos los costarricenses son de sangre española.
   B. Cuenta con gran número de indios y negros.
   C. Hay casi tantos mestizos como europeos.
   D. Hay igual número de blancos y negros.
   E. Es, en su mayoría de origen asiático.

31. La mayor parte de los agricultores de la Meseta Central son: 31 A B C D E
   A. Dueños de sus tierras.
   B. Colonos aristocráticos.
   C. Hacendados de extensas propiedades.
   D. Emigrados desde el Pacífico.
   E. Mercaderes.

32. Se puede identificar una carreta de cierta provincia por:
   A. La alegría de los pasajeros.
   B. El número de bueyes.
   C. Las flores de muchos colores.
   D. Los vestidos de la población.
   E. El color del decorado de la carreta.

33. El indio de Costa Rica habla:
   A. Un dialecto indio.
   B. El lenguaje de los incas.
   C. Una mezcla de idiomas.
   D. Un español aceptable.
   E. Un español arcaizante.

34. En Costa Rica el indio goza:
   A. De una baja posición social.
   B. De un gobierno que cuida de sus necesidades.
   C. De muy pocos privilegios.
   D. De limitadas oportunidades educacionales.
   E. De grandes dificultades.

35. En tiempos coloniales, Costa Rica fue:
   A. Un centro comercial.
   B. Un centro cultural.
   C. Una provincia de poca importancia.
   D. Una importante sede administrativa.
   E. El centro más atractivo de las colonias.

PRACTICA DEL EXAMEN DE CIENCIAS NATURALES

I

Tiempo permitido: 2 horas

Con frecuencia se usa el gas, ya sea el producido artificialmente, ya sea el obtenido directamente de la naturaleza, como sustituto del carbón o de la electricidad en múltiples usos domésticos o industriales.   El carbón, el gas y la electricidad son importantísimas fuentes de energía calorífica.

La producción industrial del gas, vulgarmente llamado gas de gasógeno, requiere grandes cantidades de carbón de hulla o de carbón coque. Un chorro abundante de vapor de agua mezclado con aire se inyecta a través del horno en donde el carbón ha alcanzado una temperatura conveniente; en procedimientos más modernos, el aire (mezcla de oxígeno y nitrógeno) es sustituido por oxígeno puro.   El gas obtenido por el procedimiento más antiguo se llama gas pobre, y es bajo en energía calorífica; al obtenido modernamente se le llama gas rico.

La sustitución del aire por oxígeno puro ha sido posible gracias a técnicas criogénicas que permiten liquidar el aire a muy bajas temperaturas.   Por destilación fraccionada de dicho aire líquido, se puede separar con relativa facilidad el oxígeno; dicho procedimiento de obtención es comercialmente económico, y el oxígeno así obtenido puede ventajosamente utilizarse para la obtención del gas.

Hoy día se está dando mucha importancia al gas natural, cuyo componente principal es el gas metano, llamado vulgarmente gas de los pantanos.   También se encuentran en el gas natural y en varias proporciones otros gases como el etano, el propano y el butano.   Todos estos hidrocarburos se caracterizan por su bajo punto de ebullición.   El gas natural está siempre acompañado de varias cantidades de componentes impuros, entre los que cabe mencionar el anhídrido carbónico y el ácido sulfúrico.

La presencia de componentes impuros en el gas natural exige una purificación previa de los mismos antes de su utilización industrial o doméstica.   Esencialmente, dicho tratamiento previo consiste en la eliminación de las impurezas del agua y también del petróleo, ya que con frecuencia el gas natural se encuentra en yacimientos que son a la vez yacimientos petrolíferos.   El gas purificado se distribuye ya sea por medio de gasoductos, ya sea transportándolo por carretera o por vía marítima en depósitos especiales o en buques cisternas. El transporte terrestre o marítimo se facilita mediante la previa licuación del gas purificado.

Aunque la utilización del gas natural se remonta a épocas lejanas y su utilización a escala reducida puede situarse en el primer cuarto del siglo pasado, su importancia como fuente natural de energía no apareció hasta terminada la segunda guerra mundial. Hoy día más del 20 por ciento de la producción de energía calorífica procede de la explotación del gas natural.

1 A B C D E   **1.** El gas natural se utiliza:
  ‖ ‖ ‖ ‖ ‖
  A. Únicamente en las instalaciones industriales.
  B. Solamente cuando no se dispone de electricidad.
  C. En instalaciones tanto industriales como domésticas.
  D. Para experimentos estratosféricos.
  E. Como fuente de energía mecánica.

2 A B C D E   **2.** El gas producido artificial o industrialmente:
  ‖ ‖ ‖ ‖ ‖
  A. No tiene aplicaciones de uso doméstico.
  B. Es nocivo para la salud.
  C. Se produce sin la intervención del oxígeno.
  D. Requiere para su producción grandes cantidades de carbón.
  E. Tiene mucha más importancia que el gas natural.

3 A B C D E   **3.** El componente principal del gas natural es:
  ‖ ‖ ‖ ‖ ‖
  A. El gas de los pantanos.
  B. El nitrógeno.
  C. El ácido sulfúrico.
  D. El agua.
  E. El butano.

4 A B C D E   **4.** Los hidrocarburos que componen el gas natural se caracterizan:
  ‖ ‖ ‖ ‖ ‖
  A. Por su estado sólido.
  B. Por hervir a temperaturas relativamente bajas.
  C. Por carecer de impurezas.
  D. Por hervir a temperaturas muy altas.
  E. Por estar mezclados con abundante cantidad de agua.

5 A B C D E   **5.** Para el transporte marítimo o terrestre del gas natural:
  ‖ ‖ ‖ ‖ ‖
  A. Es conveniente una purificación previa y nada más.
  B. No se necesita ningún tratamiento previo.
  C. Es aconsejable la licuación del mismo después de haber sido purificado.
  D. Deben obtenerse permisos especiales.
  E. Es menester mantener bajas temperaturas en los buques cisternas.

6 A B C D E   **6.** La utilización masiva del gas natural como fuente de energía:
  ‖ ‖ ‖ ‖ ‖
  A. Es muy antigua.
  B. Se remonta al primer cuarto del siglo diez y nueve.
  C. No tuvo lugar hasta después de la segunda guerra mundial.
  D. Fue descubierta por los rusos.
  E. Es insignificante a escala mundial.

II

En un bombardeo en picada tal como el practicado inicialmente por los "stukas" alemanes durante la Segunda Guerra Mundial, la velocidad increíble de la bomba al caer era causada no solamente por la fuerza de atracción de la gravedad terrestre, sino también por el hecho de que el proyectil participaba completamente de la velocidad del bombardero en el instante del lanzamiento. Al estar el aparato en posición vertical y en movimiento cara a la tierra comunicaba aquél completamente su velocidad al proyectil en el momento de salida; a esta velocidad se añadía la velocidad acelerada producida por la gravedad. Tanto el proyectil como el avión se encontraban en la misma posición, dirección y sentido: un principio que se llama el principio de la adición de velocidades, se ponía en juego, y la adición de las velocidades era real.

Existen, sin embargo, adiciones aparentes de velocidades. Cuando un automóvil se cruza en una carretera con otro vehículo que viene en dirección contraria, la velocidad de este último es sobreestimada por nuestros sentidos. A la velocidad propia se suma aparentemente la velocidad del vehículo que viaja en dirección opuesta a la nuestra, y creemos que va más rápido de lo que en realidad va.

Con frecuencia, al estar sentados en un vehículo que está parado, nos parece que comenzamos a movernos si un segundo vehículo situado a nuestro lado se pone en movimiento. Unicamente cuando tenemos un punto de referencia, con respecto al cual no nos movemos, podemos asegurar que nuestro vehículo está quieto o parado. Si por una carretera viajamos paralelamente a un tren, a la misma velocidad y en su misma dirección, también tenemos la sensación de que no nos movemos, si carecemos de todo otro punto, quieto con respecto al tren y a nosotros, al que nos podamos referir. En realidad, nuestros sentidos solamente tienen experiencia de estado de reposo y movimiento relativo, es decir, en relación a algo.

Estos tres conceptos fundamentales que acabamos de describir: el principio de la adición de velocidades, la ley de participación en el movimiento del móvil en que se viaja, y la inhabilidad de nuestros sentidos para determinar estados de reposo o de movimiento absoluto, son tres ideas que pueden utilizarse como punto de partida para explicar en forma algo popular una de las más complejas teorías de la Física moderna: la teoría de la relatividad.

7. La velocidad de los proyectiles procedentes de un avión que bombardea en picada:
   A. Es una velocidad aparente.
   B. Se debe solamente a que el avión viaja muy aprisa.
   C. Es una velocidad real.
   D. Se debe a la atracción gravitatoria.
   E. Es independiente de la dirección del avión.

7 A B C D E
‖ ‖ ‖ ‖ ‖

8. Cuando un automóvil se cruza con otro que viaja en dirección contraria:
   A. Tenemos la sensación de que el vehículo que se aproxima va más despacio de lo que en realidad va.
   B. Su velocidad aparente es superior a la real.
   C. Su velocidad aparente es igual a la de nuestra propia velocidad.
   D. La velocidad aparente y real es la misma.
   E. Nuestra velocidad se suma realmente a la velocidad del otro vehículo.

8 A B C D E
‖ ‖ ‖ ‖ ‖

9. El estado de movimiento o de reposo absoluto:
   A. Puede observarse claramente con nuestros sentidos.
   B. Es una ficción de la Física.
   C. No puede observarse claramente con nuestros sentidos.

9 A B C D E
‖ ‖ ‖ ‖ ‖

D. Es un hecho evidente.

E. Depende del sitio en donde nos encontramos.

10 A B C D E

10. Si nosotros estamos dentro de un vehículo que está parado, e inadvertidamente, otro vehículo a nuestro lado se pone en movimiento:

A. Siempre podemos distinguir inmediatamente quién está parado y quién está en movimiento.

B. No tenemos necesidad de ningún objeto de referencia para determinar quién se mueve.

C. Podemos determinar si nosotros no nos movemos por el ruido del motor.

D. Solamente podremos determinar si nos movemos o no en tanto en cuanto seamos capaces de referirnos a un objeto que está parado con respecto a nosotros.

E. El movimiento observado es un movimiento absoluto.

11 A B C D E

11. La teoría de la Relatividad:

A. Es una teoría sencilla dentro de la Física moderna.

B. Es una teoría difícil y compleja.

C. Depende de principios filosóficos.

D. Fue explicitada por Einstein.

E. Está completamente desacreditada.

III

Recientemente se ha dado mucha importancia al estudio de los genes. Los genes son los agentes transmisores de nuestra herencia con sus virtudes y defectos. Su estudio constituye una ciencia llamada Genética, que cada día adquiere mayor importancia. Estas diminutas moléculas, que sólo pueden distinguirse cuando se usan poderosos microscopios electrónicos, determinan los aspectos psicosomáticos del individuo y controlan la perpetuidad de la especie. Su número, distribución, estado y unión en el momento de la concepción son responsables tanto de las cualidades físicas del individuo (altura, color de su piel, ojos, etc.) como de su propensión a ciertas enfermedades, y, por lo menos hasta cierto punto, de su capacidad intelectual.

Los genes se entrelazan unos con otros como las cuentas de un rosario y tienen configuraciones particulares dentro de cada cromosoma. Cada célula del cuerpo contiene 22 pares de cromosomas más un par que determina el sexo. En la división de las células germinales del hombre y de la mujer entra la mitad de cada cromosoma, que se transmite a la generación siguiente. Como cada cromosoma contiene muchos genes, el número total de combinaciones cromosomáticas posibles que puede resultar de la unión de un huevo y un espermatozoide asciende a la fantástica cifra de trescientos billones; de ahí que la probabilidad natural de dos individuos completamente idénticos es nula a no ser que sean gemelos idénticos, es decir, de un mismo huevo y un mismo espermatozoide.

Los genes son también responsables de la determinación del sexo. Cada huevo del ovario de la mujer contiene entre otros el cromosoma X. En cada espermatozoide puede haber o un cromosoma X o un cromosoma Y. Si un espermatozoide con cromosoma X fecundiza un huevo, el resultado será XX, o sea hembra. Si un espermatozoide con cromosoma Y fecundiza un huevo, el resultado será XY o macho. Los genes contenidos en el cromosoma Y son, por lo tanto, responsables del sexo masculino.

12. De este pasaje se desprende que los genes:

    A. Determinan solamente el sexo de cada individuo.

    B. Son los únicos determinantes del sexo de cada individuo.

    C. Están presentes algunas veces en los organismos vivos.

    D. Tienen poca importancia en la capacidad intelectual de las personas.

    E. Son visibles a simple vista.

12 A   B   C   D   E

13. El número total de combinaciones cromosomáticas posibles:

    A. Es imposible de calcular.

    B. Es muy pequeño.

    C. Hace casi imposible la eventualidad natural de dos individuos completamente idénticos.

    D. Permite predecir con certeza el sexo de un individuo antes de nacer.

    E. Facilita el que dos individuos tengan exactamente las mismas características psicosomáticas.

13 A   B   C   D   E

14. El número de cromosomas que un progenitor transmite a la generación siguiente:

    A. Es igual al número de cromosomas que el progenitor posee.

    B. Depende del sexo del progenitor.

    C. Es igual a la mitad del número de cromosomas de los dos progenitores.

    D. Es igual a la mitad del número de cromosomas del progenitor.

    E. Es variable.

14 A   B   C   D   E

15. Cada huevo del ovario femenino contiene cromosomas:

    A. Solamente de tipo X.

    B. Solamente de tipo Y.

    C. Con numerosos genes de tamaño relativamente largo.

    D. De tipo X y de tipo Y.

    E. En los que predomina el tipo X.

15 A   B   C   D   E

16. El sexo masculino:

    A. Viene determinado por la combinación cromosomática XX.

    B. Por combinaciones cromosomáticas XX o XY.

    C. Solamente por combinaciones cromosomáticas de tipo XY.

    D. Por el momento en que tiene lugar la unión del espermatozoide con el huevo.

    E. Por ninguna de las anteriores razones.

16 A   B   C   D   E

17. El color de los ojos de una persona:

    A. Es independiente de las combinaciones genéticas.

    B. Es debido a caprichos de la naturaleza.

    C. Se determina poco antes del nacimiento.

    D. Depende de la estructura genética.

    E. Está relacionado con el país de origen de una persona.

17 A   B   C   D   E

IV

Los gases son de sí malos conductores de la electricidad, pero con frecuencia se observa en ellos cierta conductividad debido al hecho de que están ionizados, es decir, tienen moléculas positivas y negativas cuya presencia puede detectarse porque dichas moléculas provocan la descarga de un electrómetro.

Estos iones gaseosos o gasiones tienen ciertas propiedades características, algunas de las cuales los diferencian de los iones electrolíticos: jamás se ionizan por sí mismos, todos los gases pueden ser ionizados, gozan de gran independencia, la ionización gaseosa es con frecuencia inestable. Los iones electrolíticos, por el contrario, son más estables, menos independientes, se autoionizan, y se encuentran solamente en ácidos, bases, o sales.

El fenómeno de independencia de los iones gaseosos se pone de manifiesto cuando un gas ionizado se encuentra en presencia de un cuerpo con cargas positivas: el gas pierde entonces sus iones negativos mientras conserva los positivos. En el caso de ionización electrolítica, la pérdida de iones positivos es siempre igual a la pérdida de iones negativos, ya que dichos iones son menos independientes entre sí.

La inestabilidad de un gas ionizado se pone en evidencia por el hecho de que la ionización con frecuencia desaparece tan pronto como cesa de existir la causa ionizante. La probabilidad de neutralización iónica es proporcional al cuadrado del número de iones gaseosos de un determinado signo.

Como en el caso de iones electrolíticos, una corriente iónica tiene lugar cuando dos electrodos de distinto signo son introducidos en el seno de una masa gaseosa ionizada. Sin embargo, dicha corriente se diferencia fundamentalmente de la corriente de iones electrolíticos.

18 A B C D E
  ‖ ‖ ‖ ‖ ‖

18. Los iones gaseosos:
    A. No se diferencian de los iones electrolíticos.
    B. Son moléculas gaseosas cargadas de signos positivos o negativos.
    C. No pueden detectarse nunca.
    D. Son la causa de que los gases sean malos conductores de la electricidad.
    E. Se observan en el seno de masas sólidas.

19 A B C D E
  ‖ ‖ ‖ ‖ ‖

19. ¿Cuál de las siguientes propiedades de los iones gaseosos es falsa?
    A. Autoionización.
    B. Independencia.
    C. Inestabilidad.
    D. Conductividad eléctrica.
    E. Posibilidad de existencia en cualquier gas.

20 A B C D E
  ‖ ‖ ‖ ‖ ‖

20. En una masa ionizada electrolíticamente:
    A. Toda pérdida de iones positivos es independiente del número de iones negativos.
    B. La probabilidad de neutralización iónica es proporcional al número de iones.
    C. A toda pérdida de iones de un signo corresponde una pérdida igual de iones del signo contrario.
    D. La ionzación desaparece cuando deja de existir la causa ionizante.
    E. Es imposible determinar la carga eléctrica de los iones.

21 A B C D E
  ‖ ‖ ‖ ‖ ‖

21. El electrómetro:
    A. Es un aparato que mide el volumen de un gas ionizado.
    B. Es una medida de longitud relacionada con el metro.
    C. Es parte esencial del proceso electrolítico.
    D. Es un aparato que sirve para detectar la presencia de moléculas positivas o negativas en las gases.
    E. Se utiliza para provocar una corriente iónica del polo positivo al negativo.

22 A B C D E
  ‖ ‖ ‖ ‖ ‖

22. La corriente de iones gaseosos y la corriente de iones electrolíticos.
    A. Se diferencian fundamentalmente.
    B. Son semejantes.
    C. En unos casos son semejantes y en otros son diferentes.
    D. Tiene siempre lugar bajo las mismas condiciones.
    E. Tiene la particularidad de descargar todos los iones de signo positivo.

V

La influencia del hombre sobre la vida de las plantas crece en proporción a la población del mundo. En las naciones más antiguas y pobladas de Europa, el hombre decide casi en su totalidad la vida vegetal, y esta influencia es en general beneficiosa. Leyes con frecuencia centenarias protegen las plantas con valor económico y conservan el suelo fértil. En las naciones modernas, la situación es desafortunadamente muy distinta. La vida del pionero es demasiado dura para que éste se preocupe del futuro.

Hace unos años el monte Mitchell, el más alto al este del Mississippi, estaba cubierto de magníficos bosques. Una compañía maderera compró el derecho de talar los árboles y en poco tiempo todo el monte quedó arrasado y expuesto a la erosión. Este pequeño capítulo en la gran destrucción de bosques en los Estados Unidos no hubiese sido posible en naciones de civilización más iluminada. Otras naciones como China, India, Egipto y Africa Oriental tienen también miles de kilómetros cuadrados de tierras inertes debido a la improvidencia del hombre.

Las causas principales de la destrucción de tierras fértiles son el talado irresponsable, el pastoreo y las cosechas sin plan. El primer paso es la tala, a la que sigue el pastoreo destructor. Las laderas del norte de Venezuela son un ejemplo de tierras inertes debido al corte de árboles seguido de un pastoreo arrasador. Manadas de cabras han pastado en aquellas laderas hasta no dejar más que acacias espinosas y esbrojos. La erosión ha completado el cuadro de ruina. Lo mismo ha sucedido en grandes regiones de la India y China, países que sufren regulares períodos de hambre.

Toda la culpa no la tiene el hombre; la Naturaleza también tiene su parte en esta destrucción. Grandes inundaciones en tiempo de lluvias y vientos secos en verano causan grandes destrucciones en la India y China. Esta última nación sigue una prudente política de conservación del terreno desde 2700 antes de Jesucristo, pero aún tienen mucho que aprender para controlar la Naturaleza.

Cuando el Servicio Forestal de América estaba aún en su infancia, encontró gran oposición en los legisladores, que pensaban que una cosecha de coles daría más que todos los árboles de los bosques. Este fue el error. La Naturaleza, a lo largo de los años, se ajusta a la naturaleza del suelo y del clíma. Los bosques crecen donde las lluvias exceden a la evaporación. En el caso contrario, crecen los prados; y donde la evaporación es mucho mayor, sólo crecen arbustos o sólo hay desiertos. El mapa fitográfico de una nación es muy semejante al mapa climatológico, basado en lluvias, evaporación y temperaturas. Si el hombre ignora este equilibrio de la Naturaleza y se empeña en conseguir una gran cosecha, en un solo año lo conseguirá, pero con detrimento del terreno a largo plazo.

Un ejemplo de lo equivocado que anda el hombre en su afán de corregir la Naturaleza, es el intento de desecar tierras pantanosas, cosa que parece muy laudable a primera vista. El resultado es secar el subsuelo de las tierras colindantes y matar las especies que vivían en aquellas tierras sin que otras puedan prosperar. Las tierras pantanosas tienen sus inconvenientes, pero también tienen su utilidad. Desecadas, con frecuencia son víctimas de la erosión y se convierten en eriales que se levantan en polvaredas perjudiciales al hombre y a los animales.

23 A B C D E

23. El título que mejor expresa la idea de estos párrafos es:
A. Cómo incrementar la producción del terreno.
B. Conservación de las fuentes naturales de riqueza.
C. Efectos del hombre en el terreno.
D. Condiciones del suelo y crecimiento de las plantas.
E. Los bosques en los Estados Unidos.

24 A B C D E

24. Una buena política sobre el uso del terreno se malogra por:
A. La indiferencia del hombre.
B. Leyes centenarias.
C. Inundaciones y vientos.
D. Pastoreo de animales.
E. Ninguna A–D.

25 A B C D E

25. Terrenos en que la cantidad de lluvias y nieve sobrepasa la evaporación, producirán:
A. Bosques.   B. Praderas.   C. Arbustos.
D. Desiertos.   E. Océanos.

26 A B C D E

26. Los pioneros no piensan en el futuro de las tierras porque:
A. No están protegidos por las leyes.
B. Viven en condiciones adversas.
C. Usan medios pobres de cultivo.
D. Tienen que protegerse contra las fieras.
E. A y B.

27 A B C D E

27. Mapas fitográficos son los que muestran:
A. Terrenos de praderas.
B. Terrenos de grandes cosechas.
C. Terrenos de climas semejantes.
D. Terrenos de vegetación semejante.
E. Terrenos montañosos.

28 A B C D E

28. La necesidad de terreno fértil para alimentar la población creciente del mundo podría remediarse.
A. Desecando terrenos pantanosos.
B. Legislación contra el exceso de talado.
C. Produciendo grandes cosechas cada año.
D. Convirtiendo los desiertos en terrenos de regadío.
E. Ninguna A–D.

29 A B C D E

29. La causa principal de períodos de hambre en la India y en China se debe probablemente a:
A. Dejar vagar los animales salvajes.
B. Desecar terrenos pantanosos.
C. La falta de métodos modernos de cultivo.
D. Las leyes agrarias.
E. La destrucción de los bosques.

VI

La Física —se ha escrito recientemente— es un continuo diálogo con la naturaleza. En este diálogo han actuado interlocutores cuyos nombres han transcendido a los tiempos que les rodearon. También en la actualidad han convivido y conviven todavía, no todos por desgracia, hombres de una talla semejante.   Y si entre ellos tuviéramos que escoger, Alberto Einstein y Max Plank serían los preferidos.

Tal vez este último es menos conocido que el famoso autor de la teoría de la relatividad, y, sin embargo, la revolución producida por las proposiciones einsteinianas queda pequeña al lado de las concepciones cuánticas de Plank.   Aquélla, la teoría de la Relatividad, aparte de su rigor científico, ofrece curiosas aplicaciones vulgarizadoras aptas para fecundar en mentes imaginativas situaciones grotescamente fantásticas que en la mayoría de los casos están en desacuerdo con el genial pensamiento de Einstein, pero que hicieron popular su teoría, aun en medios que difícilmente pueden calificarse de científicos.

Con razón, sin embargo, anota James Murphy que "la teoría de la Relatividad ha capturado el interés del mundo, pero la teoría de los "Quanta" ha sido la fuerza más fundamental para provocar la revolución moderna del pensamiento científico".

En 1879 un joven, al que apenas apuntaba el bozo, entregaba su tesis doctoral a los profesores de la Universidad de Munich.   Su título —la obra original fue escrita en latín— "Notas a la segunda ley fundamental de la mecánica del calor", reflejaba bien a las claras hacia dónde se encaminaban las aficiones de su autor, cuyas cualidades, excelente educación y avanzado talento eran tales que con facilidad pudo obtener la calificación de "Summa cum Laude", el grado máximo que podía otorgarse en una universidad alemana.   Max Plank tenía entonces veintiún años.

Pero si el contenido del trabajo de Plank fue aprobado meritoriamente por los profesores de Munich, no lo fue así por los prohombres de la ciencia contemporánea a pesar de haber sido discípulo de alguno de ellos en la Universidad de Berlín.   El mismo Plank escribiría años más tarde que "con frecuencia la verdad científica no suele triunfar convenciendo a los que se oponen a ella, sino porque aquéllos mueren y dan paso a nuevas generaciones más aptas para familiarizarse con verdades nuevas".   Tuvieron que pasar más de veinte años para que el pensamiento de Plank, después de la ineptitud de las leyes de Rayleigh y Wien para explicar determinados fenómenos científicos, se impusiera de un modo definitivo. La audaz concepción del científico alemán trastocaba la mayor parte de las ideas de la Física clásica relativas a la absorción y emisión de energía de los cuerpos, y al hacerlo, iniciaba una revolución en el terreno científico que llevó a un cambio radical de la formulación de leyes físicas fundamentales.   Dicho cambio, aunque Plank lo presentó inicialmente como una hipótesis de trabajo, ha durado hasta nuestros días.

30. El contenido de este pasaje podría titularse:
   A. La Teoría de la Relatividad.
   B. Max Plank y la teoría de los "Quanta".
   C. Las leyes de Rayleigh y Wien.
   D. El mundo atómico.
   E. La Física Clásica.

30 A B C D E
   ‖ ‖ ‖ ‖ ‖

31 A B C D E
‖ ‖ ‖ ‖ ‖

31. Max Plank es el autor de:
- A. La teoría de la Relatividad.
- B. Las leyes termodinámicas.
- C. De la teoría de los "Quanta".
- D. De proposiciones que condujeron a la bomba atómica.
- E. De teorías grotescamente fantásticas.

32 A B C D E
‖ ‖ ‖ ‖ ‖

32. Según este pasaje el genial pensamiento de Plank.
- A. Se aceptó inmediatamente por los prohombres de la ciencia.
- B. No se impuso hasta la muerte del físico alemán.
- C. Tardó casi un cuarto de siglo en ser reconocido universalmente.
- D. Ha sido rechazado aun en nuestros días.
- E. Se anticipó a la teoría de Einstein.

33 A B C D E
‖ ‖ ‖ ‖ ‖

33. La Física clásica:
- A. Estaba de acuerdo con las ideas de Plank.
- B. Terminó refutando rotundamente la teoría de los "Quanta".
- C. Corroboraba las afirmaciones de Einstein pero desmentía las de Plank.
- D. Se resquebrajó ante la audaz concepción de Plank.
- E. Se mantuvo indiferente a las afirmaciones quantistas.

34 A B C D E
‖ ‖ ‖ ‖ ‖

34. Plank ha escrito que la verdad científica:
- A. Siempre convence a los que se oponen a ella.
- B. Es difícilmente aceptada por las nuevas generaciones.
- C. Solamente convence a los más sabios.
- D. Nunca es aceptada completamente.
- E. Con frecuencia no convence a los que se oponen a ella.

35 A B C D E
‖ ‖ ‖ ‖ ‖

35. Si Max Plank viviera ahora:
- A. Tendría menos de cien años.
- B. Se opondría al uso de la bomba atómica.
- C. Tendría más de cien años.
- D. Reconocería que sus ideas no han durado hasta nuestros días.
- E. Continuaría siendo el originador de la tesis relativística.

PRÁCTICA DEL EXAMEN DE LITERATURA

Tiempo permitido: 2 horas

He allí que corre el año 1885. He allí que los indios gimen bajo el yugo. Han de pagar un impuesto personal de dos soles semestrales, han de realizar gratuitamente los "trabajos de la república": construyendo caminos, cuarteles, cementerios, iglesias, edificios públicos. He allí que los jefes arrasan las comunidades o "ayllus": Han de trabajar gratis los indios para que siquiera los dejen vivir. Han de sufrir callados. No, amigos, alguna vez... Reclamaron presentando un memorial al prefecto de Huaraz. No se les oyó. Pedro Pablo Atusparia, alcalde de Marián y del barrio huaracino de la Restauración, que encabezaba a los reclamadores, fue encarcelado, flagelado y censurado. Catorce alcaldes se presentaron a protestar del abuso. También fueron encarcelados, flagelados y maltratados. No, amigos, alguna vez...

Fingieron ceder. Y el primero de marzo bajó la indiada hacia Huaraz, portando la paja que se necesitaba para un techo que "era trabajo de la república". En determinado momento, sacaron de entre la paja machetes que ocultaban y se entabló la lucha...

1. Los indios se vieron forzados a vivir:
   A. Retirados en sus milpas.
   B. Bajo condiciones de feroz explotación.
   C. Bajo la protección del gobierno.
   D. Sin libertad religiosa.
   E. Sin dinero.

1 A B C D E
‖ ‖ ‖ ‖ ‖

2. Consistían dichos "trabajos de la república" en:
   A. Cumplir tareas duras.
   B. Hacer un papel político.
   C. Establecer la cristiandad.
   D. Dedicarse a la enseñanza.
   E. Establecer la democracia.

2 A B C D E
‖ ‖ ‖ ‖ ‖

3. A cambio de sus labores:
   A. No recibieron ni un centavo.
   B. Fueron nombrados jefes de sus tribus.
   C. Les entregaron unas monedas de cuando en cuando.

3 A B C D E
‖ ‖ ‖ ‖ ‖

D. Les dieron cuartos en edificios de la comunidad.

E. Les dieron unos derechos.

4 A B C D E

4. ¿Qué les pasó a los que reclamaron sus derechos?

A. Recibieron las calurosas gracias de las autoridades.

B. Fueron hechos alcaldes.

C. Les mandaron cartas de felicitación.

D. Se les persiguió sin misericordia.

E. Se pusieron sus nombres en una lista.

5 A B C D E

5. ¿Qué hicieron finalmente los indios?

A. Se refugiaron en una pequeña aldea vecina.

B. Emigraron a Atuspuria.

C. Se escondieron en la paja.

D. Abandonaron toda idea de buscar justicia.

E. Se rebelaron contra los tiranos.

II

Desmayarse, atreverse, estar furioso,
áspero, tierno, liberal, esquivo,
alertado, mortal, difunto, vivo,
leal, traidor, cobarde y animoso;
    no hallar fuera del bien centro y reposo;
mostrarse alegre, triste, humilde, altivo,
enojado, valiente, fugitivo,
satisfecho, ofendido, receloso;
    huir el rostro a un claro desengaño,
beber veneno por licor suave,
olvidar el provecho, amar el daño;
    creer que un cielo en un infierno cabe,
dar la vida y el alma a un desengaño:
esto es amor, quien lo probó lo sabe.

6 A B C D E

6. El escritor nos quiere decir que:

A. Se debe huir del amor por la tragedia que trae.

B. Desconoce lo que es el amor.

C. Anhela ser amado.

D. El que ama se encuentra en una red de emociones intensas y contradic-
torias.

E. No vale la pena enamorarse.

7 A B C D E

7. La palabra "atreverse" quiere decir:

A. Mirarse en un espejo.

B. Desesperarse.

C. Disgustarse.

D. Engañarse.

E. Arriesgarse.

8 A B C D E

8. La composición poética corresponde a:

A. La octava real.

B. El romance.

C. El soneto.

D. La silva.

E. Ninguna A–D.

9. El esquema de rima que se emplea aquí es:
    A. ABBA ABBA CDC DCD.
    B. AABB AABB CDC DCD.
    C. ABAB ABAB ABA ACA.
    D. ABCB CBAB CAC ACA.
    E. ABAA BCBB CAC BAB.

9 A B C D E

10. Este poema contiene varios antónimos. Los de "difunto", "traidor", "triste" y "áspero" son, respectivamente:
    A. Valiente, fugitivo, satisfecho, receloso.
    B. Alertado, mortal, suave, humilde.
    C. Vivo, leal, alegre, tierno.
    D. Liberal, claro, furioso, cobarde.
    E. Animoso, valiente, esquivo, ofendido.

10 A B C D E

11. El autor pone a este poema su propio testimonio con el verso:
    A. "Creer que un cielo en un infierno cabe".
    B. "Olvidar el provecho, amar el daño".
    C. "Beber veneno por licor suave".
    D. "Huir el rostro a un claro desengaño".
    E. "Esto es amor, quien lo probó lo sabe".

11 A B C D E

III

Las velas y los cohetes tienen una gran demanda entre los indios.   Estaba en una tienda de San Antonio cuando llegó una numerosa familia indígena.   Los hombres traían vestidos de manta negros y harapientos.   De la tela primitiva de las camisas no quedaba seguramente el más pequeño fragmento.   Remiendos paralelamente cosidos con gran esmero se sobreponían unos a otros formando un admirable deshilado.

Preguntaron el precio de una docena de cohetes.   La dueña, una mujer gorda de aplastadas caderas de elefante, les enseñó un atado, diciendo:

—5,50 pesos la docena.

—No —dijo el más osado—, queremos cohetes más grandes.

La mujer tomó otro manojo.

—Éstos cuestan 6,50.

Hablaron los indios largamente entre sí sin resolverse a comprarlos.

—Tomen cinco pesos —les dije— y compren los cohetes grandes.

Se quedaron mirándome con asombro, paralizados.   La dueña intervino presurosa:

—Dénle las gracias al señor, dénle las gracias al caballero y no se queden ahí como unos pazguatos, estorbando la entrada.

Los indios decidieron al fin comprar cinco docenas de los cohetes más grandes.

—¿Por qué no te compras mejor una camisa? —le pregunté a uno de ellos—.   Te hace más falta que los cohetes.

Bajando la vista respondió:

—Es *el* costumbre.

Escuchaba, por primera vez, esa terrible, constante palabra —memoria, hábito, rutina, sinrazón todopoderosa— que habría de escuchar, que habría de levantarse como un muro infranqueable a lo largo de mi viaje: *el* costumbre.   La costumbre de bajar la cabeza, la de consultar a los brujos, la de comprar al santo velas y cohetes, la de embriagarse hasta la muerte, la de ser explotados, la de arruinarse con mayordomías y cargos innecesarios de autoridades subalternas o perfectamente inútiles, la de creer en los nahuales, los espantos y los esqueletos voladores.   La costumbre, esa corteza dura de vicios y supersticiones que los mantiene atados de pies y manos y es al mismo tiempo la unidad del grupo, la preservación de su carácter y de su vida.

12 A B C D E   **12.** Los indios necesitaban los cohetes para:
                    A. Remendar la ropa.
                    B. Calzarse.
                    C. Presentarlos al santo.
                    D. Comprar camisas.
                    E. Comprar velas.

13 A B C D E   **13.** "Deshilado" se refiere al arte de la:
                    A. Cocina.   B. Costura.   C. Escultura.
                    D. Arquitectura.   E. Literatura.

14 A B C D E   **14.** Siendo "costumbre" un sustantivo femenino, lleva el artículo "el" porque:
                    A. Es más eufónico así.
                    B. Es el artículo definido.
                    C. Es el artículo indefinido.
                    D. Así hablan los indios.
                    E. La palabra "costumbre" termina en "e".

15 A B C D E   **15.** El señor tutea a los indios porque:
                    A. Son sus criados.
                    B. Pertenecen a su familia.
                    C. Pertenecen al estado de criados.
                    D. Los conoce.
                    E. No los conoce.

16 A B C D E   **16.** La costumbre no les obliga a los indios a:
                    A. Bajar la cabeza.
                    B. Consultar a los brujos.
                    C. Comprar cohetes al santo.
                    D. Mantenerse supersticiosos.
                    E. Comprar camisas.

17 A B C D E   **17.** La costumbre tiene el buen aspecto para los indios de que:
                    A. Les preserva su carácter y su vida.
                    B. Los mantiene siervos.
                    C. Les facilita la educación.
                    D. Les aumenta el sueldo.
                    E. Los vuelve razonables.

18 A B C D E   **18.** "Embriagarse" quiere decir:
                    A. Bajarse   B. Embarcarse.   C. Morirse.
                    D. Intoxicarse.   E. Levantarse.

IV

Amanecía el día de la libertad para el Ecuador.   Las tropas de Sucre cargaban contra las del Presidente Aymerich.   Sobre los tejados de las casas y los campanarios de las iglesias los quiteños miraban estremecidos de entusiasmo y de ansiedad las fases del combate que bien pronto iba a aureolarse de heroísmo para la admiración de las generaciones venideras.
    Comenzó el combate; el centro del ejército patriota estaba formado

por los batallones Yaguachi y Paya. Abdón Calderón, un joven, casi
un niño, mandaba la tercera compañía del Yaguachi. En los primeros
momentos del ataque, recibió un balazo en el brazo derecho. Sin des-
mayar tomó la espada con la mano izquierda y siguió combatiendo. —¡Adelante!— grita, y se arroja contra el enemigo; pero otro balazo le rompe
el muslo izquierdo. Calderón carga una vez más al frente de sus com-
pañeros haciendo un esfuerzo prodigioso. En este momento, otra bala
le atraviesa el corazón haciéndole caer a tierra exangüe y sin movimiento;
la herida era mortal, Calderón falleció al día siguiente.

El general Sucre lo ascendió, ya muerto, a capitán. El Libertador,
informado del bizarro comportamiento de aquel joven oficial ecuatoria-
no, ordenó que la tercera compañía del Yaguachi no tuviera otro capitán:
que siempre se pasara revista en ella como vivo; y que, al nombrarle, la compañía respondiera: "¡Murió gloriosamente en Pichincha, pero vive en
nuestros corazones!"

19. Los vecinos de la capital presenciaban la batalla:
    A. Llenos de inquietud.
    B. Armados de espadas.
    C. Con un mínimo de interés.
    D. Sin esperar gran cosa.
    E. Hablando de sus negocios.

19 A B C D E

20. Los patriotas ecuatorianos luchaban por:
    A. La gloria.
    B. Su independencia.
    C. La iglesia.
    D. El Presidente Aymerich.
    E. El dinero.

20 A B C D E

21. ¿Cómo murió el joven oficial?
    A. De un balazo en el muslo.
    B. De una herida en el pecho.
    C. Del primer balazo.
    D. De haber caído a tierra.
    E. De un tiro en la cabeza.

21 A B C D E

22. ¿Cómo premió Sucre a Calderón?
    A. Ordenó un entierro estupendo.
    B. Le confirió una medalla.
    C. Le nombró coronel del batallón Yaguachi.
    D. Le nombró capitán de la compañía.
    E. Elevó una estatua a su memoria.

22 A B C D E

23. Al enterarse del heroísmo de Calderón, El Libertador mandó que:
    A. El batallón llevara el nombre del joven patriota.
    B. Se celebrara el aniversario de su muerte.
    C. Sus hazañas se publicasen.
    D. El estado sustentara a su familia.
    E. Nunca se nombrara otro jefe de la tercera compañía.

23 A B C D E

V

Horrendo espanto produjo en la región el mísero leproso. Apareció
súbitamente, calcinado y carcomido, envuelto en sus harapos húmedos
de sangre, con su ácido olor a podredumbre.

Rechazado a latigazos de las aldeas y viviendas campesinas; perseguido brutalmente como perro hidrófobo por jaurías de crueles muchachos, arrastrábase moribundo de hambre y de sed bajo los soles de fuego, sobre los ardientes arenales, con los podridos pies llenos de gusanos.

Así anduvo meses y meses, vil carroña humana, hartándose de estiércoles y abrevando en los fangales de los cerdos, cada día más horrible, más execrable, más ignominioso.

ii

El siniestro Manco Mena, recién salido de la cárcel donde purgó su vigésimo asesinato, constituía otro motivo de terror en la comarca, azotada de pronto por furiosos temporales. Llovía sin cesar a torrentes; frenéticos huracanes barrían los platanares y las olas atlánticas reventaban sobre la playa con ásperos estruendos.

En una de aquellas pavorosas noches el temible criminal leía en su cuarto, a la luz de una lámpara, un viejo libro de trágicas aventuras, cuando sonaron en su puerta tres violentos golpes.

De un puntapié zafó la gruesa tranca, apareciendo en el umbral con el pesado revólver en la diestra. En la faja de claridad que se alargó hacia fuera vio al leproso destilando cieno, con los ojos como ascuas en las cuencas áridas, el mentón en carne viva, las manos implorantes.

—¡Una limosna! —gritó—. ¡Tengo hambre! ¡Me muero de hambre!

Sobrehumana piedad asaltó el corazón del bandolero.

¡Tengo hambre! ¡Me muero de hambre!

El Manco le tendió muerto de un tiro, exclamando:

—Esta es la mejor limosna que puedo darte.

24 A B C D E

24. El leproso no estaba:
- A. Hediondo.
- B. Hermoso.
- C. Hambriento.
- D. Execrable.
- E. Ignominioso.

25 A B C D E

25. Los habitantes en la región lo trataban con:
- A. Misericordia.
- B. Esquivez.
- C. Magnanimidad.
- D. Crueldad.
- E. Caridad.

26 A B C D E

26. El número de asesinatos cometidos por Manco Mena había sido:
- A. Cinco.
- B. Diez.
- C. Tres.
- D. Veinte.
- E. Quince.

27 A B C D E

27. El criminal llevaba el revólver:
- A. En el bolsillo.
- B. En la mano derecha.
- C. En la mano izquierda.
- D. Debajo del brazo.
- E. En la cintura.

28 A B C D E

28. La limosna que pedía el leproso era:
- A. Algo que comer.
- B. Algo que beber.
- C. Un abrigo.
- D. Dinero.
- E. Amistad.

29. Manco mató al leproso:
  A. Porque le daba asco.
  B. Por haberle molestado.
  C. Por miedo que su enfermedad pudiera ser contagiosa.
  D. Por considerarlo su enemigo.
  E. Porque creía que la muerte sería su mejor alivio.

30. El autor de este cuento es:
  A. Imaginativo y romántico.
  B. Idealista y optimista.
  C. Piadoso y contemplativo.
  D. Pesimista e irónico.
  E. Verboso y sentimental.

VI

¿Qué le podía pasar a la Isidora? Y no era esto solamente lo que tenía escamado al indio, sino las negativas de su mujer a juntar los pellejos a la hora de acostarse. Lo venía haciendo desde la misma noche del regreso, atrancándole la puerta y negándose a abrírsela, por más que amenazaba con echarla abajo. Esto era lo más grave.

Durante los tres años de casados que llevaban, los pellejos que les servían de cama no se habían separado nunca, ni peleados ni enfermos. No; la bendición del señor cura no había sido para dormir cada uno por su lado, sino para estar juntos, siempre juntos, especialmente en las noches, que en esto consistía el matrimonio.

¿Por qué, pues, la Isidora se negaba a recibirle? ¿Por qué prefería dejarle fuera, sufriendo las tarascadas del frío, ovillado entre la rosca pulguienta de sus perros? La cosa merecía consultarse, ir a Tarata a exponérselo a quien los casó o a su padrino Callata, que tan a mano lo tenía.

¿No estaría "el gavilán" revoloteando por encima de su choza? ¿No habría por ahí algún zorro venteándole su comida, esa que le sirvieron en la iglesia para él solito y por la cual pagara tan buenos soles? ¿No estaría comiéndosela ya?

Y como todas estas interrogaciones no le permitieran lampear bien ni pastorear el ganado, una tarde, lleno de súbita cólera, sin esperar que oscureciera y que todos sus animales estuvieran juntos para acorralarlos, abandonó todo y tornó a su choza, en momentos en que su mujer moqueaba y se restregaba los ojos con el faldellín.

—¡Estaba llorando!... ¿Qué cosa fea has visto para que se te ñublen los ojos así? ¿Se te ha muerto alguno que te duela más que yo?

—El humo de la yareta, Carmelo. Humo juerte.

—Nunca vide que te hizo llorar hasta aura. Te estás volviendo delicada como las señoritas de allá bajo. ¿No será pena?

—Acaso...

—¿Puedo yo curarla?...

—¡Nunca! No es corte de cuchillo, ni golpe de piedra ni de mano.

—¿Qu'es, pues, entonces?

—Si yo te lo dijera, Carmelo...

—¿Te está rondando el zorro?

—Peor, que eso. Me ha salido al camino.

—¿Y tú qué le hiciste?

—No pude hacer nada; estaba sola.   Ni cómo evitar el *trompiezo*.

El indio se inmutó y arrojando violentamente al suelo el atado que tenía a la espalda, desfigurado el semblante por una mueca rabiosa, se acercó a su mujer hasta casi tocarle el rostro con el suyo y barbotó estas palabras.

—¡Un *trompiezo!* ¿Con quién?

—Te diré.

Y la mujer, como alentada por esta amenazadora actitud de su marido, más que atemorizada por ella, comenzó a relatarle toda la historia del hecho que había venido a interpolarse en su vida y a ensombrecerla.

Fue en la chacra de "Capujo", la tarde del domingo anterior al de la vuelta de Carmelo, al oscurecer.   Ella estaba haciendo una tapa en la acequia para regar, cuando de pronto sintió en la espalda una sensación desagradable que la hizo volverse, y al volverse, entre los maizales, descubrió dos ojos malignos que la estaban espiando: eran los de su vecino Leoncio Quelopana.   Tuvo miedo y quiso tirar la lampa y echarse a correr, pero le dio vergüenza.   Aunque mujer, no estaba bien que hiciera lo que las vizcachas cuando ven gente.

Sonrió para disimular y acabó preguntándole a Leoncio por su mujer. Entonces éste, saliendo del maizal y avanzando hasta el borde del surco en que ella se había replegado, sin decirle siquiera una palabra, saltó sobre ella como un puma, agarrándola de las manos.   Después un forcejeo, dos o tres mordiscos para que la soltara, gritos que nadie pudo oír, porque nadie había en el contorno, y el sol, único testigo, que acabó de esconderse pronto, para no ver el abuso de ese mal hombre.   Pasó, pues, lo que había de pasar.   Pero no con su gusto.   Podía jurarlo.   Todavía se sentía rabiosa de lo que le había hecho aquella tarde el maldito Leoncio, que el diablo habría de llevárselo para castigo de su culpa.

31 A B C D E

31. Carmelo e Isidora dormían en:
   A. Hamacas.   B. Camas   C. Pieles de animales.
   D. Tapetes.   E. Colchones.

32 A B C D E

32. La "comida" por la cual Carmelo había pagado en la iglesia había sido:
   A. Su alfalfa.
   B. Su ganado.
   C. Su almuerzo.
   D. Su choza.
   E. Su mujer.

33 A B C D E

33. Lloraba Isidora porque:
   A. Tenía un dolor.
   B. Se había cortado con el cuchillo.
   C. Se había golpeado con una piedra.
   D. Había sufrido un "trompiezo".
   E. Carmelo no la quería.

34 A B C D E

34. El ataque no había sucedido:
   A. Durante la ausencia de Carmelo.
   B. Dentro de la choza.
   C. En el camino.
   D. El domingo.
   E. Cerca del maizal.

35. Isabel no había huido de Leoncio porque:
   A. Hubiese parecido falta de educación.
   B. Tenía fuerza para defenderse.
   C. Lo amaba.
   D. Sabía que su marido estaba cerca.
   E. Los ojos de Leoncio la habían hipnotizado.

36. El único testigo del "trompiezo" fue:
   A. Un vecino.
   B. La mujer de Leoncio.
   C. El sol.
   D. Carmelo.
   E. El diablo.

VII

Apenas pone uno los pies en la arena, llega un cobrador:
   —¿Quiere un petate para asolearse? ¡Son cinco pesos!
   —¿Un cóctel de ceviche, Miss?
   —¿Unos camarones al natural?
   —¿Un coco-fizz? ¿Un zombie?
   —¿Chicles, chocolates, dulces?
   —¿Aceite contra el sol? ¡No se vaya a despellejar! Aquí el sol pega duro.
   —¿Le tomamos una fotografía de recuerdo?

Si logra uno sentarse en cualquiera de las sillas de madera alineadas en la playa, escapando al asedio de los comerciantes, surge otro cobrador.
   —¡Son cuatro pesos de la silla, joven…! Y si algún crudo llega a dormirse en la arena, un acapulqueño lo interrumpe: —¡Oiga joven, le estoy cuidando el sueño!... En la playa espían todas aquellas pequeñas gentes que viven del turismo: los vendedores ambulantes y los que han instalado allí sus puestos de lanchas y deslizadores para ir a La Roqueta, sus Glass Bottom Boat, equipos para bucear, refresquerías y sombrererías…

Las gentes que mejor viven del turismo son los dueños de los hoteles más lujosos, los cabarets oscuros proyectados por Dalí y los restaurantes americanizados en cuyos cimientos se estrellan las olas, mientras los clientes comen langosta "thermidor" y sorben vino blanco "Pouilly". El dueño del Hotel Pierre Marqués, Paul Getty, es uno de los hombres más ricos del mundo. En el Atizapán, bungalow donde vivió Adolfo López Mateos, el precio diario por una sola persona es de quinientos pesos. Estas tarifas resultan normales para los norteamericanos de "clase media", ya que antes, en La Habana, estaban acostumbrados a pagar ochenta, noventa y cien dólares diarios por una recámara. Y si sus recursos económicos no son muy grandes, llegan a Acapulco llevando su casa de aluminio a cuestas y se instalan en los campos para "trailers". Aprovechan, como los demás, los baños de mar, el sol, el viento, la bahía y los centros nocturnos.

37. En la playa los cobradores no parecen vender:
   A. Jabones.   B. Comestibles   C. Cosméticos.
   D. Dulces.   E. Bebidas.

38 A B C D E

38. Al que quiere dormir la siesta en la arena se le:
   A. Roba.   B. Tapa.   C. Despierta.
   D. Canta.   E. Hace cosquillas.

39 A B C D E

39. "Estrellarse" quiere decir:
   A. Dibujarse.
   B. Pintarse.
   C. Subir a las estrellas.
   D. Chocar contra algo.
   E. Encontrarse.

40 A B C D E

40. La mayoría de los norteamericanos de "clase media" que van a México:
   A. Tienen que conformarse con lo más barato.
   B. No dan propina.
   C. Hablan castellano.
   D. Jamás vuelven a su tierra.
   E. Pueden aprovecharse de lo más lujoso en México.

41 A B C D E

41. Según este pasaje parece que los mexicanos están dispuestos a acomodar a los turistas norteamericanos porque:
   A. La mayoría son amables.
   B. Los mexicanos respetan la doctrina de Monroe.
   C. La mayoría tiene dinero para gastar.
   D. No hablan español.
   E. Pertenecen al mismo hemisferio.

42 A B C D E

42. Acerca de la actitud del autor, se puede decir que:
   A. Compadece a los acapulqueños.
   B. Se muestra indiferente respecto a lo que describe.
   C. Es objetivo: presenta los hechos para que hablan por sí mismos.
   D. Critica severamente la explotación de los turistas.
   E. Quiere sacar a la luz la comicidad de la situación.

VIII

Y esta eterna nostalgia de las alturas, y este	1
atalayar eterno de cumbres intocadas	2
e inaccesibles, ¿cuándo	3
morirán en el alma?	4
¿Por qué, si no podemos volar, sueñan un vuelo	5
las alas ideales que se aferran al suelo	6
sangrando el vencimiento? Si humana podredumbre	7
somos, ¿por qué se irisan los ojos con la lumbre	8
celeste? Si en el viento	9
ha de perderse el verso como inútil lamento,	10
¿por qué nace en nosotros el verso? ¿Por qué ansiamos	11
esta chispa divina que nos prende el ocaso,	12
si ha de ser en las sombras de la noche que llega	13
la cineraria flama de su propio fracaso?	14
Alma loca que olvidas que la vida es yantar *,	15
¡olvídate a ti misma y cierra las ventanas	16
que dan al sol y al mar!	17

---

* Cenar.

43. "Nostalgia de alturas", en el primer verso, refiere a:
    A. Ambición de los hombres.
    B. Deseo de subir montañas.
    C. Deseo de evadir la vida.
    D. Anhelo de tiempos pasados.
    E. Deseo de engrandecimiento espiritual.

44. Hay encabalgamiento en todos los versos siguientes menos:
    A. 1 y 2.   B. 5 y 6.   C. 8 y 9.
    D. 14 y 15.   E. 7 y 8.

45. El poeta demuestra una actitud de:
    A. Desilusión.   B. Rencor.   C. Tranquilidad.
    D. Egoísmo.   E. Sorpresa.

46. La imagen que el poeta emplea en los versos 5–7 sirve para afirmar que:
    A. Soñamos demasiado.
    B. El idealismo es inútil.
    C. Los débiles se vencen.
    D. El hombre no puede volar.
    E. Estamos ligados a la tierra.

47. De la conclusión del poema en los versos 15–17, podemos afirmar todo lo siguiente menos:
    A. Debemos sufrir las consecuencias de nuestros errores.
    B. El contento espiritual es inalcanzable. Por ello debemos disfrutar los gozos materiales.
    C. El alma se engaña a sí misma.
    D. Hay una ironía sutil.
    E. Hay una incitación a la rebeldía.

PRÁCTICA DEL EXAMEN DE MATEMÁTICAS

Tiempo permitido: 2 horas

1. Sume $16\frac{3}{8}$, $12\frac{3}{4}$ y $23\frac{5}{6}$.

   Respuesta:

   A. $52\frac{23}{24}$ B. $53\frac{5}{24}$ C. 58   D. $52\frac{7}{12}$ E. Ninguna de ellas

   1 A B C D E

2. Reste $27\frac{5}{14}$ de $43\frac{1}{6}$.

   Respuesta:

   A. 15   B. 16   C. $15\frac{8}{21}$ D. $15\frac{17}{21}$ E. Ninguna de ellas

   2 A B C D E

3. Multiplique $17\frac{5}{8}$ por 128.

   Respuesta:

   A. 2200   B. 2305   C. 2356   D. 2256   E. Ninguna de ellas

   3 A B C D E

4. Divida $\frac{2}{3}$ por $2\frac{1}{4}$.

   Respuesta:

   A. $\frac{8}{27}$ B. $\frac{4}{9}$ C. $\frac{9}{28}$ D. $\frac{2}{3}$ E. Ninguna de ellas

   4 A B C D E

5. Una estiba de revistas tiene 4 pies de alto. Si cada revista tiene $\frac{3}{4}$ pulgadas de espesor, el número de revistas es:

   A. 36   B. 48   C. 64   D. 96   E. Ninguna de ellas

   5 A B C D E

6. Cinco niñas se comieron tres galletas cada una de una caja que tenía dos docenas. ¿Qué parte de una docena quedó?

   A $\frac{1}{8}$ B. $\frac{1}{4}$ C. $\frac{5}{6}$ D. $\frac{7}{8}$ E. Ninguna de ellas

   6 A B C D E

7. Una pulgada en un mapa representa 50 millas. En el mismo mapa, una distancia de 375 millas es representada por...

   A. $7\frac{1}{2}''$ B. $7\frac{1}{7}''$ C. $3\frac{1}{4}''$ D. $2\frac{3}{4}''$ E. Ninguna de ellas

   7 A B C D E

8 A B C D E

8. Cuatro hombres comen de un pastel.   Los primeros tres se comen $\frac{1}{4}$, $\frac{2}{7}$ y $\frac{3}{11}$ respectivamente. ¿Qué cantidad del pastel se comieron el cuatro hombre?

A. $\frac{59}{308}$ B. $\frac{1}{3}$ C. $\frac{70}{308}$ D. $\frac{1}{4}$ E. Ninguna de ellas

9 A B C D E

9. Un hombre gasta $\frac{1}{4}$ parte de su sueldo en renta y $\frac{1}{3}$ parte en alimentos. Si gasta $2,250.00 en renta, ¿cuánto gasta en alimentos?

A. $1,500.   B. $3,000.   C. $3,700.   D. $4,200.   E. Ninguna de ellas

10 A B C D E

10. El reloj A pierde un minuto por día, y el reloj B gana $2\frac{3}{4}$ de minutos por día. Si el reloj B está adelantado por 15 minutos sobre el reloj A, ¿cuántos días le tomará al reloj B para estar adelantado por 30 minutos?

A. 7   B. 4   C. 6   D. 8   E. Ninguna de ellas

11 A B C D E

11. ¿Cuál es la suma de 2.2, .002, 200 y 20.02?

A. 220.222   B. 222.4   C. 222.222   D. 224.222   E. Ninguna de ellas

12 A B C D E

12. ¿Qué es $\frac{5}{11}$ en la forma decimal?   (Al centésimo más cercano.)

A. .44   B. .40   C. .45   D. .55   E. Ninguna de ellas

13 A B C D E

13. 2.2 por .00001 es igual a:

A. .0022   B. .00022   C. .0000222   D. .0000022   E. Ninguna de ellas

14 A B C D E

14. Un hombre compró un pastel.   El martes se comió .34 partes, y el miércoles se comió .5 partes.   ¿Qué parte del pastel le queda?

A. .50   B. .16   C. .33   D. .22   E. Ninguna de ellas

15 A B C D E

15. Si 314 oficinistas archivan 6,594 papeles en 10 minutos, ¿cuántos papeles archivará por minuto un oficinista promedio?

A. 2   B. 2.4   C. 2.1   D. 2.5   E. Ninguna de ellas

16 A B C D E

16. Cambie $\frac{5}{8}$ a por ciento.

A. 50%   B. 60%   C. $62\frac{1}{2}$%   D. 75%   E. Ninguna de ellas

17 A B C D E

17. ¿60 es qué por ciento de 2,500?

A. 2.2   B. 2.4   C. 24   D. .24   E. Ninguna de ellas

18 A B C D E

18. Escriba $\frac{3}{4}$% en forma decimal.

A. .75   B. 7.5   C. .075   D. .0075   E. Ninguna de ellas

19 A B C D E

19. En una clase de 40 estudiantes, 28 estudiantes pasaron la prueba; 4 fracasaron, y el resto estaban ausente. ¿Qué por ciento de la clase estaba ausente?

A. 20%   B. $11\frac{1}{9}$%   C. 75%   D. $33\frac{1}{3}$%   E. Ninguna de ellas

20 A B C D E

20. Un estudiante tiene notas de 87, 90, 80, 85 y 75 en sus primeras cinco pruebas de matemáticas.   ¿Qué nota recibió en la próxima prueba para sacar un promedio de 85%?

A. 93%   B. 85%   87%   D. 90%   E. Ninguna de ellas

21 A B C D E

21. ¿Cuánto se pagaría por un préstamo de $900.00 a un interés de 6% por un año?

A. $80   B. $954   C. $64   D. $54   E. Ninguna de ellas

22 A B C D E

22. Pedro hizo un préstamo de $1,680.   Tiene que pagarlo en 2 años a un 6%. ¿Qué interés habrá pagado al final de los 2 años?

A. $100.80   B. $680.00   C. $201.00   D. $201.60   E. Ninguna de ellas

23 A B C D E

23. El Sr. Rivera cogió prestado $620.00, el cual tenía que ser pagado en un año a un 5%.   ¿Qué tuvo que pagar al fin del año?

A $651.00   B. $604.04   C. $751.00   D. $700.00   E. Ninguna de ellas

24. Un hotel que cuesta $81,500. va a ser construído en un solar que cuesta $1,500 a un 4.5%. ¿Cuál será el interés anual sobre toda la inversión?

    A. $3,320 B. $4,150   C. $3,000   D. $3,735   E. Ninguna de ellas

24 A B C D E
  || || || || ||

25. ¿Cuál es el precio de venta de un televisor que costaba $100.00 y que fue vendido con una pérdida de $12\frac{1}{2}$%?

    A. $125.00 B. $79.00   C. $87.50   D. $78.50   E. Ninguna de ellas

25 A B C D E
  || || || || ||

26. La mueblería Rivera vendió un televisor que costaba $220. Si querían hacer una ganancia de un 12%, ¿en cuánto vendieron el televisor?

    A. $246.40   B. $223.60   C. $26.40   D. $250.40   E. Ninguna de ellas

26 A B C D E
  || || || || ||

27. El Sr. Blanco compró un par de llantas que valían $120.00. Al Sr. Blanco se le hizo un descuento de 6%. ¿Cuánto pagó por las llantas?

    A. $80.00   B. $112.80   C. $54.00   D. $64.00   E. Ninguna de ellas

27 A B C D E
  || || || || ||

28. Un vendedor recibió una comisión de $4\frac{1}{2}$% por vender una casa, cuyo valor era de $14,500. ¿Cuánto recibió en comisión?

    A. $625.50 B. $6,500.50   C. $675.60   D. $652.50   E. Ninguna de ellas

28 A B C D E
  || || || || ||

29. El Sr. Pérez tiene una propiedad valorada en $37,000. Busque la contribución pagada a la ciudad a una razón de .0185.

    A. $674.50 B. $784.50 C. $684.50 D. $648.50 E. Ninguna de ellas

29 A B C D E
  || || || || ||

30. Una vendedora recibió una comisión de $30.00 por vender un abrigo en $150.00. ¿Cuál es el por ciento en comisión?

    A. 30%   B. 18%   C. 5%   D. 8%   E. Ninguna de ellas

30 A B C D E
  || || || || ||

*31. Tomás le pidió a Enrique que acertara su edad. Le dijo: «Seis veces mi edad más 16 suman 100. ¿Cuántos años tengo?

    A. 14   B. 16   C. 13   D. 17   E. Ninguna de ellas

*31 A B C D E
  || || || || ||

32. En una clase de 167 estudiantes, hay 11 niños más que niñas. ¿Cuántos niños hay en la clase?

    A. 78   B. 100   C. 89   D. 75   E. Ninguna de ellas

32 A B C D E
  || || || || ||

33. El precio neto de una radio es $54.00 después del descuento de 10%. ¿Cuál era el precio original?

    A. $59.40   B. $60.00   C. $64.00   D. $58.60   E. Ninguna de ellas

33 A B C D E
  || || || || ||

34. Un hombre es tres veces más viejo que su hijo. La suma de sus edades es 52 años. ¿Cuántos años tiene cada uno?

    A. 17, 35   B. 14, 38   C. 15, 37   D. 13, 39   E. Ninguna de ellas

34 A B C D E
  || || || || ||

35. El perímetro de un rectángulo es 126 pies. Su longitud es 6 veces más que su anchura. Calcule las dimensiones.

    A. 11' × 52'   B. 9' × 54'   C. 18' × 108'   D. 21' × 105'   E. ninguna de ellas

35 A B C D E
  || || || || ||

36. Calcule los ángulos de un triángulo si el primer ángulo es 3 veces el segundo y el tercero es doble del segundo.

    A. 90°, 30°, 60°   B. 18°, 54°, 108°   C. 15°, 30°, 45°   D. 20°, 25°, 45°
    E. Ninguna de ellas.

36 A B C D E
  || || || || ||

---

* Los problemas 31-38 de este examen provienen de:
REFRESHER WORKBOOK IN ARITHMETIC by Edwin I. Stein. ©Copyright 1959 by Allyn and Bacon, Inc. Translated and used by permission of Allyn and Bacon, Inc.

37 A B C D E

37. Juan tiene ocho más monedas de diez centavos que de cinco centavos. Si tiene un total de 26 monedas, ¿cuántas tiene de cada clase?

A. 8 de 5 centavos; 16 de 10 centavos.

B. 10 de 5 centavos; 16 de 10 centavos.

C. 7 de 5 centavos; 19 de 10 centavos.

D. 9 de 5 centavos; 17 de 10 centavos.

E. Ninguna de ellas.

38 A B C D E

38. La sombra de un árbol es igual a 26 pies, mientras que la de un poste adjunto, de 5 pies de altura, es igual a 2 pies. ¿Cuál es la altura del árbol?

A. 10.4′   B. 31′   C. 65′   D. 46′   E. Ninguna de ellas.

39 A B C D E

39. Un paralelogramo tiene una base de 206 pies y una altura de 95 pies. Busque el área.

A. 19,750′   B. 19,000′   C. 19,570′   D. 206′   E. Ninguna de ellas.

40 A B C D E

40. Un lado de un cuadrado mide 18 pulgadas. ¿Cuál es el área en pies cuadrados?

A. 324   B. 9   C. 2.25   D. $\frac{3}{2}$ E. Ninguna de ellas.

41 A B C D E

41. El área de la figura a la derecha es, en pulgadas cuadradas:

A. 96

B. 30

C. 40

D. 160

E. Ninguna de ellas.

42 A B C D E

42. Un círculo tiene un diámetro de 28 pulgadas. Su área es, en pulgadas cuadradas:

A. 784   B. 307   C. 616   D. 651   E. Ninguna de ellas.

43 A B C D E

43. Una mesa rectangular tiene una superficie que mide 30 pulgadas por 48 pulgadas. ¿Cuántos pies cuadrados de cristal se necesitarían para cubrir la superficie?

A. 20   B. 5   C. 15   D. 10   E. Ninguna de ellas.

44 A B C D E

44. El diagrama muestra una casa vista de lado. ¿Cuál es la distancia desde *E* hasta *AB*?

A. 41′

B. 25′

C. 20′

D. 39′

E. Ninguna de ellas.

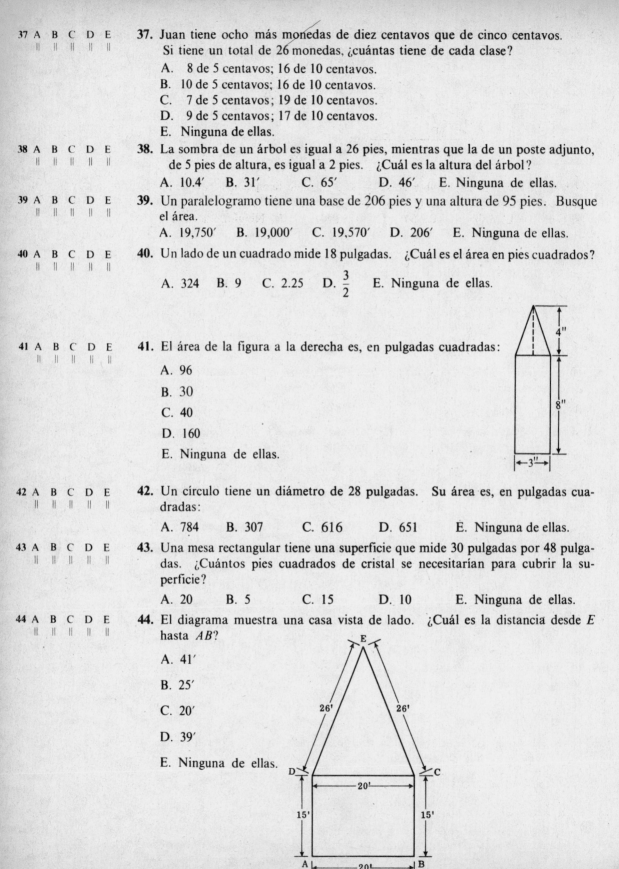

45. El área de este paralelogramo es de:

A. 80″   B. 40″   C. 36″   D. 66″   E. Ninguna de ellas.

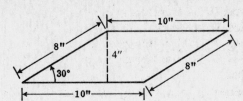

46. Una torre proyecta una sombra de 40 pies. Al mismo tiempo, una vara de 3 pies proyecta una sombra de 2 pies. ¿Qué altura tiene la torre?

A. 80′   B. 40′   C. 60′   D. 100′   E. Ninguna de ellas.